i

为了人与书的相遇

留住手艺

手業に学べ

[日] 盐野米松

英珂 编译

II

广西师范大学出版社
·桂林·

目录

中文版序　致中国的读者们..........001
日文版序..........007

壹　树木要修剪才能成材
树木修剪师　山本总助..........011

贰　河上的最后一代捕鱼人
职业捕鱼人　大桥亮一..........033

叁　大海不容忍陆地上的任性
海女　田仲之代..........055

肆 马和亲人是一样的

马倌 木村义男 081

伍 借助黑尾鸥和角嘴海雀捕捞玉筋鱼

古法捕鱼师 阿部茂 103

陆 要让第二年也有蘑菇可采

采菇人 小松武一

追蜂人 田中春雄 125

柒 石材其实比水泥更耐久

石匠　拓植英雄

采石工 桥井敏行 147

捌 用杂树的种子育苗

造园师 千叶喜彦 169

玖　祖祖辈辈都靠烧炭为生

备长炭的烧炭师

父　汤上勇／子　汤上升 219

拾　从"师傅"到"老板"的时代

茅草屋顶匠人　熊谷贞好 263

拾壹　将手工制作的生活杂物商品化

树编袋工艺师　平田一 319

拾贰　从修建民宅屋顶到修复古建筑

木板屋顶匠人　云雀佐太雄 351

拾叁　野生山茶林造就的手工技艺

山茶油榨油师　高田八郎 407

拾肆 过去的日常用品都是竹子做的

篾匠 广岛一夫...................461

拾伍 不同的季节采不同的花

养蜂人 藤原诚太...................511

拾陆 学徒五年才能磨锯

锯木工 关谷文雄...................533

后记...................551

中文版序　致中国的读者们

首先，感谢你选择了这本书。

《留住手艺》最初在中国出版是在1999年。随后在2012年又出版了增订版，并多次再版，直至今天。此次，我很欣慰《留住手艺2》得以出版，感谢众多的读者对它抱以关注与热爱。

想当初为了这本书，我开始采访日本全国各地的手艺人，而现在已经过去了许多年。在我的童年时代，我家附近就有不少本卷和上卷中所提及的与自然为伍的人，以及形形色色的手艺人。使用者们靠着身边自然当中的资源，让手艺人制作适合自己的身体、适合土地的工具。为了不让资源枯竭，他们做着各种努力。他们视工具为宝，坏了修修，再接着用。手艺人当中，有些人是继承了祖辈传下来的手艺，也有些人是跟着师父学来的。使用者和制作者都是相互熟知的。因此，制作者不可能说谎，更不可能偷工减料。他们从失败中学习，使用者有时也会是他们的师父。谦虚诚实是他们的人生信条。使用者把这样的手艺人尊称为"匠"（日本自古以来对于手艺人的尊称——译者注。本书若无特殊说明，文内注均为译者注）。孩子们从小就怀着对这样的匠人的敬佩，去观看他们的工作，对于他们精湛的手艺、灵巧的手指、制作出的精美产品赞叹不已——我曾经就是这样的孩子。

随着时代的进步，他们的作坊一个个地关上了门，敲敲打打的声音也慢慢听不到了。我们都在为自己的事情奔波忙碌，无暇顾及更多，直到有那么一天终于发现，这些匠人之中有很多都已经不存在了。

很多事情，只有消失的时候才会让人关注到它们的存在。

种种手艺从我身边消失是在1964年东京奥运会之后。很多农民，包括年轻人在内，为了建设东京的高速公路和高楼大厦来到了大都市。原本在乡下以种地为生的农民在农闲季节都来到了大城市，因为大城市的收入远比种地要高得多，工厂也需要很多人手。日本进入了经济高速发展的时期。

新的住宅建造起来了，家里堆满了各类方便的电器，道路铺上了柏油，路上有飞驰的汽车，人们过上了富裕的生活。那是这样的一个时代。

这样的时代需要的是更高的效率。

快速生产带来了廉价的快消品。工厂里生产的快速、廉价的产品越来越多。而手工制作的产品到底还是赶不上这样的速度，所以就只剩下慢慢消失的命运了。

与适合身体、适应风土的工具相比，人们宁愿去选择廉价的产品。用坏了修修再接着用的时代结束了。因为购买新的远比修理旧的便宜得多。这是一个大量生产、大量消费的时代，是用过就扔成了理所当然的时代。手艺人一下子就消失了，价值观也一下子就改变了。

改变往往会让一些东西消失，同时也会让一些新的思考诞生。

家里被各色家电所充斥，资金也在运转，人们觉得自己过上了富裕的生活，但是每一天都过得奔波又劳碌。再后来，人们发现蜻蜓和萤火虫都消失了，山川失去了本来的色彩。因为维护它们、保护它们的人不在了,连农作物也开始考虑效率的问题了。

于是,一部分人开始思考"幸福到底是什么"这个问题——包括我在内。在获得便利的同时,我们失去了什么?失去的到底是什么?

于是,我踏上了旅途,开始寻访那些还在坚守的手艺人,以及在大自然中劳作的人。我想知道他们在思考什么,他们的人生是怎样的。

那些结果就促成了这套丛书。

手艺人的思想和智慧中有很多闪光之处。虽然他们过着质朴的生活,但是那里充满了喜悦。让他们引以为豪的手艺体现在每一件物品里。

我开始思考:我们是不是太快了?这么快的速度,我们这是要到哪里去呢?想到这些,我停下脚步,原地站立,回顾我们的祖父祖母、父亲母亲走过来的路。其实还不是那么遥远,他们曾经使用过的工具和物件都还在那里,这些东西在跟忙碌的我们诉说着过往的生活。

如果一直在黑暗的云雾里行走,就很难看清自己该走的道路。

停下，站住，回顾。也许能看到一条指引我们的新的道路吧。我是这样想的。

如果这本书能够让日夜忙碌的各位慢下来、停下来，再一次思考自己的人生道路，如果它能够成为这样的启发，我会非常欣慰。感谢相遇。

盐野米松
2018 年秋

日文版序

我小的时候，街上有从事各种职业的人，有铁匠、染匠，也有伐木师、烧炭师，还有专门为盖房而铺基石的人。因为受地域和风土的影响，他们工作的内容总是随季节而变化。因此，那时候人们不用看日历，从这些工匠手里的工作中便可以感受到季节的变迁。又因为这些工匠常年劳作，并生活在我的周围，自然而然地就给了我一个观察和接近他们的机会。我时而透过自家的窗户，时而又坐在临街的堂屋，饶有兴致地观望他们运用那双巧手做工的模样。有时看到盖房子的木工，我会讨一块端木来玩；也会惊异于竹艺师用片刻的工夫就能将一条条竹片编成一个美丽物件；铁匠屋里烧火用的风箱在我眼里成了能施魔法的道具，它的主人简直神奇无比。于是，我在幼小时就懂得了，工匠们的手艺是经过时间的积累才磨练出来的，还明白了工匠们所使用的工具是真正的传家宝。天长日久，工匠这一职业真的成了我的向往。

后来，在我漫长的旅行生涯中，每当来到一块新的土地，我就又发现那里还有我没见过的工种——海边有以海为生的工匠，江边有靠江为业的工匠，山林深处的小村庄里也有傍着山林吃饭的工匠。那奇异的工具、作业时发出的美如音乐的声音，无不引发我的好奇，直到现在我仍记忆犹新。

童年时，伙伴们大多是出自工匠家庭，所以跟他们在一起的时候，常常听他们拍着胸脯，竖着拇指大夸特夸自己的父亲如何如何了不起，我甚至还有过几次"帮把手"的机会。工作不是只属于父亲一个人的事，家庭的每个成员都有份儿。

然而，不知从什么时候开始，这些适合地域风土的工匠职业慢慢地不再被人们的日常所需要了。一个个精工细作、破损后还要修修补补的东西从生活中消失了。它们变成了机械化的工厂里统一制造出来的成品。人们既看不到制造它们的工人，也用不着考虑用坏了修补修补再接着用的问题。"用坏了扔掉"看上去是一种新的、合理的消费观念。再后来，更有了大规模制造、大批量销售这一今天的市场经济。消耗与消费的正比体现的是一种文化。

如今，童年记忆中各条街道里工匠们作业时工具所发出的声音没有了，他们的作坊没有了，隔窗观望他们的孩子也没有了。那是因为这些职业已经不在我们身边，只一个世代就消失得无影无踪。我是怀着一颗憧憬和向往的心，观望过工匠们做活儿的众多孩子中的一个，也是为这些职业不复存在而深感遗憾的一代人的代表。出于这种感情，我用了不短的时间和多次的机会，寻找并走访了现存的一些工匠和他们的作坊，听他们讲故事，看他们视为生命的工具，这是我今生中极为宝贵的经历和事业。然而，在我的寻访旅途中，事实告诉我：出自工匠之手的东西已经越来越少，有的工匠甚至因为没有继承人，现在手里的工作将成为最后一件。

这本书中共收录了十六篇卓越的工匠的访谈。听他们的讲话，令我痛感我们的损失之大，日本人自古以来的文化和生活正在慢慢地消逝。

盐野米松

壹 树木要修剪才能成材

树木修剪师 山本总助

(1924年5月23日生)

导语

我第一次拜访山本是在1985年11月。当我听说岐阜关之原町有一位世界第一的爬树名人后，决定前去拜访他。因为不是日本第一，而是世界第一，我觉得这很不可思议。为什么是世界第一呢？一问才知道，因为他赢了被认为是世界第一的一位加拿大爬树名人。关于这个内容，后边他会自己介绍。

山本的工作是树木修剪。这个祖业传到山本这儿已经是第三代了。除了自家的山林以外，他还受托去其他的树林修剪树木，这就是他的工作。除此以外，他还兼任着自然保护监督员等其他的工作。他不仅是一名树木修剪匠人，还会做一些跟山林管理和森林培育有关的演讲和指导工作。

所谓"树木修剪"，就是剪掉树木的枝杈。因为如果放任树木生长，那它在日后是很难长成可以用来加工柱子或木板的良材的。一般人会认为：只要任树木自然生长不就行了吗？但是树林或森林里的树木如果放任不管的话，它们无法成为有用的木材。藤蔓会覆盖并缠绕树木，甚至会让树木枯死。森林中也有残酷的生存竞争，如果不管理，树木都会朝着有亮光的方向生长，这样一来，树干就会变得弯曲，同时也会长出很多树节。为了保持树林中有适度的光照，又要相对自然地培育树木，就需要有人不断地修剪树木的枝杈。修剪枝杈也是一个技术活儿，有的人擅长，有的人就不行。技术好的人不会伤到树木，日后树就能成材。山本既是修剪树木的名人，也是一位热衷于指导晚辈的师傅。

树木的修剪工作，基本上都是在树上完成的。尽管山本不借助任何工具就能很快地爬上树，但据说树木修剪时有一种安全的爬树方式叫作"振绳法"。所谓"振绳法"，就是在一条绳子的两端各系上一根木棍，用其中一根棍子和绳子的一端做成脚蹬，以便于攀爬，爬上去后，再拉过另外一根木棍，做成脚蹬来攀爬。脚蹬要做成在上面甩动绳子时下面的脚蹬可以轻易松开的系法。这样不断地重复，就可以边爬树，边修剪枝杈了。其实，剥扁柏树皮的工人们也是用这种爬树方式。工人们管这种攀爬的方法叫"振绳法"。

修剪树木用的主要工具是柴刀。山本的柴刀磨得非常快，几乎可以用来刮胡子。他每天都要用磨刀石打磨柴刀。

我们在现场立起了一根杉树，邀请山本展示了"振绳法"，同时，他还演示了他的独门绝技——"逆向下树法"。

山本出生于1924年，这篇访谈写成时他本应七十六岁了，但山本先生在1995年因遭遇意外事故而身亡。

山本总助口述

我是山本。刚才已经介绍过我了。我名片上写的职业有环境厅自然公园指导员、岐阜县自然保护员等，但这些基本上都是志愿者性质的工作，都是我喜欢的，同时也是为了培养继承人。而其实我的本业是修剪树木。所谓修剪树木就是剪掉树的小枝杈。树苗种植好，长到大概第七年，就要开始修剪枝杈了。这样一来，树才会不断地长大。大家的家里用的杉树或扁柏的木料，都是针叶树，要让这些树木成为有用的木材，就不能让它有树节，这就是我的工作。

树通过修剪枝杈可以恢复生机，即便是多年的老树，经过修剪后也可以恢复青春。经过修剪的树木，年轮也会变得更宽，所以树木的修剪对于森林的成长是很好的帮助。

从事我这行的，在昭和（1926—1989年，日本裕仁天皇在位期间使用的年号）初期，最多的时候有三十人左右。现在我的儿子算是其中最年轻的，也三十一岁了。他从学校毕业后，从二十五岁开始跟着我学徒，接替我修剪树木，现在我们这些人组成了一个七八人的小团体。

我每天几乎都是在树上度过的。每天早上吃过饭我就上树了。从一棵树到另外一棵树，中午肚子饿了，就从树上下来吃午饭，然后再上树，还是从一棵树到另一棵树。有时候连吃饭都不下来，因为有很多事情要做。

爬树世界第一

我名片的背面写着，我曾经和加拿大的爬树冠军比赛，我获胜了，所以我是世界爬树冠军。加拿大是一个树非常多的国家。比赛的时候，从加拿大运来了一棵非常大的冷杉树，它的根系可以深达地下十米，地上的树干部分高达五十米，正好是适合攀爬的尺寸，树干的周长大约有五米。爬树的时候，工具只用一根绳子。割下一截绳子，在两边都打上结，双手抓着绳子"嗒嗒嗒"地沿着树干往上爬，十五分钟左右就爬到树顶了。站在树顶，我就这样张开双臂大喊"万岁"，欢呼了一下。这时最上面那一米左右的树干摇晃起来。和我比赛的选手真的是世界冠军，可我超过那个人先到达了树干的顶部。也就是说我战胜了世界冠军，那我就成了世界上爬树最快的人了，这个还被记载在昭和四十五年（1970年）的《吉尼斯世界纪录大全》里面了呢。

比赛的时候，那个加拿大人穿的是钉鞋。如果穿钉鞋，那谁都可以爬上来。（笑）就跟爬电线杆是一样的。我就是现在这个样子，什么都没带，就用一根绳子，靠脚来保持平衡，就这样爬上去了。这个是相当不容易的。（笑）树干顶部的直径虽然也有一米宽，但是面积并不大，需要紧紧地贴着树干往上攀爬。我站在顶上高兴地喊了"万岁"。

其实我们是差不多同时爬上来的。但是我比他更快地站在树干的顶部，所以我是第一。（笑）

从树上下来的时候速度也是很快的。一般是在树之间穿插着下，从别的树换到要下来的这棵树的时候，心想这棵树真不错，这么一想，我就倒着从上向下滑下来了。比松鼠还快呢。（笑）我一靠近，连松鼠都逃走了。我去爬树，经常绕着树追松鼠，居然能逮到它们。（笑）这是真实发生的事情。

从树上下来的时候，二十米高的树我差不多三四秒就下来了。倒着往下滑的时候，滑到底下必须停住，因为是头朝下滑下来的，需要精准地停住。如果停不住的话，身体就要钻进土里去了，那人瞬间就报销了，要找和尚超度去了。（笑）

比松鼠还快的逆向下树法

今天我把爬树用的工具都带来了，一会儿我就来爬这棵不太粗的杉树。我来实际演示一下。

爬树的方式有很多，这种叫"绕绳法"，是比赛时常用的方法。首先，要像这样把绳子绕在树上，然后用绳子扣住树干往上拉动身体。身体上去以后，再把绳子往上挪，不断重复这个动作。我总是教这个方法，但几乎没有人知道要这样拿绳子，如果反着拿，手指就会卷到绳子里头，就会全部折断。你们看，我的手很大，比著名相扑手北海胜（现在的名字叫八角亲方）的手还要大呢。大家可以看一下我的手，大概有八寸吧（1寸约合3.0303厘米。"寸"是日本传统度量衡"尺贯法"中的长度单位，该计法以"尺"为基本长度单位，1尺约合30.303厘米。1丈=10尺、1寸=1/10尺、1分=1/10寸、1厘=1/10分，依次类推，与中国市制单位1尺约合33.333厘米的计法略有不同——编者注），很大是吧。绳索要这样拿。这样拿了以后如果想往上跳，一下子就跳上去了。我的这个绑腿是用山里的藤条做的。藤树在每年的五六月会开紫色的花。我们就是把这种野生的藤条压扁后做成绑腿的。爬树时，绑腿能保护我们的趾甲不受伤。

下面我就来演示另一种爬树的方式。你们在热带风光片中一定看到过有人用这种方式爬椰子树。一般是根据树干的粗细给绳子打结，就是这样，做一个圈。然后把两只脚放进这个圈里面。这是一种比较简便的爬树方法。把脚放进绳圈里，然后这样撑着它，跳上树。像这样，放在绳圈里的两只脚要夹住树干，因为脚的外面有绳圈套着，所以不会掉下去，之后就像尺蠖那样往上爬就行了。手是自由的，像我这样，手是可以离开树干的。（观众欢呼）这样往上爬的时候只要脚紧紧地盘着树就没有问题。这种爬树的方式叫作"足绳攀登法"。

下面这种方式是谁都会的。可以说这是最方便和最安全的方法。用这个方法，连八十岁的老爷爷也能爬。这种方法叫"振绳法"。工具只需要木棒和绳子。木棒一根长五十厘米即可，树越大，这个绳索也会越长。今天咱们现场的这棵树，用十五米就可以了。树干的周长如果是七八米的话，这个绳索可以再长一些。刚才说了，木棒的长度只要有五十厘米就行，用这个方法，只要是日本人，谁都能爬上树。

需要的工具就是这些了。先把绳子套到树干上，再用它绕住这根木棍。这样，就有了一个放脚的地方。准备工作就完了。用脚蹬着这里爬上去，然后再把另外一根木棍拉过来，做另外一个脚蹬。下面的脚蹬要做得比较容易松开，然后只要重复这个动作就可以爬到树上了。这确实是一种简单安全的爬树方法。

有时候树有几十米高呢，那就不断地重复这个方法，也是可以爬到树顶的。如果在爬的途中看到树枝，就像这样，首先保持自己身体的平衡，然后再去剪掉那个树枝。剪完了树枝以后，就可以下树了。

以上介绍了几种爬树的方法。下树的时候因为没有树杈了，所以就比较安全了。

我从小就擅长爬树。跟小伙伴们追跑打闹、玩捉迷藏的游戏，谁都抓不到我。如果是在竹林里玩儿的话，我会瞬间就爬上竹子，在竹子下面等着的话，永远都抓不到。如果感到不妙，马上要被抓到了，或者小伙伴已经跑到树的下边了，那我就跳到旁边的另一棵竹子上去。这个我还是很轻松就能办得到的，要不然的话我也干不了现在这个活儿。

逆向下树法除了我以外谁都不会。虽然我祖父、父亲和哥哥都是修剪树枝的，但是他们都不会。这个技能如果不常训练的话是根本做不到的。没有人会爬到十米、二十米高的树上，然后大头冲下地练习这种下法，那样的话太傻了。我也是从一米高的地方开始练习的，刚开始的时候总是"咕噜噜"地就掉下来了。几次以后就有点明白，应该在什么地方停，怎么用脚来停。不能用手，因为如果用手去停的话，手掌摩擦生热，皮肤会被烧坏。大家看看我的手，粗糙得很吧。如果靠手来停的话，手一定会磨烂的。所以一定不能用手，但是手可以作为支撑身体的辅助工具。在身体下落的时候，用自己的绑腿和胶底足袋（日本野外作业时穿的一种布袋鞋子）来控制速度，但这可不是想停住就能停得住，这些动作只有通过反复地练习才能掌握。

我为什么要头朝下下树呢？因为我想在别人修剪两根树枝的时候剪掉三根。为了这个目的，我就要比别人更快，如果不想点其他的点子，还是按部就班的话，那肯定不行。一般人在下树的时候都小心翼翼的，但是我"啪"的一下子就下来了。用这样的速度干活的话，一天下来，我干的活儿就是别人的三倍。我就是这样练出来的，其他人都做不到。还有一个重要的事情就是要注意自己的身体健康。如果早上起来肚子疼，那可就不行了。脚疼、手疼都不行。我这种下树的方法要用到全身。我的体重和一般人大概是一样的，保持在六十到六十三公斤之间，这个体重我已经保持几十年了。如果体重超过了六十三公斤，那么上树的时候就会感到动作有不对劲的地方。同时，如果感觉身体不舒服了，那可能体重就降到了五十多公斤了，也是不行的。也就是说，在树上干活太瘦了也不行，身体会吃不消的。

我说得有点跑题了。来说说我们修剪枝杈用的工具。我基本上就用柴刀，这就是我用的柴刀。

我用的这把柴刀重量大概是八百克吧，稍微有点轻。这种柴刀就是普通的超市货，中间带着刀片，周围也是一般的金属材料。一般是这样拿柴刀。砍的时候，是用手腕的这个部分用力，这样不管砍多少次，都能砍在同一个地方。砍掉树枝后，就可以收起柴刀了。柴刀一定要快，我的柴刀都可以剃胡须了。平常，我一天要磨四次呢，所以它非常快，必须要保持这么锋利才好用。

森林的馈赠

我这个修剪树枝的活计看起来好像是在玩儿一样吧，但这个确确实实是我的工作。我们修剪的比较多的还是杉树和扁柏等针叶树，山里还有很多阔叶树，像榉树，我也会修剪，

左上：用振绳法爬树。
右上：用绕绳法爬树，小腿的绑腿是用山藤手工制作的。
下：解开脚底的振绳环后逆向下树。

树木修剪师　山本总助

但是修剪的最多的还是针叶树。大家家里用的那些杉木、柏木、松木和榉木，它们的树都是修剪过的。阔叶树之类的到了秋天红叶非常好看，春天发芽时嫩嫩的绿叶也非常美丽。针叶树也一样，我觉得自己亲手种的树比人都可爱。

每次进山我都会感叹，大山真是了不得啊。不管是酷暑的夏天，还是台风肆虐的日子，树苗都会紧紧地贴着岩石，小树就是在这样的环境下不断地长成了参天大树，这个过程太美妙了。

岐阜县有大约百分之八十三的土地都是山地。大山养育了我们这些山里人，我们接受着来自大山的馈赠，但是我觉得真正受到大山恩惠的应该是生活在城里的人。比如山里的小草和树木蓄积了山里的雨水，存储在自己体内，然后再不断地释放出来成为地下水。生活在名古屋周围的人每天都在抽取地下水。如果你问一下名古屋人，他们会说大山好啊，物产很丰富啊，山里很凉快啊，等等。人们抽取地下水饮用。类似这样的恩惠还有很多很多，但是我觉得很多人都忘了这一点。

我几乎每天都是在针叶树的森林里度过的。针叶林真是好，到处都是绿色，美得无法用语言来形容。这里的朝霞很美，到了傍晚，森林的颜色会发生变化，也很美。每天早上进山的时候，虽然看不到别的人，但我还是会说"早上好"，然后再进山。晚上回家的时候我会回头看一眼大山，然后说"晚安，明天我还会来"，就是这样一直对大山怀着感恩的心情。只要看着大山，你就永远不会生气。如果遇到什么不开心的事，我就狂砍树枝。（笑）这样反倒干活变快了，真好。

将树留给后代是家长的职责

我非常喜欢绿色。一棵树是"木"（日语汉字当中，"木"就是树的意思），两棵树就是"林"，三棵树就是"森"。我认为"親"（日语"家长"的意思）这个字特别好。把这个字拆分一下，就是"看站立的木"，"亲"和"見"组合在一起就是"親"这个字，造得太伟大了。

如果一个人不让自己的孩子观望笔直站立的"木"，这个人一定不是一位好家长。每天进山后，在针叶林中，我能看到自己修剪过枝叶的树，以及祖先在数百年前留下来的大树。

这种感觉非常棒。看着这些树，我有很多联想。关于大自然的，关于自己的祖先的。将这些树留给其他人看，这就是家长的职责吧。"親"这个字真是一个很棒的字。

所以如果大家有机会进山，请你们一定不要漫无目的地闲逛，一定要仔细地观察树木。看到树的时候，一定要有"这棵树好棒啊"的感觉。也许大家觉得每棵树看上去都一样，但其实每棵树都有自己的脾气。

我住的地方在日本海一侧，那边种了很多杉树。每一棵杉树的树叶都不一样。杉树的树叶是针状的，长在太平洋一侧的杉树的针叶都是向外打开的，但是长在日本海一侧的针叶则是像我演示的这样，是弯曲的，而这些都是它们自然形成的。

这是为什么呢？到了冬天，山里会下雪，我的家乡就像电视上报道的那样，一年的降雪量大概会在一米左右。这里是关原，历史上在这里发生的关原之战是一个决定性的战役。这里也下雪。

为什么杉树的针叶会弯曲呢？那是因为针叶不愿意让大雪落在自己的叶子上面。如果叶子是弯曲的，雪花就落到地上而不是粘在叶子上了。在气温比较高的地方就没有这个必要了,所以针叶是打开的。阔叶树的叶子到了冬天就都掉光了,因为在冬天,如果没有叶子,树容易恢复精神。

每年到了九月,树就会停止给树叶提供液体和养分了。它们是在遵守着自然的生态规律,因为如果树还在继续吸水的话,到了冬天就会全部冻起来,一旦上冻,树干就会开裂。因此,进山的时候如果注意去观察这些,森林是很有意思的。只要仔细地观察树木,你就会明白我说的这些道理了。

山里的树,即使只有一棵,你看它的树枝、树叶、根的张力、树皮的变化、开的花、结的果,还有秋天变红的树叶,都很有意思。大自然中的每一棵树都会发生各种各样的变化。而且,除了这些外在的变化以外,树的内部也会发生很多变化。但其实树也并不是一直静静地伫立在那儿的,它们要想在自然界中生存,还是需要一定智慧的。

大自然教给我们很多东西。

在我们的工作中,天气是个很重要的因素。大自然会告诉我们关于天气的所有情况。比如傍晚时分,我们抬头看一下天空,就会知道,嗯,明天的天气不错,或者也许明天的天气会很糟糕。透过对天的观察，马上就能知道这些信息。自然还会告诉我们，可能台风就要来了。如果很多大雁向西飞，这就是在告诉我们马上要下雪了。

这份工作没有任何让人感觉痛苦的地方，我要是对自己的工作没有自豪感，没有兴趣，怎么能坚持下来呢？进了山，里面几乎到处都是朋友，树木也是朋友。这么一想是不是会很快乐？

还有，如果遇到一些不如意的事情，一定要往大的方向去想。日本列岛只有一个，就像是一艘船，船里边的所有人都应该好好地相处，只有那样自己才能很好。如果没有这样的想法，是无法做好我们这份工作的。

人与人之间是这样，树与树之间也是这样的，一定要和睦相处。森林中，长在下面的树枯死了也是没有办法的事情。因为没人会去救治它们，所以就枯死了。如果人想着为它们做点什么，帮它一个忙，让它们每天也能晒到一次太阳，那么它们的生命也许就能保住了。还有就是当台风来袭的时候、下雪的时候，大树其实能很好地保护小树。这些都是需要我们人思考的问题。

弱肉强食，有时候确实是强者能够获胜，但这是不对的。

自然状态下树木是无法成材的

树在自然环境下，如果对它们放任不管，尽管也能长大，但是数量会减少，也会逐渐消失。山里有很多高大的落叶松和鱼鳞云杉，但是那些树是挖个水塘就能活吗？当然不可能。因为树干上会爬满青苔，树也会枯死掉。台风过后，很多树木也会枯死。树干可能会长苔藓，受到病虫害的侵蚀，遭到小鸟的啄食，等等，这些都会导致树木枯死。如果栽种的树和自然生长的树都能长大成活的话，日本就会到处都是树，多到连人待的空间都没有了。但是这种情况是不可能出现的。

因此，不能放任树木自由地生长。如果任其自由生长的话，树干会弯曲，虽然有的树长得很粗壮，但是它们成不了材。

这一点和人的成长很相似。人在成长中一定要吃苦，适度的吃苦是好的。我认为树也是这样的。下雪的时候，有的树"啪"的一声被大雪压弯或者压断了，这时候就需要人去扶起它。但是如果老去扶它的话，这棵树最终会出现问题。

我觉得树和小孩子很像,小孩儿学习走路的时候有时会跌倒。他会大声地哭,然后躺在地上用小眼睛滴溜溜地看着周围,这时候如果身边没有人的话,他就会自己爬起来扭着小屁股往前走。而如果父母在身边,可能会一下子把他抱起来,但是,如果一哭就去抱的话,孩子再跌倒的时候就会放声大哭,不会自己爬起来。如果每次都要父母跑过去抱起来,孩子永远坚强不了,树也是同样的。我们应该告诉孩子,下次再跌倒要自己学着爬起来。

对于树,我也会扶起它,但是树枝会这样向下张开,需要"咔咔"地从里面剪去两根才是,我们称之为剪枝。这样一来,树自然就变轻了。一侧因为剪掉了一些树枝所以变得很轻,而另一侧的树枝就可以充分地吸收养分,同时能够获得优势,长得更加茂盛,树也就可以自行直立起来了。

自然真的很神奇。树木是可以自己站立起来的。树教给我很多知识。

最近,我听说有的年轻人认为老年人碍事。但是在我们这个行当里是没有这样的情况的。因为我们是靠先人的恩德才有了这片森林,树木是不可能瞬间长成参天大树的,只有历经多年的风雨才可能有今天的森林。现在能砍伐的树基本上都是三代以前的，也就是七八十年前种的树。所以，我们应该尊重和善待先人，当年是他们为后人种下这些树，并且培育了它们。

刚才的话又有点跑题了。总之，我们要将倒下的树扶起来，这是我们树枝修剪匠的工作。我们要适度地帮助森林。我们修剪针叶树，也是为了保持森林的光照强度，让森林保持百分之二十左右的亮度。如果光照度在百分之十以下，树木就会枯死了。但是如果光照度在百分之三十以上的话，树底下的灌木类又会长得很快，树也不容易存活。所以，我们的工作还是挺难做的。

百分之二十的光照度是可以用机器测量而得知的。外行也有其他的方法获得这个数据。比如，先种一棵针叶树的树苗，这棵树苗的树尖如果每年可以长十到十五厘米，那么树林里光照度大约就是百分之二十。树尖的部分今年长了多少呢？我就用我的手去测量一下，我的手一拳长约十厘米，经过对比就知道树尖是不是长了十厘米。我就是用这种方式自己来判断光照度的多少。如果觉得这片树林比较暗的话，我就会开始剪枝,如果剪枝的进度赶不上树木长高的速度的话,林子就会变暗,那就要索性采取间伐、砍树的方法。

如果有机会,请大家来观看爬树。辛苦大家了。

(1992年6月5日访谈)

(任春生译)

贰 河上的最后一代捕鱼人

职业捕鱼人 大桥亮一

(1935年2月21日生)

导语

  大桥工作的地方在长良川（日本岐阜县的一条著名河流）。他是一名捕鱼人，隶属于长良川下游渔业工会，工会的办事处就在岐阜市的忠节桥附近。这里除了大桥以外，还有十几个职业捕鱼人。在日本，能让捕鱼人满足的丰饶河流并不多。长良川有这么多职业捕鱼人，足以证明这条大河的丰饶。我曾几次探访长良川的上游，上游的河水非常清澈，但是当流经岐阜市和羽岛市的时候，就已经变得相当浑浊了。大桥的家就在羽岛市的小熊町，从他家走出去不远就是长良川。以前我总以为捕鱼人的家就应该紧挨着河边，其实并不是这样的，他停船的码头在另外的地方，从他家去码头还需要开车。他的弟弟也是职业捕鱼人，就住在他的隔壁。据说使用同一条船的捕鱼人必须是相知相通的伙伴。大桥继承了父亲的手艺，和弟弟一起在长良川上捕鱼。他们是这条河上的第三代捕鱼人。在他们两家的门前吊着一些渔网和好像是用来捕鳗鱼用的竹筒、铅坠和浮子等。一般人也许看不出来，那些工具中的每一个都经过他们的细心加工。这也正是他们为了提高捕鱼量而下的功夫。没有这些工具，他们是不能很好地工作的。河流是在不断变化的，捕鱼的工具也随着时代发展不断进步。职业捕鱼人需要根据自己所在河流的变化、捕鱼方式的变化，不断地开发新的工具。

捕鱼不是游戏。但是对于渔师们来说却是无比快乐的一件事。他们一年四季都能捕鱼，自己的河流进入休渔期的时候，就会远征到其他河流继续捕。

他们的渔船有着独特而优美的造型。长良川上的渔船都是用杉木或扁柏木制造的，船身细长，船舷距离船底较高，这样是为了方便捕鱼师将膝盖抵在船舷上撒网。现在能够造出这种渔船的人已经寥寥无几了，在长良当地已经没有了。

大桥说，因为河岸都用水泥加固了，所以河水已经不再清澈，无法将这个工作再传给他们的下一代，自己做最后一代河流上的捕鱼人就行了。在日本，变化最显著的应该就是河流了，仅仅经历了一代人，这里就不再适合捕鱼了。当然，变化的不仅仅是河流的形态，栖息在这里的鱼和其他的动物正在慢慢地消失。大桥在谈话中讲述的是鱼类和它们赖以生存的河流的故事，以及以这些鱼类为捕获对象的捕鱼师们的自豪和尊严。

大桥亮一口述

我是大桥。现在我们长良川那里正是捕捞香鱼的季节，是最忙的时候。

我家到我这代已经是第三代职业捕鱼人了。也就是说，长良川里曾经有那么多的鱼，现在跟从前相比已经少了很多了。昭和四十年（1965年）前后，由于公害污染，打上来的都是带着一股臭味、根本不能吃的鱼。和那个时候比起来，现在长良川基本上已经回到从前那种清澈的状态了。有一个阶段，这条河完全是一条臭水河。

从前这条河里能捕到的可以卖钱的鱼是非常多的，但是现在，人们的生活方式发生了很多变化，年轻的媳妇们都不吃鲤鱼和鲫鱼了。(笑)以前，老爷爷老奶奶们都吃这些鱼的，现在大家都是去超市买那种收拾好的、切成一块一块的鱼。所以我们捕捞上来的东西里卖得比较好的也就剩下大口大马哈鱼、香鱼和螃蟹了，也就是这几种吧。在长良，我们管香鱼不叫"ayu"，叫"ai"("ai"和"爱"的日文发音一样)。(笑)

香鱼的价格，是根据个头的大小来定的。个头大的大概有二十五厘米长，一公斤是十条左右，一条鱼的价格大概是一千日元左右。在市场买的话，大概就是这个价。

我和我弟弟在一起捕鱼，一般是从五月到九月，差不多五个月的捕鱼期吧，大概能捕到一吨到一吨半。拿到市场去卖的时候，是把香鱼装到木盒子里，一个盒子能放一公斤左右，五个月下来大概能卖出一千五百盒左右吧，也就是差不多一吨半的量。

仅长良川的下游就放流了差不多六吨的香鱼。

现在，野生香鱼增加了很多，已经有点过多了。但是，鱼都长不大。为什么长不大呢？以前长良川里都是大石块，但是后来疏浚河道，这些大石块被搬走了，只剩下了沙砾。实际上，没有大石块的话，香鱼就不会到长良川的下游来了，因为沙砾里没有饵料，鱼长不大。

香鱼一般是吃附着在石头上的苔藓。野生的香鱼自身会带有一种类似西瓜的香味。但是最近，我们买的鱼都要把鱼肚子掏干净以后再卖。因为香鱼在河底找吃的，而河底又净是沙砾，野生的香鱼想吃河底的苔藓，就会把沙砾也一起吃进去。客人买了这样的香鱼烤着吃的话，就会连沙子也一起吃了，会觉得牙碜，吃完鱼还要再吃点魔芋把沙子排出去，这样多不好。（笑）所以我们打捞完鱼，还要在河边把鱼肚子掏了再拿去卖。

曾经清澈见底的长良川

我大概是从四十四五年前开始打鱼的。那时候的长良川啊，河水清得就像镜子一样，一眼能看到底。长良川曾经是很美的一条河，那时候我们还小，常跟在父亲的后面去打鱼。河底下能看到很多很多的香鱼，可是父亲每次却打捞不了多少。我就对父亲说:"河里有这么多香鱼,为什么就打这么一点儿呢?"那时候我想的只是为什么不多打一点儿,当时还觉得是不是父亲的技术不怎么样。但其实他已经打了不少香鱼呢。

我们上小学的时候,学校里是没有游泳池的,大家都跑到河里去游泳,一到暑假,我就和伙伴们到河边去玩水。小时候常常跟着爸爸去打鱼,打鱼这种事情,一般男孩子都会很喜欢的,老跟着去,渐渐地自己也就喜欢上了。后来,我和弟弟都成了捕鱼人。去河里捕鱼的时候,一个人是忙不过来的,两个人一起最合适了。一个人在船头划船,一个人下网,最好了。

而且,最好还是和自己的亲人一起。因为再怎么吵架,亲兄弟就是亲兄弟。我弟弟和我一样都很喜欢打鱼。

我手边正好有捕鱼的工具,就说说我们是怎样打鱼的吧。这个网眼比较大的,在长良川是专门用来捕miyaji和大口大马哈鱼的网。每张网的长度在一百二三十米左右。大口大马哈鱼这种鱼会从海里逆流而上,游到河的上游,我们就在河的上游沿着河的横截面把渔网呈弯月状撒开,鱼从下游游到这里的时候正好钻进网眼比较粗的一面，然后朝着这边游，就黏在网上了。这个网是两层的，这一边的网眼有这么大。

为什么要做成这样呢？这是为了让这一边的网有富余，这样就更容易让鱼缠在网上。要是拽得特别紧，鱼撞上网就跑了。

我这个网是两层的，现在流行的都是三层的网，两侧都有这种粗网眼的网，这样鱼不管从哪边来都会撞网，进去以后就出不来了。但是用这样的渔网捕到的鱼，鱼鳞全被渔网给刮没了，即使抓到了，鱼也成了咸鲑鱼（腌制过的鲑鱼）那样，根本就没有鱼鳞了。

逮到的大口大马哈鱼就是商品了。我们会给买家看鱼，要是你买，你是喜欢难看的呢，还是喜欢好看的呢？那肯定还是喜欢好看的。（笑）所以我们把鱼拿去卖给餐馆的时候，卖相比较好的价格自然也会高一些。如果是鳞片全部刮没了的鱼，饭店的人就会说："什么玩意儿，这鱼怎么丑了吧唧的。"

人们都喜欢卖相好的鱼。所以我们都是用双层的网，这样一来，假如鱼黏在网上了，它还能马上退到这边来。但是如果是三层网的话，鱼会往前钻，这么一折腾，所有的鳞片都被网刮没了。三层网虽说鱼是跑不了，但是卖相也不会好。我们为了不伤到鱼，还会不惜把网剪开，用剪刀"扑哧"一下就开了。剪开以后马上把鱼放到我们船上的鱼槽里，鱼还能继续活着。

这就是职业捕鱼人。

我们一般是从四月二十号左右开始捕捞大口大马哈鱼。从四月二十号到五月末都捕大马哈鱼。然后是香鱼，六月、七月、八月、九月、十月五个月都是香鱼的捕捞季。十月一日藻屑蟹解禁，我们就开始打捞螃蟹了。

你看这个螃蟹，这是母的。圆脐的是母螃蟹。（笑）这个叫蟹脐，三角形的是公的。这只是母的，那只是公的。吃这种螃蟹的话，母的好吃，公的不好吃。（笑）但是香鱼的话，正好跟螃蟹相反，如果母鱼满肚子都是鱼子的话是不好吃的，必须吃公的。从现在开始，正是吃公香鱼的好时候。

还有，大口大马哈鱼一般会从海里先洄游到长良川的上游，十月末到十一月在河里产卵。这种鱼水温超过二十度就死了。产卵后，小鱼会在河里生活一年。第二年十一月，它

大桥先生正在展示在长良川打到的螃蟹。

们会顺着水流游到伊势湾。这时候,每条鱼的重量大概有七八十克,身长有十五厘米左右。然后它会在海里生活五个月到半年,这个时候大的能长到一公斤半,体长能达到五十厘米。

就这样,它们在海里生活半年以后,还会再次洄游到出生地。和鲑鱼、马苏大马哈鱼的习性不一样,这种鱼不会在海里生活一整年,绝对不会,秋天去了海里,春天还会回来。为什么不一直留在海里呢?就像我刚才说的,因为水温一旦超过二十度,这种鱼就会死,活不下去。所以呢,它们还会回到河里来。回来的时候大的鱼大概有五十厘米,小的呢,下海的时候是小鱼苗，回来的时候也还差不多。它们在海里待不住，因为海水温度会上升。所以它们最终会洄游到山里去，躲到山谷里，在那里孵化。这种鱼在孵化的过程中，为了不让外敌侵食自己的孩子，母鱼会不吃不喝地死命看守着自己的卵，然后它们就死去了，一生就结束了。就是这样的鱼。

马苏大马哈鱼是只带有黑斑点的鱼，大口大马哈鱼带有红和黑两种斑点。另外，大口大马哈鱼是一种生活在暖流里的鱼，所以非常珍贵。

现在只有长良川里还有这种鱼了。以前木曾川也有，但是木曾川上修建了堤坝以后就没有了。现在也只有长良川还能捕捉到，但是如果长良川河口的堤坝建好了的话，也许以后也不会再有这种鱼了吧。

据说长良川上已经人工造了一条小小的鱼道，但是从海里洄游上来的不是小鱼，都是大鱼了。这是一种特别敏感的鱼，比如说有人在船上发出"咚"的声响，它们"噌"的一下子就会逃走，就是这么神经质的鱼。所以，就算是为它们造了所谓的鱼道，我觉得它们也不会洄游。这些洄游上来的鱼都是成年的鱼了，它们比较聪明，才敢游上来。

每个职业捕鱼人的渔网上都有自家的独门秘技与心血。

这个网是用来打香鱼的,叫作手抛网,像这样的网已经不是专业的捕鱼工具了,而是游钓爱好者使用的工具。职业捕鱼人如果用这样的渔具,那就别想维持生计了。这种网和一般的手抛网还不太一样,是专门用来捕香鱼的。

这边这种呢,我们把它叫作"夜川网",这种网是在河流的枯水期用的,它可以一直向下沉,沉到水底。沿着河的截面,横着在河道里拉上几张这样的网,然后在上游的船上装两三个五百瓦到八百瓦的探照灯。鱼看见光"哇"的一下子就都涌过来了。适合这种网眼大小的香鱼都能上网。因此这种网叫"夜川网"。即使河流进入枯水期,或水位降到很低,我们都不能偷懒,因为我们是专业的捕鱼人。

再看这个网。这个网是河水的水位上升以后用的渔网。因为我是职业捕鱼人,所以一天都不能闲着。我们的渔网一个接一个,有很多。(笑)

这个是捕捞大口大马哈鱼的网,过去,蚕丝织的网是最上等的。我初中毕业那会儿,就只有棉线。那时候买三张蚕丝网可得花好多钱呢。捕鱼人不是什么有钱人,用不起蚕丝,都是做的棉线网。

在月亮比较亮的晚上,要是拿着这样的网去打鱼,撒网就跟往河里扔席子似的。就算河里有大口大马哈鱼也都给吓跑了。因为棉线太粗了,鱼都看得清清楚楚的。从前就只有这种渔网,就这样也还是会有很多鱼上网,你说那时河里得有多少鱼呀。

现在的网,晚上就是有月光也完全看不见。网本身发生了很大的变化,但是浮子和铅坠还是和从前的一模一样。

我们并不是一把渔网放进河里就一整天都不管了。一般捕鱼的时候,一个小时里网沉在水里的时间也就五到十分钟左右，其余的五十多分钟，这网都是收着的。这样的节奏刚刚好，因为也是为了保护生态环境嘛。（笑）不能一网打尽，那样的话以后就没得打了。

所以，一个小时里也就十分钟左右渔网是放在河里的，剩下的五十多分钟都是把网收起来等着，在船上做其他准备工作。时间的安排是很合理的。（笑）

只要河水干净，鱼就像是河里的蛆，会有这么多的鱼出来。所以水质非常重要。

这里的河水曾经有几次被污染得完全不行了。大概是在昭和四十年左右吧，也就是日本经济高速发展的时期，河水污染得特别严重，河里的鱼腥得根本不能吃。那时候我们真是发愁啊，确实有过这样一段痛苦的时期。

那时候我们就想，既然长良川不行了，我们就到别的地方去打鱼吧。到了其他的地方，结果那里也有捕鱼的人（捕鱼人不能竞争"领地"），真是不容易啊。（笑）

尽管如此，在全日本像长良川的捕鱼人技术这么好的捕鱼人已经没有了。哪儿都没有。我们还是很为这个骄傲和自豪的。

白天睡觉的河流捕鱼人

从前在长良川这条河上有多少职业捕鱼人,真是数都数不过来。现在已经越来越少了,没有多少人了。但也还有一些,他们制作各种渔网,为了多打到哪怕一条鱼也会钻研织网技术,都想着"别人织了这样的网,那我就织一个比它更好的网,我一定能制作一条更好的网"。通常捕鱼人都是晚上去打鱼,白天在家睡觉,渔网一般都在家里晾着。我有的时候会偷偷溜到别人的院子里,观察人家渔网的尺寸什么的,偷学人家的技术。(笑)就这样,弄懂了别人的网是怎么做的,想着"好,那我就做一个比那个更好的网",我就是这么钻研的。(笑)

我手上的这个渔网,网子的部分是买的,网上装的浮子、下面装的铅坠都是自己动手装的,这些尺寸哪怕就差一两厘米,捕鱼的效果也是完全不同的,稍微错一点儿也不行。然后,最下面这张网,只有这一张,是用手梳理过的,上下都梳过。粗网眼和细网眼容易贴合在一起,这些都需要用手去梳理。

而且，渔网上边的尺寸和下边的尺寸是不一样的。河底可不像马路那么平整，既有深的地方也有浅的地方。渔网的形状就像女士的裙子一样，上边是收紧的，下边是散开的。这样一来虽然河底有深有浅，但是渔网的下面可以伸长，能够很理想地覆盖到河底。

然后就是渔网上下的平衡了，如果下面过重，网子就倒了，鱼就反过来骑在人的头上了。（笑）所以说这个角度也是很难把握的。

如果六七个人在同一个地方打鱼的话，大家就抽签决定顺序。这次你来，下次我来。你要是没有个好渔网的话，别人每次打十条、十五条，而轮到你的时候，你连一条都打不上来。问题出在哪里呢？就是因为网做得不行，网的好坏直接影响到捕捞量。打鱼就是这样的。

这种网大概用个三四十天就不能再用了。第二年要买新的。要是这样一拉，网"噗"地就破了的话，很值钱的大口大马哈鱼就挣脱渔网逃出去了，这肯定是不行的。所以网每年都要换新的，渔网用个三四十天就到使用寿命了。

即使是人手都撕不破的网，大口大马哈鱼也能弄破逃走。长良川的船，长度大概是十米。你在船上这么往上收网，眼瞅着鱼就从网子里溜出去了。"嗖嗖嗖"逃得很快的，而且逃走的还都是很大的鱼。（笑）真的是大鱼更容易挣脱渔网，因为大鱼有力气。那时候才叫一个心疼呢，所以就会让你决定马上换新渔网。

藏在渔网里的绝技

我们历来都是用网打鱼的。用网打鱼的话，长良的船船身很深，膝盖正好能抵在船最合适的位置，所以能使得上劲儿。

长良的渔船都是这个样子。遇到香鱼很多的时候，我和弟弟就一个船头，一个船尾，在船的中间安两个探照灯，香鱼看见灯光就会追着灯光一点一点地增多，慢慢地浮上水面。然后我们俩就会喊"有鱼、有鱼"，如果是船舱很浅的那种船，撒网过长的话，两人就会向一边倒，就都掉下河了。但是长良川的船不会，因为长良川的船可以用膝盖抵住船帮。

这个网叫"柱形网"，是专门用来捕香鱼的网。不是捕大口大马哈鱼的，是捕香鱼的网。两种渔网的网眼大小不一样。

这种网一个网眼在三厘米大小。捕香鱼的网一般是三层的，不管鱼从哪个方向游过来都会落网。不管是从对面、这面，还是其他的方向来都一样。比如说在这儿撒网的话，船头是在最前面。然后就这样，一直撒网，一般一张网长度在六十米左右。"柱形网"即使水深三米，网也只能到一米左右的深度，渔网不再往下沉了，这是一种浮在水中的渔网。浮子比较大，铅坠比较小。这种网是用来在浑水中打鱼的，水清的时候可以用我说过的那种"夜川网"。水浑浊的时候，水底光线很暗，香鱼就会浮到水面上来。打鱼的时候，船在上游这边，然后让网顺着水漂下去，网和船的距离是大概二十米左右。上游的小船上放着发电机，给探照灯提供电源。过去我们用火把，后来换成了煤气，现在用上了发电机。

从上游打光，就能把鱼群吸引过来，船向下游走，灯光也跟着走，很多鱼就会浮上来，然后它们就纷纷黏到网上了。相反的，如果水很清，就一条鱼也抓不到。

五月份要用网眼比较小的网，因为香鱼还小。六月就要用网眼大的渔网了。到了七月，随着鱼不断地长大，渔网的网眼也要跟着调整。现在，我有五种不同种类的渔网。

遇到河流发水的时候就糟糕了。过去在农村，人们烧洗澡水、做饭都是用柴，所以木头都被人捡走了。现在都改用煤气了，一涨水，河里漂的全是木头和其他的东西。这时候如果用新渔网，用一次网就破了，都被扯碎了，那就白干了。所以必须多准备一些渔网。到了冬天休渔的时候，我和弟弟两个人每天都织网。因为到了打鱼的季节，就没有时间制作渔网了。

捕捉大口大马哈鱼的方法是从河底往上捞。你捞鱼的家伙要是浮在上头，鱼就从下头跑了。这种鱼必须得从下面捞。在打鱼前的一个月左右，我和弟弟两个人就要用一个形状像熊爪的竹耙子，插在竹竿的一头，在晴朗无风、河水清澈的时候，戴上偏光泳镜，清理河底的各种障碍物，这就要花一个月左右的时间。碰到那些大的障碍物，就要带上两艘船，用吊具把障碍物给拉上来。大体上一吨以内的东西都能拉上来。这个活儿真是辛苦，而且还一分钱不赚，就这样大概要准备一个月左右。

捕鱼人的明天

以后我们这些捕鱼人会怎么样呢？以前的长良川，河里有沙洲，两岸有垂柳。河里有很多便于鱼生存栖息的地方。但是现在河的两岸全是水泥，有人认为河底比较深的地方太危险，全都进行了改造。现在的长良川已经变成一条水渠了。

鱼的成长和生存环境也大不如以前了。尽管河里还有香鱼，但是它们都长不大。这都是因为改造河流造成的。从前，如果郡上（地名）上游下雨的话，一般要八九个小时水才会流到我们这里。现在只需要六个小时，水一下子就流过来了。河谷的溪流也全变成了水泥的河流，所以涨水的时候一下子就涨起来了，退的时候也一下子就退下去了。

涨水的时候鱼在河里根本没有躲避的地方，因为河流的两侧全是水泥。从前鱼还可以躲到河岔里，现在根本没有它们藏身的地方。

这些鱼都躲到哪儿去了呢？我们反而开始佩服它们了。（笑）前几天，也就是盂兰盆节前，大概十一号左右吧，我在电视上看到长良川的河水因为暴雨而涨得很厉害，那个颜色啊——东京一带的酱汤好像是白色的吧，我们这边的酱汤用的是红酱——那河水就跟红酱汤的颜色一样。（笑）这次暴雨真厉害啊，我当时想河里不会再有鱼了，可是过了几天，等水清了之后，香鱼又回来了，这些鱼真是厉害。

我儿子应该不会当捕鱼师吧。如果我打鱼一直带着他，也许他也会喜欢上捕鱼的。可是二十世纪六十年代，因为河流受到了污染，我就想捕鱼师到我这一代就可以结束了，所以就没带儿子去打过鱼。我儿子也不太会使唤船。

我们是跟着父亲去打鱼才喜欢上这行当的。那个时候，估计我父亲觉得我们如果喜欢打鱼，长大以后把这个当职业去做也是可以的。因为是那个时代。

我们小时候，正好是"二战"结束不久，岐阜县因为不靠海，那个时候只能吃淡水鱼，所以河鱼就是宝。因为我父亲会打鱼，一家人的生活确实还过得不错。我有六个兄弟姐妹，五个男的，就是在粮食最短缺的时期，我们家也从来没有断过炊。这多亏了我父亲会打鱼，他用鱼和其他村民交换食物什么的。所以说在这方面我们家还是挺幸运的。今后

会怎么样我也不知道。会变成什么样呢?今天真的谢谢您了,听我说了这么多无聊的事情,谢谢。(拍手)

(1992年8月30日访谈)

(任春生译)

叁 大海不容忍陆地上的任性

海女 田仲之代

（1936年4月2日生）

导语

我第一次知道田仲的名字是在1983年的春天,那时我读到了她写的一本书《海女们的四季》。这本书是她本人的自传,她住在千叶县千仓町白间津,当时六十二岁。她的自传中有一个词语叫作"贝海女"。贝海女是专门捕捞鲍鱼的海女。还有一类海女不具备捕捞鲍鱼的能力,只能捕捞海螺。在海底从岩石上捕捉鲍鱼的时候必须要使用岩铲,而捕捉海螺则不需要这个工具。在那本书中她介绍了"贝海女"的日常生活,她是如何成为海女的,还有她冬天的工作——在花房种花。于是我就到千仓去拜访了田仲,同时采访了她,她带我参观了海女小屋。海女小屋就在海边,通常,男性——包括她们的丈夫——都不能进入。屋子中央铺着草席,中间是一个地炉。

墙上贴着日历，挂有刻着海女名字的木牌，还有一些纸币。

海女们从海里上岸后，用地炉烤火来温暖身体，据说她们希望地炉的火能够近到几乎要烫到她们身体的程度，因为如果不这样猛烤的话，她们的身体会出现耳鸣、头痛等问题，使她们无法继续下海工作。海女们几乎是全裸地围着地炉猛烤火。春天的海边还好说，夏天酷暑的时候，在地炉边上烤火常常会让她们难受得泪流不止。

我去拜访的时候，田仲刚从一场病中恢复过来。她笑着对我说，如果自己老生病，就不能成为大海女（本事更大的海女）了，说这些话的时候她很平静，也很自然。这之后她又写了《从矶笛之村开始》《海女小屋日记》这两本书。

我跟田仲再次见面是在十年之后，她已经七十岁了，依然做着海女。她一边烤着电暖桌一边对我说，不知道今年该如何是好，以及如果还能潜水的话还是想再下海去。每到冬天，海女们就会休息，她们需要调整身体的状态，这也是她们在冬天的任务。优秀的海女必须要这么做。虽说需要休养，但是田仲还是在种花、卖花，所以她有点担心自己这么忙碌，身体会不会出问题。

她在繁忙之中，抽空给我展示了海女们工作时所需要用到的一套工具。

田仲之代口述

谢谢邀请我到这里来。我叫田仲之代，是一名海女。你们看，我穿着海女工作服就来了。做我们这个工作的男性虽然也被称为"海女"，但其实男人们做"海女"应该叫"海士"。因为我们是女性，所以叫"海女"，汉字也写作"海女"。

我头上戴的这个头巾，我们管它叫"毪碌头巾"。这个是潜水镜，周围是用金属做的。现在的人都用橡胶做的潜水镜进行潜水。我的这个是照我的脸型定制的，已经用了二三十年了。也就是说这二三十年来，我的脸型就没怎么变过，虽然多了很多皱纹，但是潜水镜还是很合适的。（笑）把潜水镜贴到脸上再吸一口气，它就不会掉下来了。

这件是潜水汗衫，从前，在它下边不用再穿其他衣服了，现在我们还会再穿一件半袖的衬衣和一条长一点的短裤。就穿着这些衣服，我们每年从四月开始，潜到海底下去捕捞海产。四月份的时候真是冷啊。我刚开始干这行的时候才二十多岁，很瘦，觉得海水特别冷，就老是想我应该再胖一点，应该再胖一点。可我现在又太胖了，所以我老说自己是一只怪兽，怪兽。（笑）我现在的体重应该有七十二三公斤吧。我刚才看了自己的照片，觉得自己就是一只怪兽，哈哈哈。有了这样的体重，我就不怕冰冷的海水了。

我今年七十岁了，去年我还在潜水作业呢，不知道今年还能不能下水。不下海去试一下的话，总归不知道到底还能不能下去。我现在冬天还卖花呢。这个工作搞得我太忙了。老一辈都说，海女应该在冬天休息，调整自己的身体。但是我在本来应该休息的季节又在做其他的工作，而且这个工作还非常累人。以前，我就是再累也从没流过鼻血，但是去年每次去潜水的时候都流鼻血，耳朵也发胀。以前我也从没得过感冒，但是现在即便是夏天也会感冒，我的身体怎么会变成这个样子？所以，看来该休息的时候还是应该好好休息。

去年，休渔期刚解禁，我就在海里捕到了七公斤鲍鱼，当时真是太高兴了。而且去年鲍鱼的价格非常高,黑鲍鱼的价格是一公斤一万日元,那次我大概捕到了两公斤红鲍鱼和五公斤黑鲍鱼,值六七万日元。尽管没有捕到更多的鲍鱼,但是当时我就在想,我到底还是海女啊,还是能下海的。其他正当年的海女们在休渔期刚一结束的当口,每个人都能捕到十五公斤左右的鲍鱼,我尽管不如她们,但是依然为还能捕到鲍鱼而非常高兴。

现在,我和另外两位年龄也在七十岁以上的海女仍然坚持下海。我们在同一条船上作业。从前,一过七十岁,估计就没有人再下海去捕捞鲍鱼了,我们常说,我们的事迹也许能记入史册吧,真是笑死人了。"贝海女"是专门捕捞鲍鱼的海女,我们把鲍鱼叫作"贝"——把海螺就叫海螺,却把鲍鱼叫作"贝"。海女之间会说"捕到贝了"或者"没有捕到贝"。

现在,能坐船出海的贝海女大概有十四五个人吧。我这样的已经算是退休的海女了,不能算现役的了。贝海女中最年轻的四十六岁,就一位,其他的也都五十岁以上了。

除了贝海女,还有石花菜海女、马蹄螺海女。马蹄螺海女的水平不是太高,就是勉强能潜水。她们需要附着在岩石上作业。只要是海女，谁都能捕捞到海产品。马蹄螺海女属于那种还不太熟练的、还在实习阶段的海女，但是她们当中日后一定能出现优秀的海女。

海女是在不断积累经验之后才能捕捞到鲍鱼的。怎么说呢，其实这和棒球运动员是一样的，也需要天分。

潜水的本领也是嫁妆之一

我花了九年的时间学习潜水。然后做了九年的新手。听老一辈海女说，有人不管怎么学习都不能成为自己理想中的海女。但是海女中真有很优秀的人，有个人从年轻的时候起就被大家称为"海女中的横纲"（横纲是相扑中的最高级别），是最优秀的海女，她从三十几岁开始一直都是采贝最多和最好的。

有一个年龄比我小但是比我出道早的海女，估计现在差不多六十五岁左右吧，真是天赋过人，这样的人从一开始就比普通的海女厉害。

我是二十一岁那年嫁人的，从那一年开始，我们几个年

白间津的海女田仲的服装,穿着这套服装潜水。

纪相仿的姐妹就老是说"我们一起去潜海捕捞吧"。在她们的鼓动下，我就加入了海女的队伍。其实当时自己的身高不太适合去潜海。所以学习的时候老师总是强调，一定要习惯大海，习惯大海。从那个时候开始，我满脑子想的就是不管怎么样我都要成为海女。

那个时候，大家都是从十六七岁开始学习下海潜水。因为战争的缘故大家无法去东京打工，所以一边学习针线活儿，一边学习如何成为海女。在当时，潜水这个本领就像嫁妆一样，所以大家都努力让自己成为海女。

潜水工具都是自己准备的，但是网兜和浮桶是丈夫给我做的。这就是网兜，把采到的贝放到这里面。这就是浮桶，用它取代其他的漂浮物，抱着它可以在海里游来游去。我们就这样把网兜系在浮桶上，潜水时捕捞上来的海产放到网兜里，这当中有一个铅坠，一般铅坠上都会系上一根绳子，使得浮桶不会被水流冲走。然后，这根绳子的另一端系在身上，要保证长度正好在自己潜水深度的范围内。

我现在需要的绳子一般是六七米。海水比较浅的地方是四米左右。一寻（日本长度单位，多用于表示水深）大约是一米五，

白间津的海女使用的工具。

我需要的长度是三到四寻左右。我虽然上了年纪,但是还能潜这么深,只是憋气的时间已经大不如从前了。年轻人潜入和浮出海面三次,我只能浮出一次,之后需要休息一下。海女需要在浮桶上换气,如果没有浮桶的话,我们就无法工作了。我们会抱着浮桶从船上跳入海中,然后靠着浮桶游到捕捞海产的区域。我们还依靠浮桶来换气,或者转移到其他区域。如果没有浮桶就无法在海里捕捞海产了。

这就是浮桶,能浮在海面上的桶,也叫曲桶。

在白间津,现在应该没有人会做这种浮桶了,我们是请白子町（地名）那边的人做，我让他们大概做过五只浮桶。以前我用的是尺寸更小一点的浮桶，然后不断地变大，因为我的体重越来越重，所以浮桶也越来越大了。

如果捕到很多海螺，装进网兜里，太重了就有可能会导致浮桶沉到海里。当然，现在也捕捞不到那么多的海螺了。我现在这只浮桶用了差不多十多年了，已经不需要再做新桶了。

怀抱浮桶

从前，海女的工作是从初春开始的。现在一般是从五月一日到九月五日。这之间也有很多休息日。男人们想休息了，就立起红色的旗子，表示这天是休息日。过去有的区域每天都可以下海捕捞，如果赶上风浪太大的话，可以在港口附近下海。每天都是可以下海作业的。现在，男人们说"今天海浪大"，立起红旗，那这一天就不能下海捕捞了。

这样做的理由一来是因为危险，二来也是为了保护鲍鱼的繁殖。当然了，目的就是让鲍鱼繁殖得更多。所以，女人们当中，有的人觉得还是从前好，也有的人觉得现在的规则好，意见不一致。我刚开始做海女的时候，下海捕捞的时节是从四月一日开始的，那时候就穿一件短袖衬衣再加一条长短裤，很冷啊。海潮很冷，刚把腿放到海水里马上就会冷得跳起来，当时就是这样的。那时也不是坐着船出海，而是从陆地上直接下海，再上岸的。通常是哆哆嗦嗦地打着战上岸，再走回去。因为特别冷，又需要忍耐，上岸的时候就在这么大的石头上跳跃着前行，双脚哆嗦得太厉害根本跳不过去，连站都站不稳。那个时代就是这样的。

从昭和三十年（1955年）开始，我们才坐着船出海了。有了船就能在浮出水面后马上上船，所以工作变得轻松不少。不能坐船出海的时候，就要带着浮桶从岸边游到目的地。

出海和上岸的地方是固定的。从陆地上出发的话，有经验的年长海女会告诉我们，感觉到有浪的时候要从最先涨潮的地方下海，于是我们就结队跟在年长海女的后面下海。

大家都是抱着浮桶游到各自的目的地的，回来的时候也是跟在年长者的后面走。如果不这样的话，潮水向海洋一侧流动的时候想从它中间通过去根本不可能，年长的海女教导我们要贴着海岸游，我们就跟在她们的后边走。

海女都有自己固定的打捞场所，所谓的固定场所，就是自己的幸运捕捞地点。因为我的第六感不是太好，所以我没有太多这样的场所。也有人说，我的幸运场所其他人也都知道。为人很好的海女有的时候会说"今天我去你的那个老地方捕捞了"，她的意思是那个地方还有不少鲍鱼呢。

以前啊，真是厉害。有时候能在一块石头上捕捉到差不多六公斤鲍鱼，而有时候仅仅一块大石头底下就能有大约二十五公斤大鲍鱼。

鲍鱼当中有黑鲍鱼、红鲍鱼和大鲍鱼。我们也管红鲍鱼叫"雌贝"（红鲍鱼的俗称，与黑鲍鱼并非同一品种，各自都有雌雄——编者注），红鲍鱼和大鲍鱼相对而言不太会游动，会一直留在原来的地方不动，过一会儿也能捕捉到它们。但是黑鲍鱼一旦捕捉时失了手，一般就会跑掉了。在海底下，有时候憋气憋得快要到极限的时候，突然发现一块石头下面有鲍鱼，把石头掀了，如果是黑鲍鱼的话，不憋着那口气把它捕捞了，等换口气再回来的话，鲍鱼已经溜得无影无踪，完全不知道到底逃到哪里去了。如果能再坚持三四十秒的话，那鲍鱼就全都能捕获了。

礁石上的海藻退化了

在鲍鱼多的时节,鲍鱼多到都不知道怎么捕捉好了,春天海边的礁石丛里也是。但是到了昭和五十五年(1980年)前后,海边礁石上的海藻都枯萎了,鲍鱼也渐渐消失了。到了昭和五十六年、五十七年的时候,海边礁石上的腔昆布等能作为鲍鱼饵料的植物也都消失了。那个时候正好也是人们议论的海藻退化现象的时候。腔昆布茎秆好像匍匐在火灾现场的焦木头,大海就像火灾过后一样。

在这之前的一年,海边礁石区栖息着很多海螺和鲍鱼,现在什么都没有了。海边礁石上的海藻刚开始退化的时候,我们看到腔昆布高度腐烂,我试着潜入海中,发现海藻一碰就都从石头上散乱脱落了。所以,这些地方的鲍鱼和海螺也就消失了。

有人说:"这该怎么办才好呢?是不是也和我们一样上了年纪啊,连海边的礁石也老了。这真让人头疼啊。"实验场一带,技术人员也做了很多调查和实验。但是不知道究竟出了什么问题。

于是我们就猜测是海水受到了污染才变成这样的，导致了礁石上的海藻退化。但是，海藻的这种退化好像是周期性发生的。

好像以前也发生过一次。大概在一九三几年的时候。那个时候我们对海藻退化完全不懂，那时的海藻退化不是发生在村里所有的海域，而是一部分地区，海藻剥落的海域，直到前一年为止，还有很多的鲍鱼和海螺呢。

那时我们正好开始下海捕捞海产，腔昆布腐烂得很厉害，毫无疑问，那片海域中的鲍鱼和海螺等海产都消失了。

这时大家开始议论"如果村里所有的海边都这样了，那该怎么办呢"，但是幸运的是那个时候并不是村里所有的海岸都这样，仅仅是一部分的海岸。大家都不明白为什么会发生这样的事情。因为其他海岸的礁石区并没有发生任何问题，所以这个事情也就这样过去了。

但是那之后，在昭和五十六、五十七年出现的海藻退化扩展到了全村海域。直到去年为止，海士们还可以一天捕捞到四十公斤到五十公斤鲍鱼。海藻退化开始后，曾经那么多的鲍鱼和海螺就消失了，与此相反，马蹄螺开始出现，而且很多。贝海女和海士也开始捕捞马蹄螺。我们也开始专门捕捞马蹄螺。至于鲍鱼呢，如果运气好的话，一天可以捉到一两个。就像发现钻石一样，大家都兴高采烈的。当时就是这种情况。大家很担心，希望海岸能够早日恢复原样。结果，礁石上的海藻恢复得比预想得要快。

到了昭和六十年（1985年），鲍鱼的饲料腔昆布等海藻在海边岩石上又长出来了。有人说"快看！这里长出了腔昆布"，有人说"那里也长出来了"，大家兴奋不已。但是那一年，鲍鱼并没有出现。到了第二年，工会将人工繁殖的大量鲍鱼苗投放到海里。同时，野生鲍鱼，还有海螺也大量出现了。

工会除了投放鲍鱼苗，还投放石块建设人工岛礁，有了岛礁，鲍鱼就会不断地增加。大概到了昭和六十三年、六十四年，夏天刮台风，七月海上风浪很大。海上风暴来之前还有很多的海螺，但是风平浪静以后，却一个都没有了，哪儿都没有。这到底是怎么回事呢？怎么想也想不明白。那年的网捕是在八月一日解禁的。用网捕捞上来的海螺都是空壳。寄居蟹都躲在新的海螺壳里面。即使有五六十个海螺挂到网上，也都是死海螺，里面的寄居蟹到底是从哪里来的？

搞不明白。到底是从哪里来的呢?(笑)海螺壳里面都是寄居蟹。至于鲍鱼,我们就连壳子都没有看到。但是男人们告诉我们,大鲍鱼和红鲍鱼都在深海里,都趴在那里,腐烂了。

当海边礁石上的海藻枯死以后,这些鲍鱼开始向大海深处移动,去寻找新的觅食场所。我们这里的捕鱼区,一年之中解禁一次。由于没有了鲍鱼的踪影,所以连续两年都禁止捕捞了。第二年因为要举办庆祝活动,解禁了一次,结果海里什么都没有。即使是禁渔区里也什么都没有,因为这里不可能有人来捕捞,所以鲍鱼应该都跑到其他地方去了。鲍鱼的饵料没有了,岸边岩石上的海藻退化了,鲍鱼们非常敏感,自己就溜走了。

我们都说大海就像猫眼一样,因为猫眼的变化很快。比如,今天礁石区海水很清澈,很不错,但是第二天就暗潮涌动,之后可能会出现像冰一样冷的潮水,也有可能出现像开水一样的潮水。水温也在不断变化,潮水的颜色和透明度都在变化,还有潮水的流速,有时变快,有时变慢。

所以有个说法,说海女是有"天赦日"(好日子)的。天赦日潮水温暖,海上风平浪静,当天的收获也多。陆地上的人问我们"今天是天赦日吧?",我们就回答"不是,今天潮水太冷了,像冰一样""今天潮水流速太快了",或者"今天是海女的天赦日"。

海上起风浪之前,我们打算潜到海底去捕捞鲍鱼,但是海底海流湍急,飞沙走石,人几乎就要被海水卷走。原来有的时候海底是这样的。

每天出海的目的地,一般是同一条船上的伙伴之间商量而定。在船离岸驶向大海的时候,有人说:"今天去哪里啊?""哪里? 去那里吧!"最终还是由捕捞技术最好的人来决定。

捕捞技术最好的人被称为"大海女"。

至于我呢,仅仅是混进了大海女的队伍而已。我常说"我要是好好干,也能跟大家一样成为大海女"。可我老是生病,要不就是身体不好,要不就是耳朵又不舒服了,老有这样那样的事儿。所以在我们的海女小屋里,有人就说了:你不是一直嚷嚷着"要成为大海女""要成为大海女"的吗?(笑)

海女小屋的伙伴

一般,关系好的海女伙伴会一起使用一个海女小屋。我的伙伴是从一开始到现在一起工作了将近五十年的海女,我们都是幸存下来的还在潜水捕捞的人。隔壁小屋的海女也是从中年开始和我一起工作的伙伴,另外一个小屋是和我年龄相仿的伙伴们在使用。虽然我们都算是大海女,但我们是一群隐退的海女了。其他两个小屋里的伙伴们都还是正当龄的海女。

从前我们是不戴这个头套的,就用一块手巾用劲一拧系在头上,然后再戴上潜水镜就行了,潜水镜就像是图章一样,"啪"的一声扣在脸上,还会留下印记。我们的脸非常黑,只有潜水镜的印记是白色的。上岸走到海女小屋这段路,就只穿一条兜裆布,裸露的身体上披一件劳动服,就这样一路走到海女小屋。我们也是按照前辈们的教导去做。我们身上有很多海女斑,这些地方因为有海女斑所以很难看。所谓的海女斑,其实就是烤火的时候在皮肤上烤出来的斑纹,夏天的时候脚上也都是,这些斑点在黑色的脚上挺显眼的,但是只有夏天有，到了冬天就消失了。

因为脚上都是海女斑，脸上又留着潜水镜的印记，头发是红褐色的，一般到哪里去的话，我们通常都不愿意一个人或两个人去，要去就是大家一起去，海女们一起搭伴出行。有人背着孩子，大家成群结队去参拜神社，去看戏。过去，经常有剧团到农村来演出，去看戏或者去看什么的时候，大家都背着孩子，和同龄的伙伴们一起去。现在，我们这些人当中，有的成了老太婆，也有的去世了。连我自己也没有想到，到了这个年纪还在继续干这份工作。即使到了七十岁，还在想我能不能下海啊。（笑）

救命啊！

你问我遇到过可怕的事情吗？有很多啊。当一大群僧帽水母毫无缝隙地聚在一起朝你游来的时候真是恐怖啊。有的时候它们会爬到我的后背上，我就在心里喊"救命啊！"就用这个挖鲍鱼的岩铲赶走水母。希望它们能快点离开这里。那个时候真的是非常恐怖。如果有船的话，马上就能爬到船上去，如果没有船，离岸边又很远的话，就只能等水母自行离开了。如果被水母蛰了，那个部位会发麻，淋巴结也马上就肿起来了，全身发冷。现在我们都穿这样的衣服和裤子，还戴上了手套，穿上了袜子，所以就不太感到害怕了。过去，身上是不穿这些的，只有一件海女半袖衬衣，身体基本都裸露在海水里，所以真的是太恐怖了。

还有，关于在海底捕捞，过去前辈告诫我们"在海里不要有贪念"，也就是不要有太多的欲望。

比如在海里，挖到一个鲍鱼，然后看到另外一个鲍鱼，就再挖另外一个，前辈就说，应该换口气再去挖，这个时候不要起贪念。因为在海里随时都会有意外发生。

大约在五六年前吧，我想我潜水已经到了现在这个年龄，不会再遇到什么危险了，就放松了警惕。有一次，我在浅水海域的海底没有找到鲍鱼，想要出水的时候，在岩石的裂缝里看到一个很大的黑鲍鱼，我对自己说"我一定要挖到这个鲍鱼"，虽然挖下来了，但是鲍鱼卡在岩石里怎么也拿不出来。费了半天劲最后终于取出来了，正要上浮的时候，我的脚被渔线牢牢地缠住了，想往上浮，但是怎么也浮不起来。当时我就想"我真不应该去挖这个鲍鱼",挣扎了半天还是浮不上去,其实水面就在头上,那时候我在心里想"这样可不行,这样下去可不行"。如果这样死了可就坏了。当时就想,只要手能抓住浮桶就好了,最后终于抓到了浮桶,才算获救了。

上来以后,同伴们告诉我:"如果遇到这样的情况,先下沉到水底一下,让缠在脚上的渔线松一下,然后就能浮上来了。"事实上,海里到底有什么,会发生什么,真是不得而知啊。

让我遇险的就是在海边钓鱼的人扔掉的渔线。这些渔线挂到了岩石上。因为这里还是钓鱼的好地方,有很多被人扔掉的渔线。第二年也有同样的险情发生。我就对工会的人说:"你们工会的人去看看吧,海边有那么多的渔线,容易出人命的,你们去看看是怎么回事吧。"(笑)

于是,工会开始招人专门清理渔线。现在每年都清理,到了春天就开始清理渔线。

现在也没有人说这个话了,因为除了我也没有人知道了,当潮水变浑的时候,还有当开始起风浪的时候,海边钓鱼的地方比较危险,最好不要去。潮水变浑的时候,看不见鱼线,太危险了，所以最好不要去，最好不要靠近那里。

海鳝也很恐怖。

那是昭和三十年代的事情了，就是鲍鱼大量出现的年代，多得不得了，那个时候简直要想："到底应该挖哪个呢？挖哪种呢？"我潜到海底，手就这样，一只手拿着岩铲不知道该挖哪个鲍鱼好，另一只手还在比画鲍鱼的大小。就在那个时候，海鳝"哗"地出现了，"咔"地一下咬了我的手。它可能把我的手当成它的食物了，或者是因为其他的什么，不知道什么原因。总之，我的手被咬了，竟然连骨头都露出来了。那个时候我在心里大叫"救命啊，我的手指被鱼咬了"。我马上出水上岸，去了医院，手指头缝了七针，海鳝真的好恐怖啊。

这都是几十年前的事情了，我到了六七十岁还能潜水作业，连我自己也没有想到。我也没有想到自己能活到现在。（笑）

对于我来说，真的要感谢大海。为什么这么说呢？这么大的鲍鱼，懒洋洋地吸附在岩石上，只要挖到它就能卖钱，感觉就好像是钱黏在岩石上一样，挖鲍鱼就和捡钱的感觉是一

样的。(笑)

所以,身体好的人真是停不下来的。我们这个行业也没有退休这一说。

我感到最幸福的时候就是盛夏,大家都来海边避暑。那个时节,流着汗,穿成这样从船上"嘭"的一声跳到大海里,那种感觉真是太好了。然后上岸的时候,全身冰凉,很舒服。但是接下来烤火又是最痛苦的事。烤火的时候浑身大汗,然后一定要到小屋外面去凉快一下。不这样做,第二天就不能下海了。怎么说呢,大海对我们一点都不宽容。如果烤火烤得不够的话,就会头昏脑涨,如果头疼着下海,头冲海底游下去的话,会感觉头要裂开了,耳朵也涨得厉害,好像耳膜都要破了。所以,即使是在夏天也必须好好地烤火,把身体里的寒气烤出去。而春天的时候,又想一直烤着火,不愿意离开。夏天最热的时候也得好好地烤火,不然就没法潜水了。

陆地上无所谓,但是大海是不能容忍我们任性的。

过去说鲍鱼和海螺是大海里的蛆。但是,在海边的海藻枯死之前,鲍鱼和海螺一下子都消失得无影无踪。因为当时海边的生态太糟糕了,而现在又都恢复了,谁也没有想到啊。大海真是值得感谢啊。

今年还不知道怎么样呢,如果可以的话,我还想下海。

(1993年2月11日访谈)

(任春生译)

肆　马和亲人是一样的

马倌　木村义男

（1924年5月23日生）

导语

木村的牧场在函馆市的铁山町。当我跟他说想去拜访他的时候,他用带有很重口音的方言对我说:"好啊,欢迎你来我这里。很好找的。你下了飞机打个车,告诉司机你要去道产马牧场,他们都知道的。如果真有不知道的,我这个牧场的名字就立在屋顶上,字很大。过了桥马上就到了。"事实上还真如他说的那样。在一个很大的屋顶上用油漆写着"道产马牧场"几个大字。木村告诉我,"道产马"的意思就是北海道当地所产的马。这个牧场坐落在一条河流的旁边,面积很大。他的家就在离开公路有一段距离的一个土坡上。房屋的后面就是山,马是散养的。虽说土坡上是他的家,但其实他基本上都是住在马厩里。木村的房子是一个细长的建筑物,门厅还是泥地的，放了一个烧木柴的火炉。靠山那一侧都是马厩，马厩的隔间里分别有三匹马。一匹是矮马，另外两匹是一对母子马。据说小马刚出生不久。木村睡觉的地方就在母子马的隔间的对面，是一间很小的榻榻米房间。

大大的原木被他从中锯开，放在火炉边当椅子用，我们就坐在原木椅子上聊起了马。他告诉我，这里有一百二十匹北海道当地马，几乎所有的马都在山里或者树林里放养。这种马平时就是吃草和竹叶，任意地自然繁殖和生长。如果需要用马了，就进山里去捉它们，捉到够数就带回来，用它们运送货物什么的。捕捉野马可不是一件容易的事，要先把这群马的头儿赶到事先在灌木丛里安置好的围栏里。这些都是木村一个人来完成。过去这些马匹都是运输工具，现在一般都用卡车来运货了，只有在卡车进不去的山里或者坡度很陡峭的地方才会用马来运输。这些马主要的工作就是负责山里的货物运输，以及旅游观光区的使用，等等。在当地，开春后，等积雪融化了，就要用马匹搬运树苗到山里去植树了，一包树苗大概有五十公斤重，一匹马能驮四包这么重的树苗，也就是一百公斤。每次，木村会牵着四五匹马把树苗运到山里。对于个头矮小的北海道马来说，二百公斤树苗的负重可不算轻。如果不能手疾眼快地把货物装到马背上的话，马就会很疲惫。这种装货的方法叫"danzuke"。

木村用车载着三匹马来到了东京，在会场展示了danzuke这种独特的装货方法。白色的背心和骑马用的橡胶长靴就是木村的工作服。他先将装货的马鞍放到马背上，两边用绳子结成环，然后再将捆好的木柴装到马鞍上。抬起捆好的木柴穿过绳环时，因为两只手要用来系紧绳子，所以需要用牙来咬住绳头，如果货物是树苗，那么这根绳子的承重就是五十公斤。为了保持好左右平衡，他瞬间就打好了绳结。在整个这个过程中，马一点都没动，就那么安静地站着。

遗憾的是，道产马最后的伯乐、danzuke的名人——木村却在1994年的冬天去世了。

木村义男口述

啊，太热了，太热了。东京真热啊。（笑）站在那边的马估计都在哭了。那些马怎么办呢？要不就先那样吧。

我这次带来的是七岁到十五岁的马。

如果换算成人的年龄，七岁马应该属于青壮年，相当于人的二十岁或二十五六岁。那么十五岁的马，也就比我年轻一点点吧。哈哈哈。我今年已经七十岁了。那匹小马生下来才二十天。还没给它起名字呢。（笑）我那里的马几乎都有名字，因为有上百匹马，很多马的名字都忘了，再加上它们平常都是在山里放养的，所以没办法记住每匹马的名字。

这些马在放养期间也是会生小马驹的。今年就有小马出生。带到这里来的两匹马也快要产小马了，有可能在放回山里之前就生了。忘了去年还是前年，我带着几匹马去了富士山，有的马就在富士山里生了小马。发现母马快生小马了，活动一结束，我们就赶紧往回赶。有时候在车里可能就生产了。这些都是无法预料的。尽管比较麻烦，但是它就是要出生，我也没辙啊。哈哈哈。你想让母马等一下，可生小马这事也不能等啊。（笑）

冬天，即使下雪了，道产马也依然待在山里，而且我基本上不给它们喂食。虽然我是属于粗放型的放养，但是马倒也不怎么生病。道产马具备了好马的所有优点。尽管体型比较小，但是力气很大。我马上在这里展示一下如何往马背上装货，它们的力气可大了。

道产马的马背比较低，一般是四尺三寸到五寸左右吧。换算成厘米的话，我还真不知道是多少，不知道，因为我没上过学。马的体重是四百公斤左右。现在真正纯种的道产马已经越来越少了，从保存这个马种的意义上来讲，现在政府也很重视，所以数量稍增加了一些，总共大概有一千匹左右吧。我这里大概有一百匹左右，也就这么多吧。现在不是很流行说某个人是二代或者三代吗？马也这么说，这个是二代，这也是二代，它们都不是真正的道产马，是和法国的布雷顿马杂交的品种。因为这样一配，马的体型就稍微变大了。

你问我的具体工作吗？养马，还有就是用马把这些货物运到山里。前些日子，我还用道产马把树苗运到山上去了呢。我的那一百匹马不是都用来干活的。能运货的马大概也就是五六匹到十匹左右吧。其他的马都野性化了。因为一直都是放养在山里或树林里，也不怎么去管它们。

你问我能认出自己的马吗？当然能认出来了。自己的东西在哪里，如果自己都不知道那怎么办呢？肯定能知道。只要看一眼马脸就能认出来。就好比你和你老婆、你孩子，或者你的亲戚在东京的某个商场里见面，你们互相都应该知道的。我看马和你们看亲人是一样的，一样的。（笑）

因为在山里马会自然繁殖，所以它们的数量每年都在增加。当然，也有人收购马。在岩手县的北上市一年有一次秋季马市，规模很大。我们会把马带到那里进行交易。

这是马鞍，是自己做的。这样的马鞍，一般我们都是自己做的，现在已经没有人能做马鞍了。马嚼子和马鞍都是手工制作的。

从前这些东西也都是赶马人自己制作。这些人过去挺多的，也有专门制作、销售的。现在啊，即使有人卖也成不了什么交易，所以已经没人做这个生意了。过去我自己也做这些东西，现在几乎没有人做了。

这个马鞍比较贵，比马还要贵呢。这上边用桑木制作的部分已经用了好几代了。在日本，像这样的东西已经没有了，可能还有一些马鞍。这里的"山八"两个字，是个商号的名字，这种山八型的马鞍已经再也找不到了。这不是一般人能

道产马用的马鞍,文中出现的有年头的马鞍。

做得出来的,一般人做的那种对于我们来说一点价值都没有。山八是什么时候的人?我也不知道,一点都不知道。我还是大正年间(1912—1926年,日本大正天皇时代的年号)出生的,那也一无所知。第一代山八家族很少有人知道,山八家族应该有第一代和第二代。因为第二代传人在七十多岁的时候,我见过两三次。那时候我大概就是三十多岁吧。

那就是第二代。第一代是那之前很久的事情啦。

道产马的宅急送

我的父亲也是马倌,从前我们那里有很多人做这个工作。就相当于现在的宅急送吧。(笑)在我们那里,什么都是用马来运送。过去,渔民打捞上来的鲱鱼也都是用道产马运到市场里去卖的。那时候还没有卡车等运输工具。上了点年纪的人都知道,从前就连新娘出嫁也是骑着马去的。但是我老婆出嫁的时候没有骑马,是坐普通的交通工具来的。

并不是一匹马就配一个马倌,我们大体上是一个马倌带六匹马,首尾相连。去的时候马驮着货物,回来的时候也有杂七杂八的货物需要马驮回来。

马既可爱也很可怜,有时货物装得太多,真觉得马很可怜。我们运的货物既有零碎的,也有像酒桶那样笨重的,但是,都得想办法把它们装上马背。过去还有那种大块的黑糖,也得想法往上装,一点都不轻松。能够驮得动那么重的货物的马,五六匹中也只有一两匹吧。所以,不是说所有的马都能驮得动很重的货物。有的马能负重,有的马就不行。人不也是一样的吗?

其实一看就知道哪匹马能负重,哪匹不行。当然,如果试一下就更清楚了。(笑)不能负重的马总是在不断地被交换或者被买卖。因为大家都认为这马不行,所以就会不断地买卖。马贩子也是先买下马,然后再到别处去行骗销售。一般他们在买卖马的时候会欺骗大家说这匹马很能负重,所以,从前的老话就说,马贩子的肚子里只有谎言和大粪。哈哈哈。

我和我父亲都是马贩子。

与其说是我父亲教会我如何驯马,还不如说我从小就是在马群里长大的,在我还是小孩子的时候,周围就都是马。包括周围邻居家,整个村里几乎家家都有马。就像现在家家都有汽车一样。

现在的时代大家都使用机械了。用马就太傻了,所以大家都不干马倌了。我也就当自己是个傻瓜,跟马有关的活儿都会干,其他活儿我什么都干不了,所以没办法,直到现在都还在干这个。我也想穿着西服,坐着外国的高级汽车,悠闲地散散步,但是做不到啊。首先我就没上过学,不识字。即使有人给我写信说,"木村,明天我要去杀了你",我也不认识那些字,不懂啊。(笑)

有一件事，说出来挺害臊的，但这是真事。曾经有人对我说"这是什么，你给我念一念"，居然有人让我给他念信。

关于马的事情，如果有人问我，我全都懂。我是不是日本第一，那都无所谓。哈哈哈。我们被叫作马倌，其实当马倌也挺不容易的。对人可以说这说那的，但是马不懂人话，我们是在让不懂人话的马干活，你说这份工作轻松吗？人会说，"我想这样"或者"我想那样"。但是马不懂人话，而我们的工作是教会马能听懂我们的指令。那，我是怎么教马听懂我的话的？这是秘密。哈哈哈。

我培育的马已经好几百匹了。我也从没讨厌过这个工作。马真的是好伙伴。所以我从没用过现在的人。（笑）因为他们的脑子都比我好使，不会听我使唤的。马虽然不会说话，但是它们也不会反抗我。有的马会踢人或者咬人。那是比较狡猾的马，我也不知道是用狡猾，还是用机灵来说它们。反正这种马在我这里没法用，所以就编瞎话卖个高价转给别人。

卖马的时候我肯定要说"这真是一匹好马啊"。所以就有了"马贩子的肚子里除了谎话和大粪以外什么都没有"这样的说法。

养马这么多年，肯定也有让我难忘的马。比如有的小马不听我的调教。这样的马我真恨不得杀了煮肉吃。真有这样的马。（笑）

但最后基本上都卖了，当然，卖的时候一定要夸它是一匹好马。

道产马和骆驼

道产马的走路方式你知道吗？叫一顺步。就是一侧的前后腿一起走，这叫脚踏实地。其实人也有这样走路的吧？就是右脚和右手一起动。如果一匹马不是这样走路的话，那就可以断定它不是道产马。因为道产马天生就是这种走路方式。虽然其他的马种通过训练也能学会，但是学会了也没法跟道产马比，血统纯正的道产马不需要任何训练，天生就是这样走路的。

我们这里有道产马保存协会，现在每年会召开一次马的评选会。评选会的时候主要就是看马走路的状态。如果马不走一顺步，那马主就要遭到大家一顿猛批了。

虽然道产马走一顺步，但是它们显得很轻松，而且人坐在马上，让马驮着都没有任何不舒服的感觉。骆驼也是走一顺步的，大家看着它也感到很轻松吧？所以有人就会指着道产马说："啊！那不是骆驼吗？"哈哈哈。确实是啊，就是。

骑骆驼的时候是盘腿而坐，很舒服。所以骆驼叫"rakuda"，骆驼就等于舒服（"骆驼"的日语发音是"rakuda"，跟"舒服"谐音）。骆驼用的鞍子也是根据驼峰的形状而专门设计制作的。

有我的录像资料吧？来，咱们来一起看看吧。

这是在搬运树苗。现在都是在初春来运树苗的。这个是树苗，要运到山上去种植。树苗一般都是杉树，或者虾夷松。这些到底有多少呢？真不知道有多少棵呢，我一个人要拉着这么多马，马是首尾相连往前走的。现在我年纪大了，走不动了，我就骑在马上了。（笑）

马队最前边的马是能力最强、最机灵的。它要驮着货物，还要驮着人。一棵树苗我们能挣十日元，一包里有二百五十棵树苗，两包就是五百棵。一天下来的话还是能挣不少的，现在我的马队有六匹马。每运一趟是三万日元，如果一天运五趟的话，挣得还真不少呢。但是，那样的话马太累了。而且往马上装货也并不轻松。

我有一个徒弟，叫栗本庄司，是个二十三岁的小伙子。他第一次来我这儿是上高二的时候。他是东京立川人，高二那年到我那里跟我说想当马倌，现在他在给我帮忙。要想学徒的话，首先要从养马开始，第一关就是看小马出生。

道产马的生存能力很强，在哪里都能喂养。昨天，我在多摩川（东京郊区的河流）的堤坝上，让马吃了点草，那个地方草还真多啊，但是警察太烦人了，对我叽叽歪歪说了一大堆话。（笑）

可能是我不在的时候，有人告诉了警察。他们叫我，"大爷，请您来一下"，我就去了，他说："马不能放养在这里。"如果在北海道，不管是什么地方，自己的土地也好，别人的土地也好，马都是可以随便放养的，谁都不会说什么的。人家反而会说马把地上的草吃了真好。东京真是个奇怪的地方。（笑）

卡车能去到的地方，只要有路，都不需要马。如果植树的地方正好就在山路边的话，用卡车运没有问题。但是很多时候要去山里比较偏僻的地方，没办法，不是人背就要马驮。所以，如果日本不断地在山上植树造林的话，道产马还真是能起到很大的作用呢。

但是，如果我不在了的话，还有谁能干这个活儿呢？谁都想系着领带坐在国外的高级汽车里。现在就是这样的一个时代啊。

道产马还有其他的用途吗？有啊。比如说，旅游观光用。这里的三匹马就是去援助旅游景区去了。这匹老马就是从大岛回来的。那里之前不是发生火山爆发了吗？那时候我去领它们回来的。

瞬间完成的 danzuke

前年和去年我都去了富士山，一共去了四次。从五合目（合：日本表示登山路的概略单位，到山顶分为十合，五合目即为半山腰——编者注）到山顶大概要花四五个小时吧。我是从五合目骑着马上山的。用了五个小时。明年我还去富士山，那就是第五次了。那里对道产马来说是很好的体能测试。我忘了是前年还是去年了，在御殿场当地的赛马比赛中获胜的马跟我的马一起上山，因为带着那匹马，花了六个小时才到达富士山顶。上山的时候又不能不带上它,因为不能把它单独放在山下,可带着它又花时间。到底还是我们道产马厉害啊,其他的马都没法比。

日本本土的其他马种,还有吐噶喇马、木曾马,听说七个地方有本土马。道产马也是其中之一。听说明年东京马事协会要把各地的日本本土马种聚到一起,我挺有兴趣的。其中有的马可能快要绝种了。

那些地方,也许也有马倌,他们也用这些马来运送货物。记不清是哪里了,可能是长崎吧,现在也使用道产马。不对不对,应该是他们当地的马,忘了叫什么了。刚才岛根县的冲川先生不是来了吗?前年他有四匹马,把这个马鞍拿去了。他要用马鞍来挂培育蘑菇用的原木。他今天来了。一会儿活动结束以后他说要拿一个马鞍走。

即便是他把马鞍拿走,但是他能往马背上装货吗?虽然他也是马倌。听说他把自己的马放在一个农户家里了,是不是那户人家在用他的马呢?这个叫冲川的人应该不是他自己直接用马。这个人刚才请教我,然后再去教那户人家怎么做,然后那户人家用马运货。

其他的马种，从前人们也都是会用的。尽管现在不用的马越来越多了。如今也不会让这些马去田里干活了。但是，这是个连死人都当活人使的时代，所以马也挺不容易啊。

往马背上装货物的方式叫作danzuke。不太容易理解吧？其实解释起来也比较难。对我们来说也是挺难的，我马上就要展示给大家看了。

运货的时候，一般是六匹马一起，每匹马都驮同样的货物，然后向目的地出发。从我们村到函馆市内有三四里路。有的地方路很不好走，胆战心惊的，所以尽管头马驮着货物，我还是骑到它的背上。所以，头马一点都不轻松。因为是马才能这样做，如果是人的话一定觉得吃亏，他会说"你怎么老是骑在我背上啊"。（笑）马什么都不说。这就是马的优点。如果是人的话，吃了亏就会甩脸子噘嘴："什么？为什么货物都堆在我背上啊？"（笑）

六匹马需要尽快地把货物装到马背上去。"噜噜"地装好后马上就要出发。我们吆喝马的时候是这样的．啪啊——啪（笑）哈——！有点不好意思啊。（笑）在这里说这些还真挺不好意思的。喷喷喷喷喷（马哒哒哒哒地走过来），现在，很少有人会用这个吆喝马了。

在北海道,我们把这个工具叫"syushi"。北海道普通话的发音是"syushi"。哈哈哈。汉字嘛,如果我说不知道,是不是太没有面子了?

好了,好了,知道了。(马在"哒哒哒哒"地走动)如果不早点赶回去的话,小马就要生出来了是吧?这匹母马也怀着小马呢。马的怀孕期是多久?一年。都是在山里出生的。人类的小孩是最不行的。出生的时候,爷爷、奶奶、所有的人都来了。小马在山里出生,三小时后就能站起来和母马一起行走了。我这里的这匹小马出生也才不过二十天啊,二十天。这是刚从岛上回来的。从前,如果说是从岛上回来的,那是了不得的一件大事。(笑)因为在大岛,作为景区的旅游项目,人要骑在马背上,所以马都是很温顺的。

好,我马上来装货。

最初应该是用马来驮木柴吧。从前,不仅是北海道,几乎内地所有的地方用的燃料都是木柴,现在都用石油了。那个时候木柴估计都是用马从山里运出来的。其实现在我们还在用烧木柴的火炉。……就像这样,因为其他的马还等着,所以为了节省时间必须尽快装货。这个过程中要用到牙齿。好在我一颗坏牙都没有，因为如果牙齿不行了，就干不了这个工作了。绳子穿到这里了吧？好了，就是这个。挺快的吧？这里绝对不能松劲，不能解开。danzuke讲究的就是装货时的快和牢固。卸货的时候必须瞬间解开货物。能够做到这一点的人已经没有了。

成袋的木炭、又长又粗的木头、酒桶，我们都往马背上装。这就是我的工作。

几匹马要连在一起，这时要在头马的尾巴上系上缰绳。

这根绳子的用法，明白吧？绳子根据货物不同，系法也完全不一样。过去，北海道大量捕捞鲱鱼的时候，把去渔场工作的人的被褥就这样挂在马脖子上，同时还问："有谁想骑马，赶紧过来！"

坐上去，快来。（笑）过来、过来，快点。就这样，让人坐到货物上后赶着马走。来，来，这只脚放在这里。这孩子小腿还真长啊。注意抓紧点。然后赶马出发了。

这匹马是我骑的，现在我不用骑马。看一下，马就是这样行进的。嗨嗨嗨、嗨嗨嗨。（拍手打节拍）

用牙齿咬住绳子装货物。

牵着五六匹马前行。

拍手次数不要太多。马怕惊吓。人喜欢拍手,但是马害怕,你看是不是?

哦,马好像肚子饿了。

过去,装木炭的袋子一个是三十七公斤半,一匹马一次要装四袋。这个货物没那么重,就算很轻了。就比饭碗稍微重一点吧。现在的木柴没有那么重了,因为都晒干了。现在什么都变了啊。(马拉了大便)东京的正中间……呀,呀,呀,还在拉啊……(笑)

说到马粪,现在不仅是北海道,在其他地方马粪也是农家需要的好肥料。这个世道什么都变了。在东京的市中心,还能给大家展示往马背上装货物。马也变得金贵了,都可以在这里大小便了。(笑)人总是在淘汰一些东西,真是了不起啊。你不这样认为吗?(笑)是吧。嗨嗨嗨!(哒哒,哒哒,马蹄声响起)(拍手)啊,太热了,太热了,太热了!(哒哒,哒哒……)

(1993年5月30日访谈)

(任春生译)

伍 借助黑尾鸥和角嘴海雀捕捞玉筋鱼

古法捕鱼师 阿部茂

（1954年4月14日生）

导语

　　第一次听说这种神奇的捕鱼方法是在女川町。当地的博物馆和我商量布展方面的问题，在查找各种资料时，我听说有一种捕鱼的方法，是利用黑尾鸥和角嘴海雀来进行的古老的捕法。此后，在我多次前往女川町的过程中，也曾看到过船头插着两根类似电线杆一样东西的渔船。它们就是捕捞一种叫作"女郎人"的鱼的渔船。那是在四月份，港口附近的空场上晒满了刚煮过的小鱼，那就是"女郎人"的幼鱼。

　　这种鱼也被叫作"小女子"或是"白子"。女川町的人们管它们之中很小的叫"白子"，五到十厘米的叫"小女子"，十厘米以上的叫"女郎人"。这种鱼的正式名称叫"玉筋鱼"，属于玉筋鱼科。它们群居在海湾里，当水温上升或天敌出现时，有钻沙的习性。

我想更多了解关于这种利用鸟类来捕鱼的古老方法，于是就请渔业协同工会帮忙引荐了相关人士。他们为我介绍了还很年轻的捕鱼人阿部茂。他专程来到我住的宾馆，并为我介绍了玉筋鱼的捕捞方法：通过追踪鸟类的聚集地，去发现玉筋鱼的鱼群，在船头放下渔网，从海底把它们抄上来。渔民们管这些鱼群叫"鱼团"。阿部介绍说，捕捞玉筋鱼的关键在于快速地发现鱼群，并将它们捕捞上来。说是捕捞，其实就是用渔网来兜鱼团。因为女川附近的海里栖息着大量的玉筋鱼，所有才有了这种捕捞的方式，在其他地方则很少听说。

捕捞时，有的是几个渔民一起作业，有的就一个人。阿部就是自己一个人作业。从捕捞的量上能看出鱼群的大小。阿部说，快速地发现鱼群并最先到达那个地方下网捕捞，这个过程就像赌博一样。

女川附近的足岛是黑尾鸥和角嘴海雀的繁殖地，也是日本政府指定的自然保护区。这些鸟类的繁殖期也正好是玉筋鱼的捕捞期。鸟类为了哺育小鸟而去捕捉玉筋鱼，这也正好为捕捞玉筋鱼的渔民们提供了帮助。

角嘴海雀潜入海中把鱼群往上赶，而黑尾鸥则从空中俯冲下去掠食，这样一来，受到惊吓的玉筋鱼就会聚成一团。捕捞玉筋鱼用的就是像这样利用鸟类当助手的神奇的捕鱼法。阿部先生特意带了渔网来为我介绍如何捕鱼。捕捞玉筋鱼真的是一件非常快乐的事情。

阿部茂口述

我是来自宫城县女川町的捕鱼人阿部。女川町位于牡鹿半岛和陆地相邻的部分，在石卷市的北面。可能很多人没听说过这个地方，其实这里是全日本秋刀鱼捕获量最大的地方，银鲑的捕获量也是日本第一。

每年一开春，我们先是捕捞玉筋鱼。捕完玉筋鱼，我就开始经营海钓船，就是带着客人们去钓鱼。同时我还养殖海鞘，海鞘也算得上是我们这里的一种特产了，没吃过它的人会觉得有些臭味，所以不喜欢。海鞘也叫"海菠萝"，当然，吃起来和菠萝根本不是一个味儿。也可以晒干了吃，只是不能做生鱼片，因为它本身有点儿咸。

如果吃过的话，就知道海鞘是最好的下酒菜。

我的海钓船业务每年一直持续到十一月左右，海钓的地方就在女川的周边。现在这个时候呢，正是钓比目鱼的季节。钓不到太大的，大概三十厘米左右吧。

说到捕捞玉筋鱼，玉筋鱼是一种鱼的名字。

您问是一种什么鱼？秋刀鱼您知道吧？这种鱼就像小型的秋刀鱼。东京人一般不吃这种鱼。这种鱼只在我们当地才有，我们吃得很多。现在这个季节，就会有很多人来市场买这种鱼了。玉筋鱼也就十到十五厘米长，本身没有什么特殊的味道。吃的时候可以用盐烤，也可以用酱煮。从头到尾巴都可以吃。

这鱼小的时候叫"玉筋鱼"，随着长大名字会变化。最小的时候叫"白子"，然后叫"大女子"（也有的地方称"小女子"——编者注），最大的叫"女郎人"，随着鱼不断长大，名字也在不断变化。你们吃的小鱼干或是杂鱼干有的就是这种鱼的幼鱼。

捕捞玉筋鱼的时间是从每年二月一号到七月三十一号之间。那个时期玉筋鱼会到我们当地的近海里来产卵。

打玉筋鱼，通常是在早上太阳还没出来的时候就得驾着渔船出发，到太阳升起来时就必须要到渔场了，然后就开始捕捞。

渔场嘛，主要是看水温，再观察一下周围的黑尾鸥，一般就可以决定在哪儿捕了。确定好了地点，停好船，就等角嘴海雀来了。我通常是自己先把船开到渔场，在那儿等着鸟儿来，它们一开始捕，我也就开始捕了。

我是否确定鸟儿一定会来这里？因为毕竟干了很多年，所以大体上的感觉是不会错的。（笑）我一般是比鸟儿还要先到达海域，然后等着它们。

现在我们当地打玉筋鱼的人已经越来越少了，应该还有一百人吧。在女川附近，目前大概还有一百艘渔船。大家基本上都在同一个地方捕鱼。捕鱼的时候经常是"哦，这艘船在""哈，那艘也在"。（笑）一般我们大家都会聚集在能打到很多鱼的渔船的旁边。我也算是一个能打到很多鱼的，所以大家常常聚拢在我的船的周围。（笑）

海里有角嘴海雀，空中有黑尾鸥

我们强有力的帮手是"海雀"，它能潜入海底，把玉筋鱼赶到一起。这种鸟实际上应该叫"角嘴海雀"，平时就闲散地栖息在海岛上，以鱼类为食，它能很深地潜入海中。

这种鸟一般都是以群为单位活动的，总是十到二十几只一起飞，一起潜入海中捕鱼。角嘴海雀能潜到海中三十到四十米深的地方，它们潜水能力很强。如果它们潜到水里发现没有鱼的话，就会换个地方继续潜水捕鱼。

一般我会在角嘴海雀可能会来的地方等着。如果它们感觉到没有鱼，就会飞到其他地方去，我们就会开船跟着它们。就是这样，渔船跟着鸟儿，跟在角嘴海雀的后面一起走。

水温在十度左右是最好的。

日出时分，角嘴海雀就会飞来，潜入海中，玉筋鱼受到惊吓，就会往一个地方聚拢，同时会不断地旋转，就像羊群被狗追那样缩成一团。然后鱼团会一点点地往上浮，直到海面，甚至会浮到破水而出。鱼团就像一个球，大的鱼团甚至有几十米长呢。小的就这么大，一个盖浇饭的碗那么大，也

就有大约三十条鱼吧。(笑)

角嘴海雀将鱼团赶上来,它们的任务就完成了。接着,黑尾鸥会发现鱼团。一旦鱼群浮出海面,黑尾鸥马上就会发现并且聚集过来。这时候我们这些渔船也会一点点地向它们靠近。黑尾鸥的数量也了不得,看着它们,我们就知道哪里有玉筋鱼,然后赶过去。

黑尾鸥已经在那里聚成一座山了,这时候,一百多艘船上的渔民都在观察,每一艘船都在观望。但并不是黑尾鸥聚得越多鱼团就越大。一般黑尾鸥聚得多的话,下面的鱼团反而会比较小。凭我的经验,一般十多只黑尾鸥聚在一起的时候,鱼团最大。这也是我多年捕鱼得出的经验吧。

我们把聚成一起的玉筋鱼叫"鱼团"。有时候能碰到大的鱼团,但有的时候等了半天结果是一个很小的鱼团。碰到大鱼团的几率就像买彩票一样。也只能是先把船开过去,是大鱼团还是小鱼团,结果就不好说了。

如果碰上了大鱼团,立刻下网开捕,一下子就把鱼群舀上来了,鱼舱立刻就满了,马上就可以返回港口。运气好的时候,早上一网就能满仓了。季节不同,鱼的售价也不同,一船鱼能挣多少也是不一样的，不能一概而论。

满满的一船鱼大概是二十万到五十万日元左右（约合一万两千元到三万元人民币）。如果一网就能打到这么多，那可真是事半功倍。捕鱼瞬间就结束了。

当玉筋鱼聚成一团，就要及时捕捞。因为等角嘴海雀吃饱了以后就不会再潜水去捕鱼了，鱼团也就散了。角嘴海雀很快就能吃饱，所以鱼聚成一团的时间是非常短暂的，必须立即下网去捕捞。

我们通常会在渔船的船头立两根很长的杆子，杆子上挂着渔网。一旦发现鱼团就会用机器把杆子放下来，把渔网撒出去，这个工作也很简单。

只要来女川，就能看到很多渔船的船头上装着长杆，像电线杆一样。我们用同样的方法还可以捕捞一种叫"磷虾"的小虾，只是捕虾用的渔网网眼更细一些。捕虾的方法因为比较难懂，一会儿我边放录像边给您讲解。

我的船是大概五吨半，长十三米，宽两米五到三米。我是一个人驾船，找到渔场，下网，捕鱼，再装上船，回港口。所有的这些都是我一个人干。有的船是好几个人一起捕鱼的。

以前，一条船上必须要有七八个人才行。因为首先需要三个人把挂在杆子上的渔网放下去。以前的杆子都是木头做的，很重。那时候干活真的很辛苦。

现在的杆子都变成塑料的了，轻了很多。所以，从十多年前开始，一个人出海捕鱼也没问题了。当然也有完全碰不到玉筋鱼鱼团的时候。

如果是一网就能把鱼舱装满的话，最快早上八九点就能返回港口了。您说平均？基本上没有平均。捕鱼期结束的时候会有一个统计数据出来。所谓的捕鱼期是二月到七月，算起来有半年的时间。但是我只在三月、四月、五月这三个月捕，因为这几个月鱼最多。

在鸟的繁殖期捕鱼

这是鸟的照片。这就是海鸥，实际是叫黑尾鸥吗？我们这儿就叫它"海鸥"。

女川附近是黑尾鸥的繁殖地，这里有一个叫"足岛"的自然保护区。

这是在足岛上生活的黑尾鸥的幼鸟。黑尾鸥养育幼鸟的时期就是玉筋鱼的捕捞期。这是海雀，应该叫角嘴海雀是吧？就像我刚才跟您说的那样，就是这种鸟潜入海中帮我们把玉筋鱼的鱼团从海底赶上来。角嘴海雀嘴里正叼着的就是玉筋鱼。玉筋鱼像细长的沙丁鱼一样。角嘴海雀一次要捕食很多玉筋鱼，因为这种鱼是小角嘴海雀的食物。

一般的人可能没有见过角嘴海雀，因为只有我们这里有，其他地方都没有。（笑）

如果没有角嘴海雀，我们就不可能捕到玉筋鱼，大概也就没有我们这个行当了。

能够代替这种鸟把玉筋鱼聚起来的就是海豚和海狮了。海豚和海狮也能把玉筋鱼赶成一团，但是一年里也就能碰上两三次。偶尔我们能碰上海豚和海狮在追逐玉筋鱼，这种情形非常少。鱼群倒也会是球形。所以，还是要靠角嘴海雀，没有角嘴海雀，我们也不可能以捕捞玉筋鱼为生了。

黑尾鸥和角嘴海雀的产卵期是一样的，它们为了繁衍后代，特地来到足岛产卵。到了产卵期，为了喂食自己的孩子，它们会频繁地捕鱼。捕鱼量会达到平时的好几倍。所以说，这个时期，也就是四月份，是捕玉筋鱼最好的季节。

通常，角嘴海雀会在土里筑巢，它们会在地上挖一个洞钻进去。巢的大小，也就是洞穴的大小，一般是一米左右。

这种鸟和鸡差不多大。身体和羽毛是纯黑的，嘴巴通红，和企鹅有一点儿像。它还有个特点，眉毛是白色的。这种鸟在飞的时候，是擦着海平面飞，不像黑尾鸥那样飞得很高，也许是因为羽毛太短，所以飞不高吧。

但是这种鸟非常善于潜水，可以潜到水下四十米去捕鱼。有时候渔民会在海里放刺网，偶尔角嘴海雀会缠到刺网上，但是它们还是能逃生的。如果没有这种鸟，我们就不能以捕捞玉筋鱼为生，所以我们也很重视对这种鸟的保护。

角嘴海雀只在足岛上繁殖。足岛距女川港坐船四十分钟。到底有多少只角嘴海雀，这个我倒是没数过，怎么也得有几万只吧。现在已经越来越少了。

角嘴海雀通常一早就飞到海里去捕鱼了。它们一整天都在海上，回去的时候嘴里叼着鱼。傍晚，天将黑的时候，它们就归巢了。如果抓鱼抓累了，它们会在海面上休息，就像在晒太阳。

捕捞玉筋鱼的历史应该不是太久远。大概是从四五十年前开始的吧。我对我爷爷那个年代还有印象，那时候也捕玉筋鱼。不过，在用手桨的时代，如果使用现在这样的渔网，而船上又没有动力设备的话根本没法前进，所以我想那时候应该是用小的抄网捕鱼吧。

我没听说过还有其他地方捕玉筋鱼的。因为其他地方没有角嘴海雀。估计其他地方也没有捕捞玉筋鱼的渔场，捕玉筋鱼是我们这儿一个独特的行当。

玉筋鱼除了可以吃以外，还经常被当作延绳钓的鱼饵使用，在南方还被当作养殖鲫鱼的饲料。"延绳钓"就是在一根绳子上系上很多鱼钩，每隔十米或者二十米拴一个，每个鱼钩上会挂上一条玉筋鱼做饵，然后将绳钩放到海里去钓其他的鱼。

我们这里不用延绳钓，所以一般是把鱼卖到外地。玉筋鱼还能作为饲料投放到网箱里养殖鲫鱼。有直接把整条玉筋鱼投喂给鲫鱼的，也有把玉筋鱼用机器碾碎做成肉糜投食的。

听说玉筋鱼做成生鱼片也挺好吃的，不过我没吃过。

(笑)有人吃过,他们说吃起来像河豚的味道。嗯,不过我没吃过,怕吃了以后闹肚子。(笑)

我们出海捕鱼一般一上午就回来了。因为海上风浪很大,身体会晃来晃去的,这种摇晃和汽车的摇晃还不一样,因为船和汽车是完全不一样的。所以我上了岸还会觉得腿有点儿颤,膝盖也会抖,会觉得身体不舒服,非常累,想马上休息。

渔网装在电线杆上

我给您放捕玉筋鱼的录像。这就是捕玉筋鱼的渔船。就像这样把渔网装在船头。挂渔网的长杆的长度跟船的长度差不多。我的船大概十三米长,所以长杆也是十三米左右。

船速是很快的。捕鱼的时候船速越快越好。因为这是一种竞争。

这是牡鹿半岛。到了渔场就能看到那里聚集着很多外观差不多的渔船。这就是鸟群,这种情况就说明水面下聚着很多鱼。黑尾鸥在上面盘旋,角嘴海雀在下面追逐鱼群。

像电线杆一样的长杆上挂着渔网。渔网是通过机械撒入

打玉筋鱼用的很长的渔网。解开阿部先生拿着的那一部分,就可以把网里的鱼倒进船里了。

海中的。这个时候鸟还特别多。现在开始捞鱼了，这个前面现在就有一个鱼团，渔船一过来鸟就全飞走了，现在渔船上的人在用右手做这个动作了对吧。这是一种手势，告诉船头，这里有鱼，就在右边。

撒网了，就是一瞬间对吧？鱼进来了，你看网已经立起来了。

不错，这一网打了很多鱼。这个时候还在用手往上拉网，最后就得靠绞车把网拉上来了。这一网足有三百公斤。

这就是玉筋鱼，很像秋刀鱼吧？因为玉筋鱼也是细长的，嘴巴尖尖的。

玉筋鱼在仙台海湾或者那附近的海湾中产卵，产卵时它们会钻到沙子里，把身体扎进沙子里面。白天它们就这样钻在里面。如果沙子不干净，它们是不会在里面产卵的，所以现在玉筋鱼比起以前也少了不少。

看见了吗？玉筋鱼的背部是黑色或者蓝色的。刚捕到的时候，鱼背是蓝色的，就像海水一样蓝。一旦上船以后，颜色就变了，变成淡褐色了。

这是三角网，网一撒入海里，就"啪"的一下打开了。网会从这个地方扎进海里,最底下会变成一个口袋。如果一下子进两吨鱼的话,网有时会破,因为鱼太多了。这个时候就要赶快把鱼赶到网子细长的那一头。这边比较细,所以放多少条鱼都可以,不过要把鱼赶进来需要费很大的功夫。

渔网里一般能装两吨半到三吨左右,因为整个渔网的长度能达到几十米。

把鱼赶进网子的最里面,就可以用绳子把网扎起来了。渔网被放到船上以后,打开最前边的绳子,一个人就可以把网里的鱼都倒入鱼舱,这个过程要重复好几次。

所以无论是捕了十公斤,还是三吨,还是一碗盖饭那么多,都要这样一次次地把鱼弄到鱼舱里面。即使只打到了十条也是一样,所以还是捕得越多越好啊。(笑)

如果黑尾鸥的翅膀停止扇动

有时候,如果鱼团太大了就会沉入海底,因为鱼团的中央已经变成了真空状态。鱼团变成旋涡的时候中间是空的。如果这个时候撒网,网竖起来了,自以为鱼已经落网了,但其实鱼已经沉下去了，就像"砰"的一声从上面掉下来一块大石头一样，鱼就沉下去不见了。

遇到这种时候，也就只好这样了。因为鱼团一旦沉下去，就不会再浮上来了。

捕玉筋鱼最好还是一早就去。有些人在晚上，或者太阳下山的时候去。早上很早就叫"早鱼团"，太阳下山的时候，就叫"晚鱼团"，因为这个时候天色已经变暗。这个时间也得观察黑尾鸥的飞行状态，这些全都凭感觉来判断。

说到如何判断，开始先是角嘴海雀潜入海里将鱼团赶上来，然后黑尾鸥就会过来。我们会观察黑尾鸥，黑尾鸥是这样飞过来的，它如果盘旋两三圈，就能断定下面肯定有鱼团，哪怕只有一只黑尾鸥也行。眼神好的黑尾鸥一旦发现了鱼团，就会盘旋两三圈，这之后，它如果像飞机那样翅膀不动而是保持一种滑翔状态的话，就可以百分之百地断定下面一定有鱼团了。

这些经验有些是我父亲教给我的，当然，主要还是靠自己去积累的。父亲告诉我的经验，我通过自己的实践获得了验证，在捕鱼的过程中就会自然而然地记住了。

我们会通过鸟的反应来判断鱼团的大小。如果是像饭碗那么大的小鱼团，当它们升到接近水面的时候，感觉好像一伸手就能抓到鱼团一样，这时黑尾鸥会一头扎到鱼群里面去。这时就能判断出鱼团一定很小。

如果鱼团很大，黑尾鸥不会一头扎到鱼群里，因为鱼团一般会达到一米高。这个时候，黑尾鸥会呈现出另外一种状态，我们叫"直升机式盘旋"，只见它扇动着翅膀，发出"啪哒啪哒"的声音，就好像直升机在空中停住了一样。我们看到这样的情况，就知道下面的鱼团一定很大。

只有我一个人的时候，偶尔会同时出现两到三个鱼团。因为只有我一个人，就先捕这边的，再捕那边的，然后再捕捞一个，前后要捕捞两三个。这时候也是要观察黑尾鸥群的状态，然后判断哪个鱼团比较大，在大鱼团离我比较近的情况下，先去捕捞大的。也有的时候是先把网撒到海里，然后悄悄过去，再悄悄地收网。

这么说起来，其实捕鱼也不是特别辛苦。可以说这是一个最好的行当。

尤其是撒网的那个瞬间，那种感觉简直无法用语言来形容,下网后抽一支烟,自己在船上笑,听起来有点怪异吧。(笑)我一般会开心得笑出来。因为不需要再谦让了。还有就是在鱼团沉下去的时候,自己还没有撒下网呢,它们就沉下去了。看到大的鱼团,还是会吃惊的,身体也会震颤。那时候就会想,好大的鱼团啊。偶尔会遇到这样的鱼团。直径在一米左右的大鱼团,您想象一下那圆乎乎的一个鱼群,这种情况下撒网下去,很轻松就是三四百公斤。

如果遇到很大的鱼团,鱼密密麻麻地挤在一起,有时都可以听到鱼撞到杆上的声音,"咯吱咯吱"的。

真的很有意思。这是世界上最有趣的事了。追逐鱼群也是一件很浪漫的事。

现在捕玉筋鱼的人少了,主要是因为玉筋鱼在不断减少的缘故吧。也没有人愿意继承这个行当。从七八年前开始,玉筋鱼慢慢地减少了。主要就是被底拖网害的。用底拖网捕鱼,所到之处,所有的鱼都会被一网打尽,连肚子里有鱼卵的玉筋鱼也会被捕捞。玉筋鱼的数量减少到了大概原来的三分之一。

从三年前开始,我们也组织了反对运动,要求渔师们在玉筋鱼栖息的区域不要使用底拖网。在我们的努力下，从去年开始，玉筋鱼的数量终于出现了一点儿回升的趋势。

马上就三月份了吧。我明天一回家就要马上准备捕鱼的事情了。我们都会选一个黄道吉日出海的。对于渔民而言，选个好日子出海是最重要的。但是周五不行，即使这一天是黄道吉日也不行。出海都要看黄历，选个好日子。为的是取个好兆头，这对于渔民来说是很重要的。

当我一个人打到很多鱼的时候，我会给黑尾鸥喂食。这些鸟就在我的渔船旁边徘徊，我会把鱼抛给它们吃，将捕到的鱼分一点给它们，十条、二十条，同时会对黑尾鸥说："谢谢你们。"哈哈哈。

如果没有角嘴海雀和黑尾鸥，我们就无法靠捕鱼谋生，这种捕鱼的方式完全依赖大自然。因为我们人不可能潜入海里把玉筋鱼赶上来。

给黑尾鸥喂鱼，喂十分钟、二十分钟，它们就会习惯了。但是角嘴海雀不行，它不听人的，可能是因为这种鸟本身就很有能力吧。黑尾鸥还是很容易习惯的。这些也挺有意思吧？（笑）

拜托各位多吃点玉筋鱼吧,那样的话玉筋鱼的价格就能涨上来了,拜托大家了。(笑)

(1994年2月27日访谈)

(任春生译)

陆　要让第二年也有蘑菇可采

采菇人　小松武一（1926年5月11日生）

追蜂人　田中春雄（1923年1月2日生）

导语

小松武一（上页图右）在八岳山（位于日本关东地区西侧，山梨县与长野县之间的一座山）经营着一家供登山客投宿的山间小屋——"小松山庄"，他是著名的庄主，名气很大。作为山庄的主人，他除了要为登山客们安排好食宿，春秋两季还会带着游客进山挖野菜和采蘑菇。附近的山林对于他来说就好像自家的后院一样熟悉。因此，很多绘制蘑菇图鉴的作者，以及专家学者都来找他做向导。

田中春雄在长野县诹访郡的原村经营着一家商店，他和小松是经常一起登山的伙伴，也经常结伴去挖野菜和采蘑菇。

我在这两位向导的带领下，近十年来，走遍了八岳山和山梨县的山林，掌握了不少关于蘑菇和野菜的知识。他们其实也算是职业采菇人，有时候会按照季节把蘑菇和野菜送到市场上去。他们进山时的装备很简单，脚踏足袋，腰系竹篓，连手套也不戴，因为他们要用手直接把蘑菇从土中挖出来，再把土抖掉，然后放入竹篓里。

他俩在山里走过的地方从来不会一片狼藉，甚至连痕迹都没有。

我们一般从山里采蘑菇回来，打开竹篓都会发现，无论再怎么小心翼翼地采摘，也总是会把蘑菇的伞部弄坏，或是根部的土壤沾到了伞部和茎部上，蘑菇变得不那么好看了。所以，采蘑菇之后的处理是很难的。有时候甚至不得不扔掉一些。但是他们的动作堪称完美，毫无任何多余。

他们走在山路上的步伐、观察和找寻的技巧、发现以后的采掘方式，以及对于蘑菇附近的树木和草丛的处理，都要关照到第二天，甚至第二年的收获。绝不贪多，但是只要发现了也不错过。他们的采摘绝不是滥采，一定要保证明年、后年还能在同样的地方有同样的收获。他们把山林看作是自己玩耍的地方，同样也是工作的地方，贯穿始终地坚持着这样的姿态。

小松武一，1926年出生，六十九岁。采访中他介绍了采蘑菇的技巧和乐趣，一边展示自己采摘的蘑菇，一边介绍着蘑菇的特性。

田中春雄，1923年出生，七十二岁。他给我们讲了关于很多成年人所着迷的"追蜂"（捕捉胡蜂）的事。

小松武一口述

关于采蘑菇

我是八岳山的小松，请多关照。

八岳山马上就要进入冬季了，采蘑菇的季节也快要结束了。不过昨天我去采了一些回来，和大家一起分享一下。

八岳山的蘑菇很多。因为八岳山的树种类很多，树的种类多，蘑菇的种类就会很多。去年和今年的气候有点怪，对蘑菇的生长也有影响。这个影响也说不好是好还是坏。因为今年特别暖和，口蘑长得就很好。口蘑、黑口蘑、灰褐纹口蘑都长得很好，采到了很多。这些蘑菇是从十月初开始一直采到昨天的量。我从小就在这一带采蘑菇，一个月采这么多还是头一次。整整一个月的时间都可以采。这么快乐的事如果一直坚持的话一定能长寿。

无论是采蘑菇还是走山路，两个人一起比一个人要好，有一个伴儿一起走比较好。因为在山里不知道会发生什么事情。万一受伤了，一个人会很麻烦。又万一遇上熊什么的，那就更麻烦了。

两个人一块儿走，互相还能吆喝着。一个说"喂！"，一个说"哟！"什么的。"采到了没有啊？"一问一答的。弄出点声音来，熊也就逃跑了。八岳山附近倒是没有熊，也没有其他什么凶猛的动物，但是再往远一点的山，比如金峰山那一带就有熊了。去那边的时候，手里要拿一个拐杖，用拐杖敲敲树，会发出"嗵嗵"的声音，熊听到声音就逃走了。我每次采到蘑菇的时候都会放声大笑，其实也是为了吓唬熊的。

采蘑菇的方法是不是因人而异呢？其实也没有什么太大的差别，只不过每个人采蘑菇都有自己的习惯而已。比如，田中采蘑菇的时候很执着，一般如果发现了一朵蘑菇，往往会连着一大串,他总是一朵一朵地连着去采。我呢,只采眼睛能看到的。也就这些地方不同吧。

都说一般人发现不了蘑菇。要问我们有什么秘诀?嗯,确实还是有不少窍门的。如果发现了一株蘑菇,那么就找它附近的斜坡,从下往上顺着斜坡去找,这就是最大的窍门。还有,就是自己的脚底。去采蘑菇的时候要穿特别合脚的鞋,比如我们穿的这种足袋。或者穿比较扒地的鞋也行。我自己觉得足袋是最好的。一般人觉得在山里行走最好穿运动鞋或者登山靴什么的,但是采蘑菇实际上都是在斜坡上走,所以足袋是最好的。

足袋因为脚趾是分开的,就像鹿的爪子一样。鹿的爪子是四趾,下坡的时候爪子会一下子张开,足袋的原理跟这个很像。特别是从岩石边往下走的时候非常管用。但是,客人来采蘑菇的时候,我不会要求他们一定要穿足袋,因为他们只是偶尔采一下而已,所以运动鞋也没关系,但是实际上还是足袋最好用。

除了八岳,我们也去稍远处的山。今年我和田中去了富士山和山梨县境内的增富地区。一是因为各地季节不同,蘑菇的种类也会有所不同，还有一个原因就是，如果我们在八岳山采蘑菇的话，那么客人来体验采蘑菇的时候，可能蘑菇就没有了。为了让他们能满载而归，我们自己就去更远一点的地方。富士山的山脚下和我们所在的八岳山蘑菇的种类比较接近，树的姿态也接近。富士山五合目的海拔和我的山庄在八岳山的海拔是一样的，所以蘑菇的种类几乎一样。都是在海拔一千八百米左右吧。

采蘑菇的时候最令人兴奋的莫过于采到松茸了。其次是口蘑。

去年采到了很多松茸，多到会被松茸绊倒的程度。山上到处都是松茸，真的哦。采到后来因为太多，竹篓都盛不下了，就把裤子脱下来，反过来扎紧裤腰将松茸放进去。（笑）

一般八月的盂兰盆节一过，就是采松茸的季节了。从盂兰盆节结束的八月末到九月、十月的月初都是采松茸的季节。

采蘑菇要记住专属"领地"

我们每年采蘑菇的地方都是相同的。不管是松茸还是口蘑，它们都有专门的"领地"，记住地点是一个重要的窍门。然后就是靠脚力了。记住，早上要早去，傍晚的时候要早点回。这就是最好的窍门了。

还有一个很重要的，就是要有一双会"看山"的眼睛。这座山有没有蘑菇可采，一看就能看出来，即使离得很远也能判断。真是这样，时间长了就会知道。

山如果荒了，蘑菇自然也会减产。因为蘑菇跟树的生长有很大的关系。树长大了，枝繁叶茂了，树荫连起来了，这种地方蘑菇是长不出来的。一定要阳光透过树枝能照进来的、通风好的地方，这样的地方才利于蘑菇的生长。另外，如果树长得很茂盛，树下又长满了草丛，也长不出蘑菇来。因为有这些经验，所以远远地一看就知道哪里可能会有蘑菇，哪里没有。还可以从树冠的形状判断，比如，如果哪座山的松树长得像盆栽里的那种松树似的，那树下一定会有。所以，只要远远地看一眼基本上就已经知道了。

如果去了一座完全不了解的山，却采到了很多蘑菇，那可就实在是太好了。会兴奋地跳起来大叫，真的，真是这样。

采蘑菇不知道技巧的人常常会把很多土也一起"拔掉"，

其实这种做法最不好了。应该小心翼翼把蘑菇从土中拔出，然后剪下带有泥土、无法食用的根部再埋回到土里。这样的话，明年那里还会长出蘑菇来。

这样戴上手套挖开两边的土，把蘑菇连根带土、大把地从土里拔出来，我们管这个叫"啃土"，这是不可取的。因为这样一来，会让挂在上边的很多细小的菌也没有了，那明年就不可能长出蘑菇来了。

我们并不是只有秋天才去山里找蘑菇的，其实，春天去挖野菜的时候就事先踩好点了。那座山上有松茸，这里有蘑菇，在春天的时候就已经看好了。相反的，秋天采蘑菇的时候，也会看明年的春天哪里会长出野菜，这样的话，就绝对不会白跑，每次都会有收获。

采蘑菇，找到蘑菇是最开心的。有时候也会带上我妻子，我找到了，让她来采。我们两个人一起去的时候，还是她采得比较多，女人更适合这个活儿。有时候我发现了很多蘑菇，就会叫她过来。采蘑菇，多的地方能有上百株吧。确实能采不少呢。没有比这更令人高兴的事了。采蘑菇的时候，别的什么事情都能忘了，心情特别高兴，原本乱糟糟的心情也会

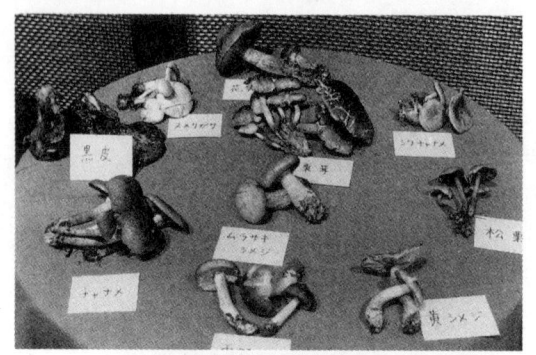

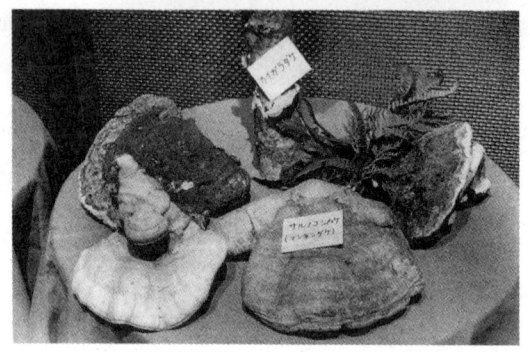

八岳晚秋的蘑菇。这是小松和田中为了说明,在访谈的前一天采来的。

马上好起来的。

其实我们并不是为了吃蘑菇而去采的。是因为采蘑菇本身是一件令人特别愉快的事情，特别是当你发现它们的时候。采蘑菇的过程中，我们只想跟蘑菇有关的事，其他的事一律都不考虑。大家也都是这样吧？难道不是吗？和大自然亲近，真的很美好。

我老婆今年春天做了胃部切除手术。体力不如从前了，特别容易疲劳，但是只要一去采蘑菇她就很高兴，兴奋得蹦蹦跳跳的。在家里待着就老说肚子疼，一进山立刻就舒畅了，哪儿也不疼了。人活的就是心情啊。所以有时候田中不去的话，我就和老婆一块儿去。

一个人是不进山的，老婆也不放心我一个人去。因为山里不知道会遇到什么情况。再说，一个人进山，即便是采得再多也不开心。因为进山的目的并不只是为了采很多蘑菇。在山里边走边说笑的，就感觉那些蘑菇自己就会冒出头来跟我打招呼。

进山去采蘑菇的时候最好带开口比较大的竹篓，否则的话装不了太多。采的时候一定要小心翼翼，采下来的蘑菇要弄干净，把根部去掉。这样采回来的蘑菇全部都能吃。采摘的季节一般是从九月中旬开始，那个时候的蘑菇最棒了。那个时候如果客人来采蘑菇，真是多到能绊倒人啊。这不是开玩笑，是真的。（笑）

先记住十种

识别蘑菇的诀窍吗？嗯，这个很难啊。有些客人教过一次，马上又会拿着来问"这是什么"，还不到一分钟又会来问"这是什么"。因为很多蘑菇都长得很像，所以辨别起来确实很难啊。

外行的话记住十种就可以了。对于初学者来说，能够食用的蘑菇记住十种就足够了。要记住一点，没见过的蘑菇千万不要吃。绝对不可以吃哦。有一些蘑菇长得很像，一定要向懂行的人请教，这一点很重要。有些有毒的蘑菇跟可以食用的蘑菇长得很像。要说有什么特别的辨别方法，其实仔细看的话，会发现它们还是不一样的。即使表面相同，可是背面还是会不同，比如说背面的褶皱不同，或者是有的柄把上长着裙边,有的就没有。如果觉得不确定,可以放嘴里稍微咬一下,如果舌头感觉有点麻,那就是不能食用的。没有任何感觉的才是可以吃的。如果尝起来有点辣,或者麻麻的,这种就最好不要吃。另外,还有一种笑蘑菇,吃了以后会一直笑个不停,哈哈哈哈,很开心地停不下来。这个很有意思。不过我还没吃过呢。

接下来我们来说说秋天的蘑菇吧,我带来了几种蘑菇和大家分享。

口蘑里的灰褐纹口蘑算是最高级的了,价值仅次于松茸。市场上一公斤卖多少钱来的?最高的时候,今年好像卖到了九千日元到一万日元(约合人民币550—600元)。如果能采到两公斤,那就相当于一天的工资挣出来了。我的这个竹篓装满的话差不多是七公斤,我能采两筐,先装满一筐带回家,然后再去采一筐,因为今年蘑菇大丰收啊。蘑菇的收成很受天气的影响。这类蘑菇一般是在松树和栎树的树林里。反而是从比较硬的地面长出来的,不是我们想象的那种柔软的地面,而是从比较硬的土壤里长出来的。松树、落叶树还有一些杂木混杂在一起的地方比较多。还有就是比较陡的斜坡也能找到，但又不能特别陡。一般在那种地方，而且是通风好的地方都会找到很多。比较容易发现的地方是岩石的下面、树的背后或者树的根部，比较干燥的地方。

这是牛肝菌，这种蘑菇今年是从八月初开始一直到昨天都还能采得到，往年就没有这么多，因为今年特别暖和，所以，到现在只要是暖和的地方都还在长。这些都是昨天采的，长在落叶松的树下。在我们长野这种蘑菇也叫"时候坊"。之前有一年采了很多，多到了烦人的地步，装满一筐回来卸掉，再去装，来回好多趟。采蘑菇就是这样，不会是只采到一朵两朵的。这个牛肝菌吃起来味道特别好。可以放在酱汤里，也可以和茄子一起煮着吃，味道真好，特别是和茄子搭配在一起。

看这个，蘑菇的伞能发光，说明是长在湿气比较重的地方的，下雨的时候会更亮。采蘑菇的时候容易碰到下雨，然后眼看着蘑菇就变大了。真的，不是骗人的。（笑）

这种叫"正源寺"的蘑菇（皱盖丝膜菌）需要白天去采，头一天采了放在那里，第二天早上再去一看，它又长了这么大。之前大家都以为蘑菇这种东西需要两三天的时间才能长大，其实不是。白天很温暖，而傍晚到第二天的清晨气温降低。

气温降低的时候蘑菇会变大。也就是说蘑菇其实是在夜晚生长的。一大早去采摘就会发现已经长这么大了。所以摘蘑菇一定要赶早。特别是松茸，晚上的时候长出来。所以要趁天还黑着就去，然后等到天一亮就把它摘下来。

这个是亚砖红沿丝伞。这个是个头比较大的，这个大小是最好吃的。这种蘑菇的季节已经过了，这个就有点硬了。不过吃的话，这个大小是最好吃的。栗子树下面会长很多这种蘑菇。

采蘑菇的时候要注意那些腐朽的木头。那些被砍伐的木头，根部被留下了，往往木头中间会长出蘑菇。不过一般在夏天砍伐的木头里不会出现这种情况。冬天或秋天砍伐的木头，过了七八年之后，渐渐腐烂的树干里会长出很多蘑菇来。

还有一些长得类似的蘑菇，比如说粘盖环锈伞，这种菇非常美味。

但也有一种长得类似的毒蘑菇叫黄香杏（又名包谷菌）。我们来看蘑菇的背面，黄香杏是黄色的。这种粘盖环锈伞，把它翻过来看背面是略黑而不是黄色的。而黄香杏的话，这些部分都是黄色的，煮出来的汁也是黄色的。黄色挺奇怪的吧，所以是不能吃的。

这个是白乳菇。个头很大吧？这是春天的蘑菇。白乳菇是最早长出来的蘑菇，六月份左右就可以采了。这种蘑菇，口味一般，不是特别好吃，但是比较稀少。一般用它来做酱汤。白乳菇从地里拱出来的时候带着土，所以我们也叫它"土冠"，因为个头大，一次顶多采一个。所以采它的时候因为分量太重，还真有些伤脑筋啊。真是这样。（笑）

这种叫喇叭陀螺菌，形状像喇叭一样。和它长得很像的一种蘑菇叫棒柄杯伞，吃这种蘑菇的时候是不能同时喝酒精类的饮品的。如果喝酒的时候吃了它，马上就会醉酒，心跳加速，恶心想吐。但是不喝酒的时候吃它一点事儿都没有，只是不能跟酒搭配。所以还不能算有毒。还有一种毒蘑菇跟它长得很像，叫臭粉褶菌。蘑菇爱好者们看到都会觉得这两种蘑菇长得一模一样，但是我能看出它们的不同，外行人是很难区分的。

这个就是蛤蟆菌。不能食用。它是著名的毒蘑菇。图鉴里都有收录的。你看它这个颗粒，白色的部分就是毒物。但是如果把这些白色的颗粒全部除去晒干，会很美味的。毒蘑菇也会因处理的方法而变得既能食用而且还很美味呢。就像吃河豚一样。蛤蟆菌晒干了还是可以吃的，用它来吊汤，比味精还要鲜美呢。但是一般人最好还是算了吧。

这个黄色的是油黄口蘑。柠檬黄，味道偏苦。这个跟灰褐纹口蘑比起来还是差很多，同样都是带点苦味的。有些人还就喜欢这一点点的苦味呢。还有一种蘑菇叫白黑多孔菌，它烤着吃也会有苦味，是配啤酒的最佳伴侣。可能吃过它的人很少，但是在我们乡下算是很高级的东西。

口蘑的季节稍晚。当树叶纷纷落下之后，如果不好好找的话，是不太容易发现的，因为口蘑通常是躲在树叶的下面。所以要特别仔细地找，否则很难发现。找的时候还要注意改变寻找的方向。如果直接找发现不了的话，就从后往前绕着再找，往往就会发现了。就像兔子一样，绕着圈找。

保存的秘诀是醋的盖子

采了大量的新鲜蘑菇以后，保存是很关键的。要将蘑菇用盐水浸泡，然后再用大火烧开。至于盐水的浓度，还是要放很多盐，觉得比较咸就好了。水煮沸之后，先把蘑菇的根部取下来放进去煮，等再次煮开的时候，就把所有的蘑菇都放进去，煮沸，然后用笊篱把蘑菇捞上来，放进清水里，自来水就可以。在水里这么一涮，脏东西就都出来了。在水桶里面这么一搅，泥水就都流出来了。与此同时，盐分也会被带走一些。这样吃起来咸味就刚刚好。然后将它们放入瓶中，沥干水分，蘑菇身上盖上布，然后在它们的表面倒上醋，盖上盖子。这样就不会发霉了。想吃的时候取出来就可以吃了。可以一直保存到新年。

这种保存方法是从过去就传下来的。到了冬天，外边下着雪，没什么事情可做，大家就围坐在暖炉周围，搭配着萝卜泥和酱油一起吃。在蘑菇上撒醋，一点就可以了，不需要很多，几滴就好。因为太酸了也不好吃。虽然有的人喜欢吃酸的，但保存用的醋一点就好，真好像是用醋盖了个盖子似的。

具体的做法我老婆比较清楚，问问她就好了，她能说得比较详细。冬天围坐在暖炉旁，吃存储起来的蘑菇，真是别有一番风味。会想起当时采它们时的情景。想着明年还要去采，不知道到时候自己还活着没有，哈哈。

田中春雄口述

捕捉胡蜂的故事

我是田中，请多关照。

可能有的人认识吧，这个就是细黄胡蜂。我在采蘑菇的时候，偶尔也会捕捉这种东西。现在这个季节捕捉胡蜂有点晚了。胡蜂的蜂巢中一般有好多层盘子（指巢脾，一个蜂巢有多层巢脾，一个巢脾有众多巢房——编者注），看到这个就知道，胡蜂是分工蜂、雄蜂和蜂王三种的。蜂王只有一只，工蜂的卵孵化完了，蜂王就会在固定的位置产工蜂的卵；雄蜂的卵孵化完了，蜂王也会到固定的地点产雄蜂的卵。卵产在一个盘子上面，除了工蜂和雄蜂的卵盘以外，也有蜂王的卵盘。在蜂王的卵盘里产的卵日后就是蜂王。我拿的这些分别是蜂王和雄蜂的卵盘，这些是最后造的，比较大。剩下的大部分都是工蜂的卵盘。

这个是雄蜂。胡蜂在成长过程中会出现分化，分成几个阶段。这些是明年将要成为蜂王的新王，在乡下，这些新的蜂王现在就开始出来了,它们会躲在芦苇中或腐朽的木头里,等到明年春天再出来筑巢。在土里筑巢。差不多这么大的蜂巢里边,会有八九个这种产卵用的盘子吧。一般人们吃的是蜂巢里边的幼虫,当然,成蜂也是可以吃的,现在成蜂已经咬破茧出来了,你看正在爬,这种的也能吃,飞着的成蜂也是可以吃的。但是如果不小心的话还是会被它们蛰到的。在信州,幼虫指的就是这个白的里边的东西。

捕捉胡蜂通常是在蘑菇采摘差不多结束的季节就可以了。最好是比较暖和的季节。长野那边现在已经比较寒冷了,所以就往暖和的地方走,还是可以捉到的。长野这边的季节结束了可以去千叶。追蜂真的是很有意思的事情。

寻找蜂巢,可以通过在归巢的胡蜂上做标记的办法来实现。用鱼肉做诱饵,胡蜂会把鱼肉叼走。不过得是在山里。我们通常是把棉花弄成小块,沾在诱饵上面,这样胡蜂把诱饵吃掉时会带着白色的棉花飞回蜂巢,我们只要追着带白棉花的胡蜂就可以找到蜂巢的位置了。

这就是我们所说的"追蜂"。

到九月份都还是可以用这种办法寻找蜂巢的。现在的季节，胡蜂到处都是，很容易观察的。可以直接观察胡蜂的飞行方式，就能找到蜂巢了。归巢的胡蜂一般都是直着飞回蜂巢的，而出来觅食的胡蜂则是晃晃悠悠地飞着。只要能分辨出胡蜂的这两种状态，擦亮双眼，寻找它们归巢的方向，很容易就找到蜂巢的位置了。做诱饵的时候，是在这么一点棉花的端头裹上肉，滚圆，再把剩下的搓成棉线，搓细一点，让它们看不见，胡蜂咬下诱饵立刻就往蜂巢里飞，而那个棉线就是记号，追着过去就可以了。

找到蜂巢的位置以后就是烟熏，我们管这个叫"放烟花"。因为蜂巢是埋在土里的，所以用烟把胡蜂熏醉。我们从小就是用这种土办法来熏的。用硫黄、硝石和炭，自己制作简单的烟花。硝石是起喷火作用的，加上硫黄，硫黄燃烧以后散发出来的气味就可以熏倒胡蜂。不过这个成分的比例还是比较难掌握的。一旦把胡蜂熏晕，就要迅速地刨开一个口了，把蜂巢整个取出来，捕捉就算成功了。接着是要抓紧时间，在蜂巢还不是很大的时候，把它埋在自家的院子里接着饲养。到了十月份再取出来，那时候，整个蜂巢是长得最好的状态了。所以说寻找蜂巢八月份是比较合适的时机。

取出蜂巢最好是蜂蛹在满月之前,因为这个时候的蜂蛹长得最丰满,等到了满月的时候打开,那么很多蜂蛹就已经长成成年蜂了。

没怎么吃过蜂蛹的人,一下子吃太多容易上火,流鼻血,因为补得太过了。就像吃蛇,如果吃多了蝮蛇会上火,是一个道理。蜂蛹也不宜吃太多。

我很喜欢大山。冬天没什么事可干的时候就围坐在暖炉旁,吃着自己采的蘑菇。其他的季节几乎都是在山里度过的。在大自然中,呼吸着新鲜的空气,吃着饭团,放声高歌,这是人间的最高境界吧。欢迎大家都来分享这份快乐。

(1994年11月6日访谈)

(王颖颖 译)

柒 石材其实比水泥更耐久

石匠　拓植英雄

采石工　桥井敏行

（1950年4月3日生）

（1943年4月15日生）

导语

岐阜县惠那郡蛭川村是石料产地。勘探表明，从地面至地下数千米埋藏着丰富的花岗岩。我们这些平时很少见到采石和切割石头这类工作的人不了解这些职业。而来到这个村子就会发现，到处都是切割石头的工地，大部分的石匠都住在附近，切割石头在这里是一门很普遍的手艺。围着蛭川村走一圈，便能对此深有体会。

蛭川村位于惠那市北侧惠那峡谷的附近，是典型的农村。日本有轨电车的铺路石大多出自这里。柘植英雄（上页图左）在这里经营着一家石材公司，到他已是第三代了，他的父亲是一名石匠。柘植曾留学法国，有着与众不同的经历。他的头脑很灵活。他研究世界各地的石材建筑，不但熟知日本古代城堡石墙上的排列组合，还了解高楼大厦的墙面。这里有祖祖辈辈传下来的石头山，从前石匠们是鼓起风箱打铁制刀，再用这样的铁器去劈砍石头。即使是现代化的机械和工具，也无法按照花岗岩的纹理找到最适合切割的部位、打入楔子。机器还是比不了石匠们靠常年的经验磨练出的肉眼。

柘植要给大家介绍日本的石材店是如何经营的，石材又是怎样的一种建筑材料，以及现代的建筑技术是如何使用石材的。

柘植生于1950年，他领导着一家小规模的石材公司。

桥井敏行（147页图右）是属于石匠团体"穴太"的石匠。穴太曾经修缮和重建过延历寺的石墙、坡道，并因修建安土城的石墙而闻名。日本各地很多座古城的石墙都出自他们之手。

我之前从未看过石墙是如何堆砌的。第一次看见桥井的工作场景确实吃了一惊。修葺石墙的过程，看似是很容易地将石头按照自己的想法切割开，再轻而易举地把它们移动来去。桥井的手下有十多名石匠，他们干活的时候，都看似很轻松地在把玩着石头。但是那些石头既不轻巧也不柔软，都是又重又硬的。他们不用大型机械，只用钻头在石头上钻出一个眼儿，再在那里打入楔子，然后，眼看着一米多长的石头就出现了裂缝，石头就随之裂开了。桥本说，石头也是有"眼"的，在那里打上楔子很容易就裂开了。同时，在众人面前，他只用了一分钟的工夫，就轻松地把一块一吨重的石头破开了。

桥井出生于1943年，他是在挂川城、清洲城的重建工程中负责石墙垒砌的匠人。

石材店的石山与工作——柘植英雄口述

大家好，我是来自岐阜县蛭川村的柘植。我是和石匠桥井一起来的。我居住的蛭川村和惠那市相邻。这里的石头埋藏量非常丰富，从大正时代起，日本国内无论是垒石墙，还是给电车的轨道铺基石，都是用这里的石材。我的祖上也是石匠，到我已经是第三代了。现在家里经营着一家公司，我们会承接一些城堡的再建和复原的工程，我们的工作是修理石墙和垒砌石头。城墙的垒砌用的是一种非常特别的做法，在全国范围来看，我们公司也是做得最多的吧。

施工时用的石料，一般都是用施工现场附近的。

石山吗？是的，我们村子就是一座石山。那里的山全部都是由石头构成的，是真正的石头山，一直到地下千余米全部都是石头，埋藏量在全国都是屈指可数的。目前能够通过测量确认的，只是到大约地下一千五百米，但是人们想象，恐怕地下的石块规模是以十千米、二十千米为单位的。

我们的工作就是从石头山上把石头切割下来。虽然现在机械化程度很高了，但是人还是最根本的。木有"木纹"，石头也有"石眼"。机器是无法判断出石眼的位置的，只有靠石匠来判断如何切割，在什么位置下第一刀，这些做法都和从前一样，传统的做法一直延续至今。

我把我们那里的石头带来了，这是花岗岩。大约一吨重。这块大石头也有"石眼"。

石头的眼不明显，不是立刻就能找到的。你们看，这块石头是四角形的，是沿着石眼切割下来的，笔直地切割下来的位置，我们叫它"平目"。如果不是沿着"石眼"切割的话，是不可能切割得这么平直的，表面会很毛糙。

切割石头的地方就是采石场。我们业内称之为"丁场"。石头都是从这里切割以后运出去的。切割的时候也是顺着石头的"石眼"进行操作的。就好像在从整座石山上切下来一个一个的色子一样。

简单地说,石眼的方向是南北向的。岩浆凝固以后变成了花岗岩。我们那里的石头,岩浆是在距今九千万年以前开始凝固,形成现在这样的花岗岩,需要八百万年的时间。岩浆凝固的过程是极其缓慢的。我们这里的"石眼"一般是在南北向,这可能是受地球磁场的影响吧。有些石头天生就带有颜色,这些颜色取决于岩浆的成分。比如有两种石头,我们常称作"赤御影"和"樱御影",它们有颜色都是由于岩浆中饱含了有机质水。

石匠们在开始作业前都会进行一道名为"淬火"的工序,是给工具淬火。"淬火",就和字面上的意思一样,是将工具用火加热。切割石材的刀刃用得久了就会变得不再锋利,所以每天都要把刀刃磨尖,然后用火加热,进行淬火,这样能让工具变得更加坚硬,否则无法长期使用。每天早上,匠人们都会在开始一天的工作之前进行淬火。因为有这样一道工序，所以现场一定要配备锻造的设备。

烧热的工具要进行冷却。现在这个季节的水温已经很冷了，用冷水来冷却的话，刀刃会变得很脆，虽然会很亮，但是很脆，不结实。所以，为了增加刀刃的韧度，我们一般是用有一定黏度的油来进行冷却。

石匠的工作首先是开采出原石，然后再将原石切割成适合做建材的尺寸。砌石墙用的石头和做建材用的石头，加工的方法也不同。工具也有很多样。有切割巨型石头的锯子，也有将石头切削成两厘米薄片的工具。

所以说石材既可以用来做石门，也可以用来建造大厦的墙壁。这里我多说几句，其实，咱们普通人的家里也不乏石材做的东西。比如说二十世纪六十年代日立公司生产的一款"辉度彩电"（Kido Color），就是将花岗岩中提取的稀土（日语也读作"kido"——编者注）类元素作为荧光体材料用在显像管中了。

我的公司除了销售自己开采的石材以外，也会从世界各地进口各种石材。比如，我们现在所在的这个大厅的柱子，外面包裹的这些绿色的石头就是从中国的台湾进口的。建筑材料也需要颜色的搭配，所以要从世界各地采购。现在日本国内使用的石材百分之九十九都是从国外进口的,国内的开采量也就只有百分之一。

说到石材店,很多人可能会认为我们的工作就是简单地切割和组合石头这些简单的内容。其实现在我们的工作内容已经越来越多了。例如,给时装店装饰漂亮的大理石,砌城墙等,都有所涉及。

加工石头的人被称为"石匠"。这些年,石匠的人数一直在减少。现在全国的一级石匠就只有两千人左右了,而且还在不断地减少。和我一起来的石匠桥井今年已经五十二岁了,但是在目前在一线工作的石匠中,他就算年轻的了,他的下边就没有继承人了。现在,我们这个组织一共有九十五名成员。其中有切割石材技术的、至少三十二年以上工龄的工匠,总共才十八个。

第四代石匠——桥井敏行口述

我是桥井。我会一边给大家演示实际切割石材的步骤,一边介绍我们石匠的工作。

我是家里的第四代石匠。我的祖父、父亲和兄弟都是石匠。我的技术是从父亲那里学来的。关于刚才说到的继承人的问题,我们那时候都是师父带徒弟的做法,但是今后如果不改变这种习俗的话,可能很难吸引年轻人加入。石匠这一行没有专门的学校,所以我认为适当的教育还是很重要的。过去那种师父带徒弟的方法显然已经行不通了,但这毕竟是手艺活,光是看书本也是不行的,还是要在现场教,学的人也是要边学边体会,要靠身体去记忆才行。

说到石头,大家脑子里马上想到的是重量吧。比如,这里的这块石头,你们觉得它大约有多少公斤?它差不多有一吨重。

一般情况下,一立方米的石头大约重两吨六百千克。

石头总是给人很硬的感觉,但其实并不是。把这样一块巨石一分为二,也就是一两分钟的事情。作为前期的准备工作,先在它身上开几个孔,然后把楔子打进去,就能很轻松地把它劈开了。我们来试一下吧。一点都不危险的,如果危险的话我会告诉你的。

我先来介绍一下工具吧。

这个叫"玄翁"(铁锤)。它是用来切断石头的,粗切的时候会用它。细致的切割和加工是用一种叫"子安家"(小斧)的工具。"子安家"的叫法得自这个工具的发明人的名字。玄翁的刃部比较厚,因此只能去除石头表面的棱角。而子安家就可以切割到更深的部位了。

这种铁锤叫"花锤",上面有一些突起,能起到打磨的作用。把石头切割得大致平整了以后,再用这种铁锤把表面处理得更平整一些。这就像炸猪排之前需要用锤子敲打一下肉的表面一样。

这是楔子。这是现在用的楔子,从前用的不一样,从前的楔子开的孔比较浅,所以劈石头的时候还是挺危险的。因为楔子会飞出来,石头一开它会从缝隙里弹出来。现在的楔子比较长,能把孔开得比较深,不会飞出来了。

这是凿子。通常我们会先用凿子粗略地削一下石头。从前连墓碑石都是用这个做的。粗略地凿过之后再用花锤敲打,然后再用磨刀石细致地打磨。这样一来,石头的表面就会很光滑了。当然,中间还有很多工序要做。

玄翁的手柄用的是"杀牛木",真名是毛叶石楠。这种植物一般长不太大,数量也比较少。因为它的木材极有韧性,又坚硬,所以有人管它叫"杀牛木"。不过,现在我们也用柊树的木头来制作手柄。柊树就是那种作为矮树篱笆的、叶子像锯齿一样的树。这种树很多,比毛叶石楠好找。

我们用的工具一般都是自己去山里找木料来,然后自己制作。子安家的手柄用的是栎木。手柄的材料会因为工具的使用方法不同而不同。玄翁的手柄需要有韧性的木材,而其他的工具则是用比较坚硬的木头。

然后是金属的部分。现在我们用的铁也和过去大不相同了。从前所有的工具都是在铁匠铺里手工打制的,现在用的都是超硬合金,一把就可以用十年之久。磨刀的时候也要使用特殊的砂轮机,因为是很硬的特殊合金。大家可能会以为打磨这么硬的工具一定要用更加坚硬的材料。其实不是,打磨坚硬的东西时反而需要柔软一点的材料。如果用更硬的材质打磨这种超硬合金,无论转速多快都会断裂的。只能用柔软的砂轮进行打磨。虽然这样砂轮会被磨得越来越少,但这些都不要紧。打磨不需要很长时间,就像这样简单的,五分钟就可以打磨好了。

除了这些工具以外，还有墨斗。这个跟木匠使用的墨斗是一样的。

切割一吨的石头只需一分钟

接下来，我们就来切割一块石头看看吧。首先要找到这块石头的石眼。切割出来是长方形的。任何一面，只要顺着石头的"眼"切割下去，切割的面就会是笔直的。

但是你看这个斜面，这个也是"石眼"。不同的石头"石眼"的位置也不同，角度也不同。一般人可能很难找到石头的眼。如果割开的面很平整很光滑，那么那里就是石眼所在。

我们沿着石头的眼给这块石头开了孔。这个是用电钻开的孔，从在孔里打入楔子到切开来，用不了两分钟。就像这样，沿着敲开的孔，逐个打上楔子。看，已经快要切开了，声音已经不一样了吧。再看这里，已经出现裂缝了吧。可能用肉眼看得还不是很明显，但是声音和手上的感觉已经不一样了。再敲两下就会裂开了。好了，看，基本上是笔直地切开的。

因为我们那里都是花岗岩的山，所以有时候矿里还会开采出黄玉和水晶呢。有些人会很羡慕，但是，其实这些东西反倒说明花岗岩的质量不好。所以就我的立场来说是不希望出现这些东西的，但是对于采矿的人来说却是一个很大的期待。在我的矿里，曾经采到过拳头那么大的黄玉，但是对于我们石材公司来说，黄玉一点价值也没有。

切开的这两块，这边要小一些，大概不到四百公斤吧，这块大的，大约有六百公斤左右。这样大小的石头就很容易搬动了，没什么难的。可以用金属撬棍来移动石头，不过今天我没有带来。

这种石头的硬度属于中等。我每天的工作就是像这样切石头，搬运，然后垒砌。现在工具都进步了，有很多工程机械可以用，所以，除了金属撬棍，也可以靠机械的力量来进行搬运。我们这些石匠的腕力都很强，以前我还参加过相扑比赛呢，还获胜过。

刚才我切开一块石头用了多长时间？差不多一分钟吧。如果着急的话，一分钟以内也可以做到。但是，切石头并不是每次都是沿着石眼来完成的，有时候需要不沿着石眼切。

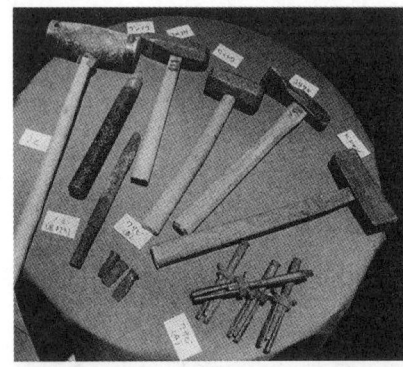

上：打入楔子后，岩石裂开了。
左：桥井的工具，刀柄都是自己制作的。
下：一吨的花岗岩一两分钟就切开了。

这种时候即便打入相同数目的楔子，敲击的次数也可能会翻好几倍。这要看需要了，也就是说，切割石头可以沿着石眼，也可以不沿着石眼，都是可以切开的，只不过不沿着石眼的话不可能切得很直。比如，订单要求从这块石头中切出一个圆形，那这个时候就不能沿着石眼切了。的确不容易，很难，而且要花费很长的时间，不过还是可以做到的。

石匠的基本功就是看能不能笔直地切割石头。笔直的，或者说要切得有棱有角。切出棱角之后，接下来就是平面的切割，只用一把凿子来完成。这些都是石匠最基本的技能。

能切出像豆腐块一样平平整整的四方形，说明基本功就差不多了，可以独当一面了。这些基本功很重要，不过，说得容易做起来难，能达到独当一面，那得需要千百次的训练和积累才行。一块长一米八的石头，如果你能把它切平整，并且还能切出九十度角，就证明你作为石匠可以独当一面了。而且要一个人在一天内完成这项工作，才算是真正的合格。

石墙的美在于角度

垒筑石墙也是我们石匠的工作。垒得完美才是真本领。

这是姬路城（日本兵库县姬路市的城堡）的照片。

石墙可以称得上是艺术品。大家在参观城堡的石墙时，请重点关注一下墙角上的石头。这些石头的斜度和曲线在照片上是看不太清楚的，位于角上的石头一般是位于中间部位的石头的二至五倍。这个墙角的石头看着虽然很小，但是它的反面其实和上面这个是一样大的。都是交错地垒起来的。而且边角上的石头和其他部位石头的垒砌方法也不同，边角上的垒砌最难，也最有成就感。即便是很有经验的工匠，这个工艺也不见得能处理得很好。营造石墙的曲线，一般我们会借助铁链子。把绷紧的铁链渐渐松开，然后选择自己觉得最美丽的曲线。当然也并不是所有的曲线都是用这种方法完成的，有时候也要听取设计师和研究人员的意见，然后再用我们石匠的手来实现。

从前干活的时候用的是绳子，把绳子的两头和支点打上结，慢慢松开，绳子自然就会呈现出曲线。自然的曲线，其强度也是最大的。

虽然我没看过全国所有的石墙，但我相信，大部分砌石墙用的石头都是切过的。当然也会有天然的没有切割过的石头，那上边有着自然的纹理和表面，我们叫它"毛面"，那是很有韵味的。能够把天然的石头堆砌成墙可是非常不容易的，虽然好看，但是非常难。特别是边角上的石头，天然的未切割的石头非常难找，而城堡需要大量的石头，所以边角上的石头绝大多数还是用切割过的。我们的工作都是会展示出来的，像化妆一样，留在表面。我们自己会看到，别人也会看到，所以一点都不能怠慢，总是使出全身的精力来做。

为什么不能只用石头做建筑——柘植的话

桥井先生讲解了石匠的技术，我想说的是我们石材界现在面临的最大的问题。

我们刚修复完挂川城和清洲城的石墙。但其实现在石墙的垒砌，已经不再用过去的方法了。现在，修建城堡和城墙的时候，更多是从建筑学和土木工程学的角度考虑抗震强度，因此无论如何都要使用混凝土。如果只用石头垒砌的话永远也不会被批准。

最大的问题就是，日本没有石材工学这个专业。像江户城的石墙就没用过水泥，但是现在为什么就非要用水泥呢？是因为没有办法计算土的压力，所以，只能靠能计算得出数据的混凝土。也就是说，先用混凝土把城墙固定好，再用石头来装点门面，石头只是铺在上面的摆设而已。现在就只有这种思路。

我们跟政府部门的人也谈过，我说："你看江户城、大阪城这些古建筑都没用混凝土，只用了石头，不也一直保存得很完好吗？"政府官员会说："这个我们也明白，但是你能提供为什么可以保存至今的数据和根据吗？"我的确提供不出来。所以，提供不出来的话，为了安全起见就只能用混凝土了。

就石墙本身来说，外立面固然重要，但是更重要的还是里面的石头。因为要用水泥做黏合剂，所以里面就不能用很大的石头，必须要把石头打薄。现在石墙的垒砌方法已经不再是过去那种传统的方法了，这一点真的很可惜。

经验是无法用数字来表达的。而且，天然的石头每一块的大小、强度都不一样，只能凭借着经验和直觉来挑选，如果让我拿出平均数值，对不起，每块石头都不尽相同，所以我拿不出来。而不能用数字表示的工种已经不能再生存了。水泥的强度倒是可以用数据来表示，那就是每平方厘米承重一百五十公斤。简单说，就是当施加的力达到一百五十公斤时，水泥就会开裂。但是花岗岩的话，是要加到一千六百公斤的力量时才会开裂。也就是说，它的强度是水泥的十倍还多呢。花岗岩在自然环境下会发生风化，但是表面风化一毫米需要一百五十年。可以想象一下，用这些石头砌成的墙，到它风化成沙需要多长时间？好几万年吧。石头这个东西本身就意味着永久。

鸟居的石头只是垒着而已

就石材工学来说很可惜的事情，还能再举一个例子。那就是鸟居（神道教的类似于牌坊的门楼）。鸟居也是由石头垒成的。鸟居的两根柱子和地面有一个倾斜的角度，你觉得这两根柱子需要扎入地下多少厘米？事实上，这两根柱子完全没有扎进地下。说得极端点，鸟居其实就是搭在地面上而已。因为没有扎入地下，所以会摇晃，地震来的时候，两根柱子向相反的方向摇摆倾斜，所以可以保持住平衡，不会倒下。这种结构的鸟居是不会倾倒的，这是已经被证实了的事实，因为几百年来鸟居都不曾倒过。但是现在，比如东京如果要建造一个鸟居，就不能按照传统的鸟居的建造方法来设计了。因为那样的设计是不会被批准的。那怎么办呢？现在要在地面上挖一个三米深的大坑，然后把柱子插进去，再用水泥固定住。

说说我们在福井县施工的例子吧。有一个古老的鸟居，因为它所处的道路要扩建，需要移建。委托方是当地的政府，按照要求，首先必须要保证安全，所以采用的就是上面说的挖坑填埋，然后用水泥加固的办法。后来地震来了，结果这个鸟居就折断了。而另外的一个古代留下来的鸟居却安然无恙。过去的鸟居虽然表面看上去不稳，且地震来的时候还会晃荡，但是当外力来的时候，很容易散发出去。相反，结实加固的鸟居却因为力量无法发散而导致折断。现实就是这么讽刺。

钟楼、石墙这些都是文物,是重要的古迹,在移建的时候必须是完完全全地复原才行。从某种意义上说,这些都是艺术品而非普通的建筑物,应该采用最传统的做法,而不是用水泥来固定。所以说,石文化的保护在现实中遇到了各种各样的障碍。

当然,最大的问题还是人。像桥井先生这样经验丰富的石匠现在全国不过两千人。而且五十几岁的桥井在这些工匠里还算是最年轻的了。七十多岁仍在一线工作的石匠也不乏其人。这些人慢慢干不动了,人就会越来越少。拥有传统石工匠艺的日本手艺人会慢慢变少。我们现在正在努力培养相关的人才。如果大家也希望这门手艺保存下来的话,也可以贡献你们自己的力量。比如——我这里就是打个比方——建一座普通的石桥,请不要要求必须一年完成这样的工期,如果可以给我们十年的时间,我们就可以既保护传统的造法,又培养人才。

(1995 年 5 月 14 日访谈)

(王颖颖译)

捌 用杂树的种子育苗

造园师 千叶喜彦

(1947年5月8日生)

导语

千叶喜彦的事,我是从一位登山的朋友那里听说的。当时,我们正聊到杂树林的话题。

我出生的小镇坐落在奥羽山脉以西,不远处就可见连绵的群山。山连着山,如果沿着山脊一直走下去,最终能到达海拔千米以上的最高处。

因为是在山区,所以就在从村子比较好去的地方种植了杉树,而陡峭险峻的斜坡处则保留了原生的杂树林,每年的早春、初夏和秋季,杂树使得山上有了斑斓的色彩。那是我们东北地区的山里特有的柔和色彩。

这里种类繁多的树木虽然被简单地归为"杂树",但是每当季节到来,这些"杂树"都会静静地发芽、开花、结实。

喜欢在山中漫步的登山客、栖息在山里的小鸟和动物们是认得它们的花朵和果实的。它们虽然不起眼，却有着细腻的造型与表情。

正当我和那位登山的朋友感慨无法感受这种美是多么不幸的时候，他告诉我，有人专门收集这些杂树种子，并用它们来培育苗木。这个人有时会到河里采集河底的泥沙和落叶，然后用网筛过，用这样收集下来的种子培育苗木，有时也会到山间采集散落在神社、林道和公园内的尘土，从中收集种子来育苗。听说他家的苗圃里育满了这样的树苗。而他的这个行为既不是出于爱好，也不是出于消遣，而是一份实实在在的工作。如果去他的苗圃，你会看到几万株的山毛榉、枹栎、水楢、七叶树、赤杨、鹅耳枥、日本厚朴等山间树种，以及四照花、北海道辛夷、柳叶木兰等绽放着美丽花朵的花木，另外还可以看到牛奶子、水榆花楸、大里白木（学名Malus tschonoskii，蔷薇科苹果属，一种日本固有种落叶高木——编者注）等能结出果实的树苗，真是应有尽有。

他所从事的是造园业，主要是为街道、公园和庭院增种一些本地山野里的常见树种。

听了他的故事后，我非常想去见他一面，亲眼看看他的那些足以满足几座森林所用的山毛榉、枹栎、水楢、山樱的苗圃。

他的育苗场在就北上川附近。

他的办公室里有一个烧柴的暖炉。靠里边的地方摆着书柜和绘图用的台子。他给我看了正在绘制中的设计图。原来，他的工作不光是育种和育苗，他还规划和设计庭园，既能造园，又能造林，还能栽种。办公室的旁边是培育了一年的苗木的苗圃。不到三十厘米高的幼苗密密麻麻，排列得很整齐，小盒子里也都种满了幼苗，盒子上标注着数百株的数字，也就是说有那么多的幼苗。

"真的是足够几座森林的规模啊！"

等到再长大一点，就可以移栽到山上的农田里了，幼苗也可以直接出售。

第二天，我去参观了他培育的山毛榉苗圃，已经长到两米高的幼苗一眼望不到头。

在这些过程中他所经历的辛劳，以及采集种子时的乐趣，会在下文做详尽的介绍。

千叶喜彦口述

我的工作是培育建设森林用的苗木

我的工作就是收集各类树的树种,再用这些种子培育幼苗。如果想要山毛榉林,那就要把山毛榉树林中所有种类的树种都收集齐全,然后进行培养。因为我想要培育的是能够充分体现自然结构的森林。

现在,很多森林都遭到了破坏。纳沙布(属北海道的根室市)不是在人工造林吗,众多的水源林(用来固水固土、涵养水源、净化水质的森林)也需要保护。还有气仙沼(宫崎县东北部太平洋沿岸的城市)的养鱼业也需要靠保护好山上的森林才能持续发展,所以也开始大面积植树。

我的工作就是给这些需要植树造林的地方提供树苗。

我家原本并非造园业,而是普通的农民。我是在我们当地的农业高中上学时最初接触到了园艺,后来又考到东京农业大学的造园专业。在那里,我学到了造园技术。大学毕业后回到家乡,先是在一家公司工作,在那里干了差不多一年零十个月,也就那段时间算是干过被雇佣的工作吧,因为后来就一直都是自己干了。

当时,隔壁市成立了园艺农协,专门从事花木生产。我觉得很有意思,认为这个工作特别适合自己,于是自己也开始了花木种植。天然种子的培植就是从那个时候开始的。

那时候很多地方都在建设高速公路,开发工业区。我想园艺农协生产的花木应该就是用于那些基建项目的绿化吧。但是,从事种植工作的人都只种别人推荐的树种,因此不能算是广义上的造林。

那时订单最多的是七叶树,一种很常见的街道绿化树。另外还有连香树,以及一种叫"红山樱"(大山樱的别称——编者注)的在我们当地常见的野樱花。

人们在修造园林的时候总是习惯用一些固定的树种。比如,从前大多是用埼玉县或者千叶县那边的花匠们推荐的植物。因为当地没人生产,所谓的绿化工程用的也都是从别的地方采购来的植物。因此,也就出现了很多原本并非本地自生的植物,比如皋月杜鹃、杜鹃、日本吊钟等。结果呢,全日本的公园几乎都变成了一个样子,很没意思。所以我想,只有自己做，改变这种情况。

最近，城市设计者们在选择街道绿化树的时候，开始选择适合本地环境的树种了。这样一来，从前的生产者就有些难以应对了。即使想做，也有可能承受不了，因为这个消费数量还是很大的。我这里每年大概要培育五万株到十万株幼苗，其中留下一部分自己用，其余全都卖到批发市场去了。

只要在春天播下新种，秋天就会发出新苗。

我主营的是山上的原种（指未经品种改良或杂交的野生园艺品种——编者注），但是从去年开始，随着园艺热的兴起，很多国外的树种被引进到日本。在这种情况下，我家出产的野生种树苗常被作为嫁接用的砧木使用。

比如，日本七叶树被用作欧洲七叶树的嫁接砧木；再比如，因为染井吉野樱花树用大岛樱作为砧木进行嫁接容易生病，所以现在都是用野生的红山樱或者江户彼岸樱作为嫁接的砧木。

只要接到订单,幼苗就可以直接出售。近年来人们对野生树种的需求越来越多了。

造园师　千叶喜彦

野生树种的发芽率高达百分之九十

野生树种的发芽率相当高。比如说,山毛榉的种子百分之九十都能正常出芽。但实际上困难的是怎么来保障收集来的种子不被虫子吃掉。树种在落地以后,其实就已经被虫子侵蚀了。如果不了解这一点,直接把种子储存起来,就会导致虫害的蔓延。所以种子采集回来一定要先用水浸泡一下,挑出浮起来的种子扔掉,总之要进行挑选,选健康的种子进行播种。

这些野生的种子,落在地上即使能发芽,也只有百分之一甚至千分之一能活下来。但是在我这里,它们能百分百地发芽长大。

比如在大自然中,山毛榉的果实和橡子,这些都是老鼠和松鼠的食物。因此,我在捡拾这些果实的时候会说:"等一等啊,以后我一定会加倍还给你们的,现在我先帮你们保管一下。"

再比如,红山樱的树是会结出樱桃的。而我去采集种子时又正好是果实成熟的时候,鸟儿们也会飞来啄食,它们好像在说"这棵树是我的地盘"。尤其是白头翁最喜欢这种果实，它们会"喳喳"地叫个不停，好像在说："不许采！不许采！"而我会对它们说："给我十年的时间，我会还给你们满山的樱花。"因为红山樱需要十年才能结出果实。

树木这种东西，最初的生长阶段叫作"营养生长"，在这个阶段里它会努力积蓄营养，只为让自身成长。长到枝干足够粗壮、枝繁叶茂，就进入了"生殖生长"阶段，这时候它们为了繁殖子孙后代，会使劲地开花。樱花类的植物算是开花比较快的。

我去采集树种的时候，是爬到树上摇晃树干，把果实摇落到事先在树下铺好的塑料布上。收集好的果实，然后将果肉去除干净，储藏起来——我需要的只是种子的部分。这些种子要到来年才种植。

这些种子不能储存很多年。因为太干燥了不行，它不像普通的花草种子可以保存很多年。种子也是会呼吸的，需要适当的方法保存。

近来爬树采种已经不那么容易了。所以，一般我都是去国道或是附近的柏油路，去长着很结实的树木的地方，然后拿着扫帚一边扫一边走。可能是因为我的姿态显得很正经,所以路过的人都会向我道声"您辛苦了!"(笑)他们心里一定在想:"啊!在这样的山里居然还有人在打扫。"从地面上扫起来的果实中会夹杂树叶和树枝,我一般会带好几种筛子,把树叶和树籽用筛子筛过以后,种子大小的东西会留下。我有好多筛子,每种筛孔大小都不同。

生长速度比较慢的是银杏树。大概要二十五年到三十年才会结果。不过,最近银杏树好像不太受人欢迎了,因为人们觉得果实落在地上臭臭的,还会打滑。

用于城市绿化的树种,不同的时期有不同的流行。悬铃木曾风靡一时,榉树也曾流行过一段时间,但因为树冠长得太大而被人嫌弃。以前的榉树都是倒扫把形,树冠张得很大。

最近我发现了一种圆锥形树冠的榉树原种,是在一个农户的院子里发现的。我把它嫁接以后培养了一个新品种,商标命名为"武藏野一号"。这个品种肯定会流行起来的。政府机构的人表示很喜欢,因为它不需要修剪。

其实我并不赶时髦,只是想把野生的森林原汁原味地复原出来，只要大家需要，我就能提供树种。但是，政府机构的想法往往存在着一定的定式，比如，如果说美洲四照花好，那么无论是道路两旁还是公园里，整个日本列岛到处都栽种美洲四照花。这一带也种了不少。但是我非常气愤，为什么一定要种美洲四照花呢，景观不是完全被破坏了吗？如果非要种四照花的话，我觉得也应该种日本四照花。他们大概觉得贵的更好吧。日本四照花一般不是开白花吗，其实也有开红花的，我找到了，就种在陆前高田的寺院中。现在嫁接的品种已经出来了，名字叫作"里美"。非常漂亮，那个红色比美洲四照花的红色还要漂亮。我觉得完全可以多栽种些这样的树作为街道绿化树。尤其是在梅雨季节没有花的时候，它非常显眼。

树种采集是重体力劳动

采集树种，尤其是七叶树的种子，实在是重体力劳动。其实，采集树种本身是很轻松的，没有比七叶树种子更好采集的了，因为它个儿比较大。可是要把它们从山间的溪流处运到路边，实在是太重了。而山毛榉的种子则因为太小经常会从指缝间滑落，所以采集起来比较费事。

熊很喜欢吃山毛榉的果实。在捡到种子以后经常发觉它们很轻，再一看原来是熊吃过后丢弃的空壳。可以想象，熊很会用牙巧妙地磕开壳，只掏里面的果仁吃。日本山毛榉的果实不太好吃，有股涩味。真正的山毛榉果实很好吃，我来山里采集的正是它的种子（"真正的山毛榉"指"本山毛榉"[ホンブナ]，而日本山毛榉则因木质不如本山毛榉而被称为"犬山毛榉"[イヌブナ]——编者注）。

最近我找到了不少偷懒的好办法。首先，通常情况下，种子多集中在山谷溪流，然后，它们被雨冲着、被风刮着，就会集中到比较深的小水潭里。根据水潭之中水的流向，再集中到水潭中的某个地方，比如比较深的水渊处。我就到这样的地方去。这种地方会堆积很多种子，看起来黑黑的一片，我用网子很容易地就把它们打捞起来了。比起用手一粒一粒地去捡拾效率要高很多。我用网子打捞种子的时候，常常会想，熊可能就在对面不远处怒不可遏地望着我吧。熊一定想："本来还想着等没人了以后就过去吃。那么好的一个没

人知道的地方，结果种子都被那个家伙给收走了。"（笑）

除此之外，其实雨伞也是很好用的工具。比如，收集牛奶子的果实的时候，就可以把雨伞倒挂在树枝上，然后把果实摇下来，让它落在伞里。就像捕捉昆虫的做法一样。对于灌木——就是长得并不太高，但是会结好多果子的那种树木，种子如果比较小，收集的时候雨伞是非常好用的，只要把它挂在树枝上就可以了。

但不管怎么说，用于收集种子最好的工具，当然还是扫帚。我会带着扫帚去神社，经常帮神社的人打扫得干干净净。因为那些地方生长着很多古树，就会有很多大树的种子。在这些地方，平常我都会为他们清扫得非常细致，所以就很便于收集。人家不但不会赶我走，还会感谢我呢！（笑）可是在河里收集种子，有时就会被人当成淘金的人，问我在河里捞什么呢。（笑）

每年秋天，我都会号召朋友们帮忙。让他们到山里去玩儿的时候别忘了帮我带些动物的粪回来。熊粪、狸粪什么的。野生动物非常有意思，因为它们只吃当季的食物。比如狸，是杂食动物，秋天是山毛榉的果实最好吃的时候，所以它们就只吃山毛榉的果实；橡树的果实好吃的时候，它们就只吃橡树子。所以，它们的粪便中能发现很多种子。

以"杏仁子"为人们所知的灰叶稠李的种子有时也会混在其中（灰叶稠李果实可食用，因有杏仁香味故得名"杏仁子"——编者注）。这种种子的发芽率非常高。所以真是多亏了狸大人的帮忙啊。

我在育种和栽培的时候不会考虑这些树种是否会流行，基本上什么都种。还有好多很棒的树种，以前可能没有被人关注过。我很想用那些树来绿化街道或者装点庭院。

无论什么树，一年中都会迎来它们最棒的时期。比如樱花，可能是在它盛开的时候最闪亮。其他的树种也是一样的，都有最闪亮和最美好的时期，可能是在开花的时期，也可能是在结果的时期，也可能是在树叶红了的时期，总之它们一定会有充满魅力的时候，我就是要去发现和了解它们。

每月一树

我按照月份说说个人最喜欢的树种吧。从一月份开始往后数——我说的都是我们当地的树种啊。

一月的最爱是雪中的虾夷交让木。

二月是雪中的日本茵芋的果实,色彩非常鲜艳。

三月是柳,尤其是山猫柳,它又名"跛扈柳",这个名字听起来就很霸气。而且山猫柳的花朵大小是细柱柳(日文称"猫柳",学名 Salix gracilistyla——编者注)的好几倍。因为它太好看了,我特别想用山猫柳来做街道的绿化树。一般人喜欢在水边种垂柳,我觉得那很没意思。

四月是荚迷花。它开出的白色花朵非常漂亮。这种花木我栽培了很多。另外,四月里的柳叶木兰也很不错。辛夷在没有长成大树之前,顶部很少开花。而柳叶木兰在一人高左右的时候就开始开花了。这是其他花木无法比拟的。

五月最爱的是雪椿。这种我栽培得也比较多。在山上采集雪椿的种子时,总会被人说"你在干什么!"来到这一带,雪椿就长得不好了。因为这一带很少积雪,即便下雪也就只有三十厘米左右,所以树叶都干枯了。雪椿只适合在积雪较深的地方生长。大雪覆盖在植物身上,自然而然地形成了保护衣。它们没有雪就很难生存。雪椿开花的季节在五六月间。

长大后的树苗被移到其他的场所种植。山毛榉、枹栎、水楢、四照花等小树排列得整整齐齐。

造园师 千叶喜彦

它们盛开在阴暗的山毛榉树林中，一片一片的，热烈的姿态非常迷人。

到了六月，快要进入梅雨季节了。野茉莉开得正好。除此之外，枸橘也很不错。木天蓼也很好，花朵非常漂亮。

七月最爱的是枳椇，开白色的花朵，非常醒目。在这一带的河边上常见，河边的斜坡上，它们开花呈聚伞状，乱蓬蓬的。这种花木适合远观而不宜近看。花木的柄肥厚又甘甜，老鼠和狸会拖拽着花柄行走，中途会有不少种子掉下来，它们就得以沿途繁殖了。

八月我最喜欢的是栾树。它虽然不是山里的树种，但是我特别喜欢它的花。它开一种黄色的花朵，在盛夏开放。这种树经常被种植在寺院中，因此也被叫作菩提树，和印度的菩提树比较相像。因为无法种植印度的菩提树，所以就用这种树代替了的意思吧。栾树产自中国，虽然不是日本的原生树种，但很久以前就传到了日本，并早就进入了自然繁殖的状态。这个树的野生区域最北端是岩手县川崎村的山上。漂亮极了。

到了九月，就该是结果实的季节了。结果时漂亮的树当属黄心卫矛了。一般的垂丝卫矛结果的时候，圆圆的果壳会一瓣瓣绽开，每一瓣的尖上垂着果实。西南卫矛的果实有点像四角形，成熟时也会裂开。黄心卫矛和西南卫矛的果实形状差不多。因为都是卫矛，所以它挂果的枝子也是这么弯下来的，然后前面挂着个像蚕蛹一样的果实。这种植物的种子从远处根本看不到，要走近才能看得到。往往走到跟前了，它们才突然映入眼帘，这才有意思啊。

十月应该是什么呢？应该是腺齿越橘吧！用它的果实可以制作出美味的果酱。它的花有点像虎杖。因为属杜鹃科，所以不那么显眼。但它的红叶很美，新叶萌发的时候也很美。

十一月我最喜爱的是白乳木，因为我最喜欢它变成红叶时的样子。它的叶子跟虎杖的叶子很像。白乳木应该是大戟科的植物，树皮是白色的，即使在树林中看起来也是白色的。这种树长不高，如果说枹栎或者山樱算是比较高的树的话，那么白乳木是比这些树矮一些的。但它的红叶真是美极了，露水打湿的地方是红色的，阳光照射到的地方又是黄色的，会呈现出多种色彩。这附近就能看到这种树。关东地区也比较多，奥羽山脉（以日本东北地区的中央为主轴，从青森县延伸到枥木县,是日本最长的山脉)比较少,到了北上山地(岩手县和宫城县松岛以北,以及青森县的一部分)就是非常常见的树种了。但是,当地人并不喜欢它,因为它长不粗,所以作为木柴也不好用,有了反而是负担,但是它的红叶真美啊。高大的树在秋天树叶红了的时候特别醒目。红叶的季节,树林中的树都会以饱满的红色迎接我们。而身处森林中,中等身高的树也总是绽放出美丽的光彩,白乳木就是其中的一种。

十二月里的臭梧桐也很不错。还有大里白木,它的种子我一直都很想要,但是又很难有空闲时间去收集。今年我在进山采蘑菇的时候,发现在这一带山峦交界的地方还保留着许多珍贵的树种。比如四照花,还有一些很少见的野生树种。因为是在山峦交界的地方,所以两边的山的拥有者都不会去碰它们,也就使它们长成了特别高大的树。这其中就有大里白木,树上挂了密密麻麻的果实,颜色非常漂亮。我捡了很多它的种子回来,今年已经栽种下去了,想了很久终于弄到手了。庭院里只要能种上一棵这样的树,就足矣了,其他的什么都不需要,实在是太迷人了。它就是苹果的原种,开花本身就很美，再长大一点以后还会带颜色。会结果，果子有点像木瓜，但长不到木瓜那么大。

行走在山中，常常会有很多发现和邂逅，所以这个工作根本无法停下来。每当遇到新的植物时，我就会对它说："啊，原来你这家伙生长在这样的地方啊，你喜欢这样的环境啊。"同时也就记住了它们的习性。

一般情况下，在育种的阶段，我会把种子种植在普通的苗床上，或者说耕地里。等它们稍长大一点的时候，我就会想"哦，对了，你这家伙喜欢水汽较少的斜坡是吧"，然后就按照它们的习性栽种到那样的地方去。

现在，城市绿化用的街树和公园里种的树大多是从九州运来的栲树和樟树。以后，我要把北方的落叶阔叶树推广出去。大家不是都挺喜欢山毛榉的吗？常绿树看多了也就腻了。所以，我为自己的造园场起的名字就叫"东日本造园"，意思是"经营日本东部的树种"。

树的种子很美很神奇

树的种子很美,也很神奇。它们是每一棵树用自己全部生命结出的果实,是凝聚了树的全部的最后艺术品。所以这些种子也是有个性的。我们通常能从树种的形状判断出它们属于什么科。它们当中的每一颗都背负着很强的系统性。

我一年四季都在不停地收集树种。在山间、河川以及林间小路,所有能收集到种子的地方。

早春的时候,最先收集到的是柳树的种子。柳树种子成熟后开裂成两瓣,种子的颗粒比芝麻还小,它们会附着在柳絮上。柳树的种子在河边会比较多。因为柳絮会被风吹得到处飘,如果是在很干燥的地方,根本停不下来,刚落下马上又被吹走了,很难收集。但是如果是在有水的地方,柳絮在吸收了水汽后,种子也会落下来,也就满足了它们发芽的条件。所以在没有水的山间一般不会长出柳树来。

种子在大自然的环境下发芽,长出的树形态各不相同。有些长不直,有些树叶上会长出奇怪的花纹,也有些会因虚弱而死去。

我家附近，走三十分钟就能找到很多收集种子的地方。因为河流和小溪都有汇聚的地点，成熟的种子会顺着水流漂到那里。在那些地点，几乎可以找到整片森林中所有种类的树种。从大个头的橡树种子到螺旋桨形状的枫树种子，几乎所有的种子都会聚集在那里，应有尽有。到那样的地方收集树种本身就是一件非常开心的事，带着网子直接捞就好了。

让我想想到底有多少品种……大概五十种左右吧。也许没那么多。看到那些以前没见过的种子，我会想"哦，原来真有这种树"。

柳树中有一个品种叫大叶柳。曾经有人委托我搜集所有柳树的树种，我几乎都找到了，只有大叶柳怎么都找不到。柳树的种类是很多的，目前已经发现的就有五十种左右，光我们这一带就能找到十种左右。最后我总算是在沼泽中发现了大叶柳的树种。它的种子不太像一般的柳树，比较近似于甜杨或白杨的种子。大叶柳多生长于山毛榉林的水源地。我发现它的时候，就见眼前一棵郁郁葱葱的大树，树干笔直。自从找到一棵以后，就不断地又找到了不少，之前找了好多年都没找到。找到它的契机还是种子。当时看到它的时候觉得很奇怪，后来还是通过种子的外壳才确认就是它，然后我又找到了地上的落叶，觉得"啊！就是它"，总算得到了最后的确认。我当时在心里想："原来你长这模样啊！"因为在此之前，人们都不知道哪里能找到大叶柳。查阅文献时，发现以前的学术类书籍中有相关记录，可是却怎么都找不到实物，因为书里只记载了这个树种的存在，并没有说明它们生长在哪里。一旦找到了它之后，却发现这种树其实到处都是，我很快就在一条普通河流的下游发现了大叶柳的小树林。这些树好像群居一样生长在一起，都不大，连中等高度的也没有。

大叶柳比较喜欢荒芜的环境。我发现的那片树林正是在新修的一片河川那里，这也正符合了柳树的生长习性。我好像了解了大叶柳的生活习性，会在心里说"原来你们是这样生存着的"，同时感觉跟它们成了朋友。

还有一种我很喜欢的树种叫"暴马丁香"。"紫丁香"大家都知道吧。札幌的街道两旁就种了很多紫丁香，非常有名，日本名叫紫丁香，属于改良的园艺品种。我一直想找其原生的国产品种暴马丁香。在北海道人们叫它"癞楷"。这种树的野生树种应该是自然生长在山里的。我是在这附近偶然发现的，顺着花香找过去，结果就发现了紫丁香的原种。我太想要它的种子了，可惜没有找到，虽然开了那么多的花。紫丁香是特别容易吸引害虫的树种，尤其是生长在温暖地区的，很容易因病虫害而死亡。北海道由于天气相对寒冷，对暴马丁香的生长比较有利。但是，相同品种的紫丁香若是移栽到这里来，在它长成大树之前就会被害虫吃掉。对害虫而言，这种树非常美味，气味也好。

听说在水边还能找到这种树，我就拼命地去找。最后，在岩手县境内接连找到了三处，这大概是暴马丁香在日本生长的最南边的界限了。我成功地采集到了它的树种。

当我在春天种下那些树种后却发现，它们迟迟不发芽，到了秋天才终于露出芽来。可是，娇嫩的树芽根本无法抵御冬天的寒冷，最终被冻死了。为什么在秋天发芽呢?！简直没有任何办法，完全育不了苗。

后来又经过不断地尝试，在树芽陆陆续续被冻死之后，又过了一年之后的春天，突然，有几粒不起眼的种子冒出了嫩芽。也就是说，这个树的种子要在经历了两次严冬以后才会发出芽来。

我终于明白了,对于暴马丁香而言,一个冬天是不够的,需要经历两次。要说暴马丁香也是够傻的,秋天发芽有什么用呢?这不是自取灭亡吗?看来我和树木之间的对话还远远不够。我还需要树木向我讲述更多它们的故事。

橡子在秋季生根

估计很少有人做我这样的生意吧。

北海道地区非常盛行苗木的栽培,规模都很大,他们培育的都是植树造林用的树种。我对赚钱没有太大的欲望,觉得够生活就行了。我这种方法估计还没人做,我们家算是家庭式的经营。如果做专业育苗的话,可能会比较无聊,我们算是半专业的程度吧。(笑)

我是在自己力所能及的范围内收集树种,这种形式比较适合我。我们用来育苗的农田也就十亩左右。培育出来的树苗很快就卖出去了。

虽然最近比较流行栽种山毛榉,但是一座森林不可能只有山毛榉吧。山毛榉有着很好的蓄水能力,对于山林是很好。

但是，如果就只栽培一种树，那就和植树造林没什么差别了。森林之所以称之为森林，就是因为有着丰富的树木种类。如果只有山毛榉这么一种树的话，那也只能叫"林"，而不是"森林"了，还是属于人工造林的范畴，无法称之为自然的森林，也无法成为能够容纳其他野生生物的大自然。最好是有不同年龄层的树木一起生长，才叫大自然。现在，我们在这一带看到的森林，长在其中的树木就像铅笔一样，粗细程度基本相同，这些都属于再生林。即便是山毛榉的自然林，长在它树下的草木品种也是有限的。其实，树林中植物的种类还是比较少的。但是在树林的边缘地带，我们能找到很多种类的植物。所以，我进山采集种子的时候，一般只在树林的边缘，或者河流、沼泽的沿岸行走。因为这些地方光线好，会有很多种子。而且说实话，森林的深处没什么可吃的，动物们很难找到食物。狸和兔子都喜欢在水畔活动，就是因为那里易于觅食。所以去森林的话一定要走边缘。

这一带的树木种类大概有一百多种吧，我觉得应该不到一百五十种。即使加上园艺种和栽培种在内，也就二百种左右吧。

我也会从公园采集种子回来。

一般刚采集回来的树种，我不会马上栽种。在秋天栽种的树种只有橡子，因为橡子一掉落到地上立马就会生根发芽，不能长时间地保存。橡子是需要土壤才能生根发芽的。因此，掉落在腐叶土上的橡子只能靠种子自身的营养成活一段时间，第二年就会枯萎。只有那些真正把根扎到土壤里的树苗才有可能继续生长。有时我们能在林道旁边看到小树长在几乎要坍塌的土地里，而在森林深处它们是长不起来的。

山毛榉的种子就长成了容易卡在缝隙当中的形状。三角形的种子在地上滚来滚去的过程中，某一个边缘很容易就会挂到什么地方。也就是说，它的某一处会接触到土壤。这种锥形可以防止种子不停地滚动，也有利于它们迅速找到适合生长的土壤。

而橡子的形状是圆的，会不停地滚动。要是一直滚动，停不下来，就没法生长了，所以它只要一落到地上，在秋天还未过去的时候就开始生根。但是，秋天生根之后不久就迎来了冬天，所以要到春天才开始真正发芽。

播种七叶树的时候需要特别注意。为什么呢？那是因为这种树生根的位置是固定的。如果不了解这一点种反了方向的话，长出来的根是弯曲的，移栽的时候还容易折断。七叶树的种子表面看起来非常光滑，根会从表皮微微凹陷的地方生长出来。

还是橡子最棒，不用管它自己就躺倒了，非常便于栽种。只须记住种子采集回来以后赶快撒下去就行了。

山毛榉能成为顶级群落的原因

山毛榉虽然在今年（1998年）开了很多花，但是在结果之前花都落了。前年可是大丰收呢，种子落了满地，多到连森林中的老鼠都吃不完。老鼠们看到这么多的种子，兴奋极了，不停地往自己的洞穴中搬运并储藏起来。结果从它们的洞穴里密密匝匝地长出了二三十棵小树苗。居然在老鼠的洞穴中发了芽，我就把这些发了芽的小树苗带走了。（笑）

秋天去的时候，森林中常能看到二三十棵挤在一起生长的小树苗。很有意思。

人们常说，山毛榉结果多的"大年"和结果少的"小年"

是每隔六七年循环一次的。但据我观察，山毛榉的所谓大小年真的是很难判断。

山毛榉的果实非常美味，连我们人都会觉得很好吃，对于野生动物来说就更是难得的美味了。如果山毛榉每年都正常开花结果的话，那么它们的种子肯定就全被动物吃掉，根本无法繁衍子孙。所以，山毛榉就在有些年头不结果实，这样一来，森林中的老鼠就会减少许多。如果连续两年都不太结果，到第三年来一个大丰收，就会像我之前说过的那样，老鼠们吃剩下的种子都生根发芽了，自然就繁衍了。所以，可以说山毛榉这个树种很能把自己的生态维持在最佳阶段，有着顶级群落的生存智慧。

水楢和枹栎就没有像山毛榉这么明显的大小年，多与少基本上就是隔年而已。可见它们还是智慧不够，所以说水楢和枹栎是无法成为森林的王者的。能作为顶级群落生存的还要数山毛榉，它在这方面是很有策略性的，我是这么认为的。

去年，山毛榉的花开得很好，甚至还结了果，但大部分在成熟之前就掉了，估计它们也累了吧。赶在山毛榉结果很多的年份，山毛榉的树林看起来会显得非常稀疏，叶子也比较小。那是因为它把大部分的营养都给了果实，就没有精力再长出丰美的叶片了。相反，在果实歉收的年份，树叶往往长得比较大，郁郁葱葱的。这时，树会在体内积蓄营养，养精蓄锐，准备迎接下一个丰收年的到来。

森林通常是四层构造。从山毛榉树叶的缝隙中透过来的阳光照到中等高度的树上，也就是枫树类、水榆花楸、灰叶稠李、滤漆木等品种，它们组成了第二层。然后下一层是荚迷花、柳叶木兰等。最后是生长在森林地表的虾夷交让木、日本桃叶珊瑚和日本茵芋等。要想在这种四层构造的森林中繁衍后代，需要有强大的根系来维持自身的蓄水能力。

山毛榉的寿命不长。在这附近几乎找不到五百年以上的山毛榉，最老的也就在二百五十年到三百年之间吧。反倒是水楢，能活到八百年。

年数大的山毛榉树皮会变得很粗糙，表面还会附着苔藓。一看这样的情况，就知道这棵树已经差不多了。

山毛榉还特别容易腐烂，一旦倒下很快就朽掉了。我记得好像是去年吧，有一棵山毛榉的老树倒了。倒下来的时候，树干中间剧烈地开裂，一下子就裂开了。裂开的地方长了密密麻麻的真姬菇。一般野生的真姬菇长得都是稀稀落落的，可那株倒下的山毛榉上的真姬菇却是密密麻麻的，就像是人工种植的一样。我的两条胳膊下边都夹满了。真是太棒了。

被我视为眼中钉的树

树里边我最讨厌的是刺槐。都是因为它，江河湖畔的景观发生了很大的变化，柳树都消失了。

它们的出现也就是这二三十年的事，但是生长得非常肆无忌惮。从森林到河原，从山脊到山腰再到山谷，都被它们侵占了，到处都是刺槐林，好像没有它们不能适应的土壤。刺槐的根部会不断滋生出新的根系，而且由于它们是豆科植物，会把空气中的氮气都固定在它的根瘤菌上，不让其他的植物靠近。

因为我很讨厌刺槐，还发起了一个号召"吃掉刺槐"的小组织，就是用刺槐花做些炸物或者凉拌小菜，然后大家聚在一起喝酒。其实就是找个聚会的理由罢了，目的还是大家能聚在一起喝喝酒。（笑）

千叶的家在北上川河畔,散步经过的路也是他的种子采集点。

我们的"刺槐赏味会"聚集了各种人。每到这个季节，我都会招呼大家带着各自有趣的朋友一起来热闹热闹。

刺槐这种树真是没什么可取之处。木质特别坚硬，做不了手工艺品，用来烧炭倒也许不错。我们家到冬天就用刺槐做燃料取暖，用板斧轻轻一劈就能很利落地劈成两半，因为实在是太硬了。所以我建议用刺槐来烧炭，取代那些进口的美洲红树，说不定还能烧出备长炭呢。而且，刺槐生长很快，应该完全供应得上。否则一直这样下去的话，日本的河川沿岸的风景恐怕都会被刺槐代替了。

去看看我的苗圃吗？

我家的苗圃，四五月间发芽的树大概有四五十种吧。有的树种发芽数量很少，有的很多。有时候我嫌麻烦，就把很多树种混杂在一起播种，不去刻意地分类了。（笑）要去看看我的育苗场吗？就在我家后面。

就是这里。这些是刚发芽的。树种都保存在那里。

这些树苗是枹栎和水楢。水楢的颜色发红，发出的芽也

家后面的苗圃。密密麻麻地栽满了从种子开始培育的小树苗,足有几个森林的数量。

比较大。单看橡子和叶子几乎难以区分哪个是枹栎哪个是水楢,可是如果看树苗,就很容易分清这边的是枹栎,那边的是水楢吧?两种都在一起就很容易分辨,单看一种的时候很难分辨。其实这两种完全不一样。

这一箱大概有一千棵左右的树苗吧。这样的五十箱就是一座森林了。(笑)光这些就有一万四千到一万五千棵左右呢。如果是大树的话,怎么能移栽得动这么多棵树呢?所以说,我的工作好就好在能趁这些树还很小的时候移动它们。我可以一下子拿出相当于一整座森林的树苗。这里的苗圃面积大概有一反（日本面积单位，1反约合990平方米）左右，可能还会更多一点。植物都是一年一季，每年就种一次，和普通的农作物一样，只是我栽种的都是山里的树木而已。树苗们长大一点以后我就把它们移栽到别的地方去。

我们按顺序来看看吧。

这是槐树，这是枸橘，这是掌叶枫，这是山毛榉，那是玫瑰。这个是日本紫珠，为了吸引野鸟种的。种枸橘也是为了吸引凤蝶，因为枸橘是凤蝶喜欢吃的草。我还种了朴树，它既能召唤大紫蛱蝶，又能吸引鸟类。

这边种的是色木枫。与其说观赏红叶，可能提炼枫糖的功能更大。日本产的枫糖几乎都出自这种树。

这些是金缕梅。没有颜色的是槭枫。

金缕梅的种子很有意思。开花后，豆荚中会有两粒像子弹一样的小种子。等到果实完全成熟的时候，豆荚会裂开，种子居然能弹出十米开外。而且，豆荚爆裂时的声音也很大。种子为了能弹射得更远，居然自己进化成了炮弹的形状。估计它的想法是："我才不想把我的种子喂鸟，谁都不给，我也不求任何帮助，靠自己的力量一下子弹出去就好了。"于是，每到秋天，金缕梅都是这样将自己的种子发射到大地上。

早春的时候，森林中发出声音的还有紫藤。紫藤的果实爆裂的声音也挺大的。天气暖洋洋的时候它们就会开裂。我一般是把紫藤的种子一直放到春天，而金缕梅的会在秋季就撒下去。

这个开白色花朵的是木槿，它的花朵是在夏天盛开的。夏天其他的花都不开的时候，它在开放。

这边种的是辛夷，因为千昌夫（日本著名歌星）的歌，辛夷也成了著名的树了。

这边是瓜皮槭枫。这种树的树皮纹理和红叶都很美。这是红溲疏，是园艺的花种。那个是江户彼岸，樱花的一种。

虽然都是江户彼岸樱，这种属于垂樱。但是把种子采集回来种植以后，会出现垂枝和返祖不垂枝两种情况。种子在出芽之前无法判断到底是哪种。即便是从垂樱身上采集的种子，种子出芽后有垂枝特性的也只是那么少数几棵，大部分都是枝条朝上直立的。真想看到这些我亲手从种子开始培育的樱花树开花的样子啊。可是，它们至少要十年才能开花。

所以，种子育苗看起来有趣，但是时间真的太长了，我们人类的寿命显得太短了。

刚才我们看到的那些不到三十厘米的小树苗，是经过了一年的时间才长到这么高的，第二年也就这么高，长到一米高需要三四年的时间呢。在我有生之年是无法看到这些树苗长成参天大树了。只能在心里描绘着："这棵小家伙要是长成大树，能活三五百年啊。"这就是我的梦想。树苗实在是太细小了，所以都是以千棵的单位计算的。

我的理想是一年培育十万棵树苗，甚至上百万、上亿棵植物。让那些种子发芽，培育成树苗，把它们输送出去，这就是我的理想。

要把一亿棵的大树运送出去，那是不可能做到的。但是，如果是小树苗的话，就完全可以做到。我现在还不能光挑选那些有红叶或者叶子颜色漂亮的树进行种子的采集，但以后可以考虑做些甄别和品种改良的工作。

总之，我目前的工作就是收集大自然赠予的种子，帮助它们发芽、成长。从自然中获取，再送还给自然，就像是抚育领养来的孩子一样。

如果是树苗，像我这样一个人就可以培育成千上万棵，但如果是大树的话，就需要很多的人力。所以说，我找到了一份很棒的工作，和梦想结合起来了。

今后，在自家的庭院中栽种山里的树会慢慢地流行起来。人们会喜欢选择一些比较有个性或者别具特色的树木。因为关注大自然的人越来越多，他们希望把自己的庭院装扮得更有野趣。不过，大自然中的树都太高、太大了。比如，山毛榉对于庭院来说就太高大了。所以，我们面临的课题是，能否让大自然的树木低矮化。这在培育庭院用树时很有必要。

但其实，我们根本不用特意去培养矮树种。用树种培育树苗，然后从中选择比较矮小的就可以了。因为我们培育的树苗不只是十几棵、二十几棵，而是上万棵，那里面肯定会有天生矮小的。

山毛榉的矮化就很值得尝试。在我们这里，欧洲品种的改良育种很盛行，现在不是有种针叶树吗，颜色很鲜艳，树形也多种多样，都是按照人们的喜好培养的，有些树的树高也是固定的，甚至不需要修剪，育种技术非常高明。

这么说来，东北地区未来是大有希望的，因为还有很多资源都在沉睡中。

在最近的一些植树等活动中,常有人来找我购买树苗。因为我一直倡导植树应当植当地原有的乡土树种,所以有不少人找上门来。其实政府部门也应该倾听民间的意见,可他们自己又完全不明白原生植物是什么,于是就撒手不管了,这些活儿就找到我这里来了。一般苗木公司的人也不大懂,因为他们只培养几个树种,靠这个做生意而已。

这里是种子的仓库

这里边有很多种子在沉睡着呢,是种子的储藏库。说是储藏库,其实就是一个土堆而已。有的种子装在袋子里,有的是装在网子里埋在土里。这个袋子里装的是虾夷交让木,是交让木的种子。

这个沙土堆里种子的种类相当多。有大柄冬青、小圆叶冬青、朴树等。

捡回来的树种要先挑选、分类,然后就埋在这里。大柄冬青的种子一定是在大柄冬青的树下收集的,但还是难免会

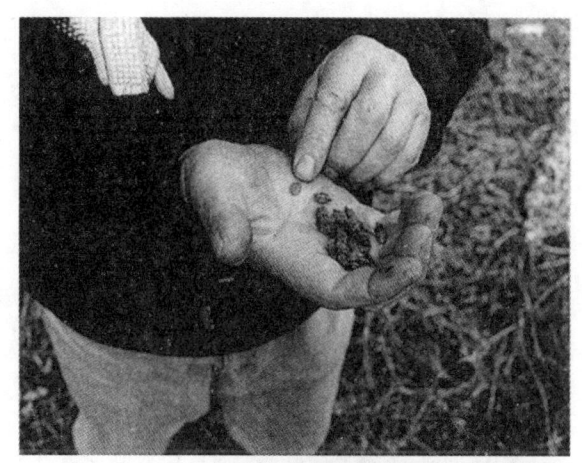

上:"种子很美",千叶先生如是说,每一粒种子之中都蕴含着进化了数百万年的系统。
下:收集来的各类树种要这样保存。

夹杂其他树种，不是所有的种子都是大柄冬青。所以我会把其他的东西挑出去，只把当年的大柄冬青的种子装进袋子里埋起来。不然的话，即使是让这些种子同年发芽，生长的速度也会不完全相同，所以要尽量不掺杂在一起。

我无论在哪儿，只要看到树的种子就会收集起来，就像条件反射一样，看到种子就会马上捡起来放到口袋里。

这上边还标明了种子收集的年份：平成（1989年至2018年4月）九年十月，野茉莉。

刚捡回来的树种需要先干燥，干燥到皮裂开的程度。脱了皮之后要马上进行清洗，清洗后很快就会干，所以要马上把它们放进这样的网袋里埋到土里去。一般情况下，树种落地后当年发芽的很少，一般都要等到第二年才能发芽。杂草是在落地后不久就会发芽，而大部分的树种是需要越冬的。

这边保存的都是樱花……啊呀，很多都被老鼠吃掉了。这些都是樱花的种子。冬天的时候，老鼠会钻进来吃掉很多种子。不过好在没有吃光，还不要紧。老鼠一定是觉得找到了一个绝好的粮仓，这也是没办法的事儿。（笑）剩下的这些种子至少也应该有十万颗吧。

这棵大树叫北美鹅掌楸,它是棵专门用来育种的树。欣赏过花期之后我就等着它结果,然后就可以采集树种了。这棵树已经有二十多年的树龄了,长得很好。我家门前的那棵水榆花楸也是一棵用来育种的树。种在自己家的院子里,想捡多少种子都有。

我家周围的农户看到我做这事儿也都不说什么。我们家现在已经不种田了,种的蔬菜也就够自家食用,农田里种的都是树苗。附近的邻居都说"你们家干的事儿真不错"。他们都知道卖种子是最赚钱的。

种子和苗圃都是农业当中主导性的存在。所以,大家看到我的工作,都会说:"生意不错吧?"有时看到我在工作,也会过来问:"这是什么?""栎树。""栎树?唔,好卖吧?"我回答:"这些反正全能卖出去。"

树种不用花钱,都是捡来的,育苗后又能全部卖出去,真是好生意啊!世上居然还有这样好的工作,真是令人惊讶。(笑)

树的事儿要问山

除了育苗之外,我还能设计庭园,客户中既有地方政府也有个人。我还会做一些草药园的设计,但我画的草药园设计图跟大学的那种草药园不太一样,我设计的更像是生态园。我会在设计中引进小河,让多种生物栖息,那里边有河蟹、山椒鱼和蜻蜓等动物。再修一座时髦的凉亭,供人们休息。我还会造一处浅浅的池塘,红蜻蜓会在水中产卵,还有水蚤也会在那里游来游去。像这样充满自然生机的庭院以后可能会越来越多。这样的庭园里,当然要栽种来自于大自然的树木。

不过,我会对客户说:"我们造园师能做的,就是画出设计图,把树种好,也就完成了百分之五十的工作,剩下的就要靠您自己了。"尤其是栽种山野的杂树,真是完全要靠客户自己的努力。

以往的日本庭园,造园的时候会一步到位,剩下的只需要维护管理一下就可以了。庭园的主人无须亲自动手,一切都委托庭园师。但是现在不会这样了,我要求客户一起参与进来，因为，毕竟是他们每天看着庭园。比如要让他清楚地知道他家的院子里有一棵可以结橡子的树。

关于树的所有问题，大山都会告诉我们答案。

有些客人说不能想象自家的庭园会变成什么样子，我就告诉他，样板就在山里，于是带他去北上山地的某一处，告诉他，"您家的庭园就是这个样子"。（笑）我也会跟顾客说："我很想把你家的庭园塑造成这个模样，但是我毕竟比不过大自然，无法做到完全复制，但是时间长了也许会变得差不多。"我还会对他说："虽然一开始是我在为您塑造庭园景观，但是建完之后，就要靠您自己把它打理得干净、健康、舒展，那样才能成为真正的好庭园。我会为您把树种好，但没办法帮您把树下的杂草也一起种好。所以，您自己要担负杂草的部分。山里有近百种树木一起生存着，它们也会互助敌对。可是您家的庭园，最多只能种十几种树木，不足的那九十多种树木的职能就只能靠您来完成了。这样您还想要造吗？"就这样，造园之前，我都要跟庭园的主人交代责任的问题，看他是否有足够的心理准备，告诉他"如果树木枯萎了，那完全是由于您的管理不善啊"。（笑）

树木也会自杀

我常说,树是会自杀的。树如果不喜欢自己生存的环境就会自杀,它们也是有自己的意志的。树有一半是被杀死的,另一半是自杀的。比如被移栽到它们不喜欢的环境中,又得不到良好的照顾,树就会想"不活了",于是就死掉了。我是这么认为的。不然,植被早就覆盖整个地球了。它们是通过某种方式进行调节的。森林的规矩是最严格的,生存下来的只是少数。即使有机会,结果也可能无法长大。虽然种子里含有维持生命的一切养分,但还是很难长成参天大树。

每颗种子都能发芽,每棵树苗都有生存的机会,但大部分都难以长久地存活。即使是在山毛榉的顶级群落中,百年中也只有一两棵能获得生存的机会。每隔五十年会出现一次大树倒伏,阳光会照射进森林里,树木倒伏后的空地中,种子会"哗"地长出一大片树苗。这些小树苗激烈地竞争着,然而最后胜出的也只是那么一两株。

到冷杉、玉林云山的树林中一看就明白,当一棵树倒伏之后，倒伏的树周围会长出很多小树苗。但是能长大的只有一株而已。在那片区域内，最终只有一株能生存下去。在树的社会中，成长中的一步之差便意味着生死存亡。所以，我会告诫那些想在自家庭院中种树的顾客："如果您不好好照看它们，树也是会自杀的。"

在德国的卡塞尔，有一座欢迎之丘，那里有座纪念馆，是一处很棒的公园。公园里应有尽有，形成漂亮的花园式景观。现在它已经被捐赠给市政府，成为一座城市公园。公园中最令人惊讶的，是一株不知道是厚朴还是辛夷的大树。这棵树应该就是菲利普·弗朗茨·冯·西博尔德（Philipp Franz von Siebold，1796—1866 年，德国内科医生、植物学家、旅行家、日本器物收藏家。曾受命赴日本收集信息，集中收集植物、种子、动物，以及各种日常工具）当年从日本带走的树木，至今已经有一百五十年的历史了。这样的大树在日本已经很难见到了。而在卡塞尔的公园中，这棵树威风凛凛地矗立在那里，完全没有经过修剪，枝条伸展，保持着最自然的姿态，实在是令人惊讶。

我也希望造出那样的一座公园，能让大自然中的树恣意生长。但是即使从现在开始做，也要到三代以后才能看到那样的景观了。我自己肯定是等不到了,但是我还是想要去尝试。

(1998年3月16日、17日访谈)

(周莉译)

玖 祖祖辈辈都靠烧炭为生

备长炭的烧炭师　父　汤上勇　　子　汤上升

（1929年8月28日生）

（1955年10月19日生）

导语

和歌山县御坊市有一条日高川,它发源于和歌山县与三重县交界处的果无山脉,穿过龙神村、美山村、中津村、川边町,最后流入御坊市。其实,中津村和川边町的村界离御坊市才十几公里,但河两岸的道路蜿蜒曲折,穿梭其中,好像进入到很深的山谷里去了。

村子的政府部门和学校都坐落在西原一带人口相对集中的地区,再就是沿着河岸散落的一些人家,整个村子的人口不过两千五百人左右。

汤上家所在的大又地区是沿着日高川的支流还要再往里边走很远的地方。最近,为了修旁道,挖山通了隧道。以前,通向内陆山村的道路大多是依河而建。大河的两边是很宽的国道，但是一进到支流的地段，沿支流两边的道路也变得很窄，很险，有时直逼山谷，有时必须贴着岩石的表面才能勉强通过。尽管地势如此险峻，人们依然在河流与山之间狭小的空地上垒起石头墙，开辟出了一片旱田。

开车在山路间行驶，一路上打开车窗的话，会闻到一股烧炭的味道飘过来。那个味道就像是烧篝火的时候，焚烧那些还未干透的树而散发出来的烟味，还夹杂着有点刺鼻的酸味。看过去，原来有几个烧炭的窑正在冒烟。

炭窑因为被很大的房顶覆盖住了，所以看不到全貌，但是，从堆放着的准备烧下一窑用的木头，缓缓升起的烟雾，以及为提取木醋液用的烟囱，就大致能知道这些窑的用途。所有的窑都在烧备长炭（"备长炭"相传是元禄年间由一个叫备中屋长左卫门的人创制的，多用坚硬的山毛榉、橡树等烧制。日本各地都有备长炭，但以和歌山一带的最为著名）。

就像汤上升在本篇采访中说过的那样："出生在这里的人只能成为烧炭师"。生活在这里的人们，自古以来都是利用这里的山形和地势来烧炭的。汤上家祖祖辈辈都是烧炭的，他们的朋友也是一样，只是朋友们的炭窑在比较平整的路边。

用车把木头运来，再把烧好了的炭用车运出去，使用固定的炭窑烧炭只是近几年的事。在这之前，像汤上勇的父亲汤上升所说的那样，他们那个年代烧炭的时候，是到一座山就要建一个炭窑来烧的。

汤上他们的炭窑是在从他们家所在的大叉村落再往山里走，就在走到路的尽头的山谷处。是把水田填起来建造的。

两个窑，一个在里面，一个在跟前。现在正在用的是眼前这个稍大一点的，一窑可以烧出六十俵（即麻袋，一俵大约重十五公斤）。炭窑场非常占地方，尤其是烧白炭的时候最占地方。所谓的白炭，是用超高温烧出的，轻轻敲打一下会发出清脆的金属声的炭，它在炼烧的时候，是把用高温烧过的炭从炭窑中取出，再用一种叫"素灰"的灰灭去炭身上的火，这个工序本身就需要很大的空间。升因为是用铲车来从炭窑中出炭，所以他的炭窑前面有很大的一片空地。炭窑的旁边堆放着准备下次要烧的柴木，再往里，放着用来切割粗大树木的机器，还有用来包裹木柴的操作间，那里也很大，汽车都可以直接开进去。炭窑的左侧是一间为提取木醋液用的小木屋，更里边的溪流山谷旁还有一间可以用来打盹儿小憩的小木屋。汤上的炭窑场为了在下雨天也能干活，用镀锌板把窑的顶部都遮盖起来了，看上去像一个很大的工厂。虽然人们一直都在追求节省劳力，但是，烧炭这个活计现在仍然要靠感觉和人力。

在炭出炭窑前的空当，我对这对父子进行了采访。

汤上勇、汤上升口述

在这里出生的人，世世代代就是烧炭匠

我父亲今年(1998年)六十八岁，真正烧炭的时间算起来应该有四十二年了吧。我的爷爷也是烧炭的，祖祖辈辈都是烧炭的。只要是出生在这里的人都要干这个。

虽然不记得上小学的时候有没有帮忙烧过炭，但到了中学，我帮忙搬运过木柴什么的。决定继承烧炭这个家业是在高中毕业后找工作的时候，因为我不喜欢到别的地方去工作，还要听别人的使唤，于是就跟着父亲烧炭，但是中途有两年我离开了。

因为我喜欢汽车,所以离开的那两年去开了两年的卡车,那是之前一直想干的。不干了以后,每见到开卡车的朋友还想要再去开,不过现在已经打消了这个念头。当年我跟父亲说我不去别处工作想继承家业的时候,他虽然没有反对,但也并没有鼓励我。他虽然嘴上没说,但我没有去别处工作这件事让他感到很欣慰。

中途停下烧炭去做司机大概是在二十一二岁的时候。是在和歌山县田边市的一家运输公司。运的主要是木料和木头柱子等。用卡车运,目的地都是东京。这个工作大概持续了两年。

其实,当时倒是没有设定过两年的期限,只是因为我超载差点被吊销了驾照。我开的是载重十吨的卡车,可我却装了四十吨的货。这都是二十年前的事了。那时候父亲身体还很硬朗,还在烧炭。

换作几年前,如果见到当年一起开车的朋友,还会觉得开车是件挺好的差事,可现在光是想想都觉得可怕。不开车以后就一直和父亲两个人一起烧炭了。父亲年纪大了,不干了,轮到我一个人干也已经有六七年了吧。所以,我也烧炭烧了二十二三年了。

以前我和父亲一起烧炭的时候，所有的财务开支跟家用都混在一起。我结婚之后，最开始的两年，哦，不对，直到我自己独立烧炭之前，我拿的都是像零花钱一样的。即使现在，虽然烧炭干活的人是我，但是有钱的还是我父亲啊。

父亲将烧好的炭加工成煮饭用的炭、洗浴用的炭，或者是净水用的炭，然后出售。从收益上看，父亲的那些产品收益是我的好几倍呢。虽然他要把炭切小、装袋，这些比较耗时，可只有做成那样，作为商品的单价才能卖得高一些。

父亲卖这种炭应该也有几年了。三四年？也许更长。从前，一说到备长炭，人们马上就会想到用它来烤鳗鱼、烤鱼，等等。我记得是在 1995 年吧，记得吧？日本的大米收成不好，于是从国外进口了很多米。如果在煮进口米的时候放一块备长炭就可以把饭做得很香，这个做法就是从那个时候开始流行起来的。一下子就火起来了。同时从炭烟中提取出来的木醋液也 下了火了。以前我们从没有萃取过木醋液，现在，我们会很认真地萃取。烧一次炭窑大概能取两三罐木醋液，大约有四百升。卖得相当不错呢。因为它可以作为消毒液用在农业上，还能用在洗浴上。

父亲就是从我这个炭窑提取木醋液拿去卖的。我想他是靠自己打开的销路。因为有"药事法"（日本药监局规定的法律）的规定，所以木醋液的很多疗效不能说得太明确，比如它能很快地消除脚气，但不能直接说有治疗效果。再比如，男人阴部会长一种叫"股癣"的皮肤病，奇痒无比，抹这种木醋液就管用。您来这里的途中，看到一个高尔夫球场吧？那里给草坪消毒的时候，也是用我们的木醋液。

中津地区也有许多人烧炭。光是中津村，就有三十多个炭窑场。我们成立了一个"保护协会"，现在大概有三十三四个会员吧。其实中津那边早已经没有"乌冈栎"这种炼炭用的树种了。

也许营林署和林业厅还有那些树木，之前为了植树，森林工会的人把山上的备长炭的原料乌冈栎都砍伐光了，全都种上了桧木。所以，中津再也没有乌冈栎了。

自从我开始烧炭之后，也遇到过几次经济不景气的时候，主要是因为餐饮业不景气，所以炭也就卖不动了。

从前备长炭都是用来烤鳗鱼、烤鱼、烤鸡肉串的，像如今这样用来做饭、净化饮用水等是最近才开始流行起来的。

备长炭是一种特殊的炭

备长炭是一种很特殊的炭，一般的家庭是不会用的。比如在家烤肉如果想用备长炭的话，那要先把它点燃，但是点着备长炭是很费劲的。等到把炭烧红了的时候，饭都已经吃完了。因为要把备长炭烧至通红需要花很长的时间。等烤肉都吃得差不多了，估计炭火才开始旺起来。

点火之后，烧到最后炭最旺的时候，几乎和刚出炭窑时火力是一样的，有人说那个温度大概有一千二百度左右。这样的炭，夹的时候，必须要戴上手套，还要用长筷子。如果徒手拿，那可太烫了，会把人烫得生疼，根本拿不了。即使是我们自己，在出炭的时候，即使戴着手套都经常被烫伤，因为温度太高了。而且还不是直接接触，离得远远的，但是温度实在是太高了。

备长炭出货的时候是按照规格来划分的，差不多有十几个等级吧。按粗细划分，分中丸、上小丸和小丸。小丸又分两种，粗小丸和细小丸。还有细丸，又分上细和次细。上小丸的"上"不是"好"的意思，是"粗"的意思。"上小丸"比小丸稍微粗一些，所以叫"上小丸"。从价格上来看，小丸和细丸的价格最高，随后是中丸。中丸在我家也分三个规格，稍粗、普通、稍细。因为烧的时候木头也是分粗细的。这也是考虑到使用者的便利，才这样分类的。

还有一种叫作"断炭"的。就是一些很短的炭。不是特地切断的，而是在烧的过程中自己断的，每根都有大概十厘米左右，不长不短的。

市面上流通的产品中有断小丸和断中丸，但是这些我家都不卖。这个下边还有更差的产品，差的里边还分为上等和中等。所有这些炭都是用乌冈栎烧制的。

用其他品种的栎树烧的也有。从前说到备长炭，指的其实是栎树烧的炭。

早先的备长小丸和备长上小丸其实都是栎树烧的炭。以前用乌冈栎烧炭，会特意在前边加上"乌冈"，叫"乌冈备长"。现在乌冈栎成了主要材料，所以就省去了"备长"二字，简称为"乌冈小丸"。也有一些其他的叫法，但东西是一样的，只

汤上家烧的备长炭,敲击的时候有金属般的声音。

是叫法上因人而异。

过去就是这样以栎树为主烧炭的，我们管栎树的木材叫"本栎"。栎树也有狭叶栎和小叶青冈等很多种，这个就是本栎。但是现在炼炭主要用的都是乌冈栎，其他的都用来当柴烧了。从前这些栎树都能拿来烧备长炭的，但是不好卖。相比之下，还是乌冈栎的炭更耐烧，价格上相差也不大。所以还是乌冈栎的炭更受欢迎。

现在在中津地区，虽然有三十几家炭窑场，但是用栎树烧炭的只有两家。他们也想用乌冈栎烧，只是苦于附近没有这样的木材。

其实用栎树烧出来的炭都是很好的炭，但是这里的人却把它当柴火来烧，太可惜了。这都是因为有了乌冈栎的存在。这要在从前，一定会被人说这么糟蹋栎树的话是要遭报应的。

我不太清楚备长炭的零售价是多少。总之从我们这里拿货的时候，通常一俵都卖到七千日元（约四百二十元人民币）。烧一次炭窑可以出六十俵，也就是四十多万，不到五十万吧。所以，关键在于怎么才能烧出更多的好炭，少出次品。

乌冈栎能沉到水里

直径三厘米左右的乌冈栎的树材在烧成炭以后,粗细只有一根烟那样。差不多缩小到十分之一。重量也大体变为原木的八分之一或九分之一。把乌冈栎砍下来,什么都不用做,它就能沉到水里。日本所有的树里边,能沉到水里的大概只有它吧。虽然没有石头那么重,但只要把它放到水里,它就会慢慢地往下沉。你想看一下吗?看好了哈,沉下去了吧?所以就是说乌冈栎很紧实,很沉。

我现在用的这个炭窑比一般的大一些,所以可以出六十俵的炭,一俵大约十五公斤,六十俵的话就是九百公斤。如果按成炭后的比例,烧成的重量减到原来的八分之一或九分之一来计算的话,开始烧的时候要放八吨木材进去的。差不多是这个量。

烧成以后的长度呢,大概缩减到原来的五分之三左右吧,我觉得应该比一半要长一点。对于那些弯曲的木料,我们要在它们身上划一道,然后放入木楔,让它们变直。但是出炭窑的时候,有划痕的那些大多就断了。如果是没有刻痕,正

弯曲的木料要放入木楔使它变直。

常状态下烧出来的，大概都是原来的五分之三或者三分之二。所以炭会被烧得这么紧。

好的炭讲究的是紧实，没有裂纹。而不好的炭一般都是有裂纹的。关键就是在烧的过程中没有把那些缝隙烧没，烧得紧实了那些裂纹也就都烧没了。

产生裂纹的原因有很多。比如从火门进的空气量不合适，或是把它放在炭窑的窑壁处了，等等，有各种不同的说法。我们是看不到炭窑里边的情况的，因此也就不知道到底是什么原因造成的。总之，每次都会有几根有裂纹的烧出来。

其实每次烧炭都是一样的，但是因为每次烧的木料多少还是会不同，不能完全按照统一的烧法，所以每次烧出来的炭就不一样。虽然烧了这么多年，到现在为止我也没有一个所谓的标准。

每次烧的木材粗细都不同，有时候粗的多一些，所以烧出来就会不一样。可以说每次用的都是完全同样的做法，但是每次烧出来的都不一样。

买乌冈栎木料的时候，我会到山里去转，盘算着那里大概有多少乌冈栎，自己心里先有个数，然后再去找这座山的主人进行交涉。价格都是各不相同的。这就要看你的交涉能力了。

一般这样的交涉都由我父亲去做。因为父亲很清楚这座山大体可以出多少俵的炭。他从山的这头走到那头，就可以估算出大概能出的炭量了，从来没算少过。

我还从没去买过乌冈栎。现在烧的还是父亲在山里订回来的那些。那些树林一旦订下了就是有期限的。如果在约定的期限内不能马上砍伐的话，我们叫"年次"，也就是需要先给人家交点钱，并请求主人"期限内砍伐不了，请再宽限些日子"。

买的时候，不只是买山上的乌冈栎，所有的树木都要买。但是，杉树和桧木例外。那些树是不能砍的。

炭窑的火门，有人那么高，但是只有三十厘米宽。放木料进去的时候很费力。从前，人们是从外边用木棍将捆好的木料立起来放进去，或者扔进去，我们管这叫"倒立"。那个时候，还有人能在炭窑热着的时候，将木料扔进去，并让它倒着放。

现在，在中津村，基本上都是人手提着两捆木料进到炭窑里去。这样做更便于操作。但是炭窑热着的时候是进不去的，必须等它冷却之后。虽说是冷却了，但其实炭窑还是热的，所以如果不戴上口罩的话，鼻子和耳朵就会觉得很热而且会发疼。

捆绑木柴，我家用的是捆包的麻绳，从前这里的人用的都是蔓藤。这种麻绳，在炭窑还没有冷却下来、还很热的时候放进去是会被烧掉的。其实用蔓藤也不是不可以的，只是蔓藤越来越少了，而且捆起来会很费时间，所以为了省事就干脆都用麻绳了。有时候也会用一下蔓藤。

关于炭是怎么烧出来的，我父亲知道得更多。毕竟他烧炭的年头长，又是我师父。

父亲的话

我是昭和四年（1929年）出生的，算起来有五十年的烧炭经历了。除去中途没干的时间，实打实地算来也有四十年吧。有几年没干，是去弄木材了。

从前，无论是乌冈栎的炭，还是其他的炭，几乎都是用来取暖的。烤鱼呀,或者用火盆来取暖呀,都用炭。那个时候不管是什么炭都卖得很好。杂木呀,柚木,乌冈栎,什么都可以用来烧炭。那个时候的炭窑也不像现在这样固定在一个地方,而是漫山遍野地走到哪儿烧到哪儿,就在树的旁边垒一个窑就烧了。这里烧好了再转到下一处再垒一个。

现在一般人已经不怎么用炭了,家家户户在烤鱼的时候也不用炭了,所以一般的炭已经卖不动。只有鳗鱼店和烤串店用的乌冈栎烧的炭还能走一些。

如今卖的都是高级炭。另外,就是用在净化水质和做饭的时候。现在,用法越来越多了。

备长炭用于做饭是在几年前,国内大米紧缺,从国外进口了很多大米。人们发现,进口大米放上备长炭一起蒸的话也一样好吃。备长炭就这样一下子火了。

不过用备长炭确实好。用它过滤水最明显,确实好喝。要做出好吃的饭,水很重要。它能除去水里边的氯化钠,让水变得甘甜。我女儿住在大阪,喝的是淀川的水,她说如果水里不放备长炭过滤一下话根本没法喝。

做法很简单,只要把备长炭放进装水的容器里浸泡着就行了。炭的量是水量的十分之一就行。如果是二十升水的话，那么放两公斤的炭就可以了。

我家祖祖辈辈都是烧炭的。这大概就是在这里的人的宿命吧。从没人教我们，自小时候就天天帮父母打下手，也就慢慢地学会了。

你问我一共垒过多少个窑？一年一个应该是有的。真是没少做。现在有了车，搬运什么都很方便。所以固定在一处烧窑就可以，从前既没有汽车，也没有材料的集中市场。如果山在这里，那窑就建在山下了。

最理想的建炭窑的地形还是平地。有岩石的地方，或者是有很多石头的凹凸不平的地方都不适合。挖山，只要挖到有黏性红土的地方就是建炭窑的好地方。

建炭窑的时候，为了让炭窑稳固，要把石头围墙和炭窑之间用红黏土固定好，让它一点空隙都没有。所以有红土的地方就是好地方。

建炭窑我从没失败过。

其实建炭窑最关键的是怎么处理好地下水。如果处理不好的话，一下雨，雨水就会进到炭窑里，那就全完了。

从前我们就是在离树不远，方便的地方垒个窑就烧了。炭窑一直都是就着山而建的，老旧了的窑修一修还会继续用。在我开始烧炭的十年或十五年前，就已经有人在山里烧炭了，我就在同一个地方，用之前的人用过的石头建炭窑。

从前烧炭我们用的木材，就是从山主那里把山买下来再进行作业的。那时候山的周转很快，砍过一次以后，树木会自然生长，可以接着烧。以前是十年、十五年一个周期的，所以同一座山上的木材我们可能烧过两轮。

还有，从前我们都是间伐，只砍粗大的树，不是全部都砍。不像现在，整座山买下来以后想怎么砍就怎么砍，用电锯把树全都砍掉。所以，在它们长成能再次使用的树之前，要等至少三十年。

以前，山主是不允许我们使用电锯的。因为用电锯锯过的断面很光，那样会影响日后树木再发出新芽，所以他们禁止我们使用。对于山主来说，当然是砍伐之后越快发芽越好。所以砍树的时候，只允许我们用斧头。

怎么处理这些砍伐下来的枝条呢？我们会把这些材料捆绑好再下山。下山的时候我们不是把木柴背在肩上，而是让它们成捆地从山上滚下去，滚到附近的炭窑去烧。

比起从窑里往外出炭，砍树和搬运对于我们来说更辛苦。现在不像从前那样要到处盖炭窑了，而是集中在一处固定地点，用车把木材运到炭窑场，烧好以后再用车把它们运出去，真是太方便了。时代不一样了。

我们盖炭窑是没有设计图纸的，完全凭感觉用石头垒起墙围。大小也由自己定，按照自己想盖的大小盖。如果盖得大，那一次就能烧很多。一开始很贪，光想和同伴一起建大的。

有人认为小炭窑虽然轮转得快，但是用大炭窑慢慢地烧更省事。相反地，也有人认为大炭窑费力，还是小炭窑好。要根据自己的体力和健康状况来决定。如果赶上身体不舒服的时候去炭窑场，血压都会下降。

说说备长炭的烧炼方法

烧炭的顺序是先到山里把木柴砍回来，规整长度。这个长度也没有一定的标准，都是根据自己的炭窑的尺寸定的。

一般从山里运回来之前,我们都会把木柴锯成适当的长度带回来。

我儿子的炭窑大概是两米到两米五吧。要把木柴立在炭窑里,就要考虑到炭窑从地面到顶部的高度。木柴的粗细有多少呢?直径有三寸(9厘米)吧。比这细点也可以,如果比这个粗,就要劈成两半了,如果直径是六寸(18厘米)的话,就要劈成四瓣了。

粗的木头运到炭窑厂,锯成适当的尺寸。弯曲的要把它们弄直。我们管这个叫"木造"。因为弯曲的木头如果不弄直的话会在窑内产生缝隙,烧起来影响效率。用锯,现在都是电锯了,把弯曲的木头锯一个口子,然后再放木楔子进去把它矫直。我们管这叫"垫木"。

再就是把木头打捆。一捆多少根没有一定的标准,都是根据自己的体力来捆。太多的话会搬不动,也插不好。

往窑里放的时候,要先想好,比如最里边的先放这些,中间的位置因为窑顶高,要放这些。长度也都是根据这些定的。只要按照顺序往里放就好了。

如果是刚烧完一次炭,出炭后马上放入新柴,可以趁着炭窑还很热的时候继续烧，这样都不用再放多余的燃料。第二天窑就烧起来了，因为窑不大，第二天它自己就能烧起来。

因为窑里的余热可以让泥土里含着的水蒸气一下子就蒸发掉。相反，如果是冰凉得像冰箱一样的窑，就不知道要烧多久才能真正烧起来。把木柴放进冰凉的窑里，等它真正烧起来估计需要十天左右的时间。

所以，窑的余热可是个宝啊。

虽然不是那么绝对，但是我觉得窑在冷却了三四个小时之后是放新柴的最佳时间。我和儿子一起干的时候，都是趁窑还很热的时候就把木柴全部放进窑里了。

木柴放好后就可以封窑口了。进空气的口和往里加柴的口是要留出来的。因为要从那里往窑里放柴薪让窑烧起来。所谓烧窑，烧的是边上的这些柴薪，而不是放在中间的要烧成炭的木头。这样一烧起来以后，中间的木头自然而然地就热起来了。木头中的水分变成水蒸气慢慢地就蒸发了。木头就变成炭了。所以，烧的时候，中间的木头是不会着火的。

这是很神奇的原理，我也不清楚到底是怎么回事。总觉得这个火门的地方燃着熊熊的烈火，但就是烧不到里面。在前面烧的柴薪会产生烟雾，这些烟雾会上升，然后从木头中间穿过。窑里边只有一点氧气。也许是因为空气的量少所以烧不起来。

但是，如果放置一段时间不管它，那些木头还是会烧起来的。比如把窑点燃以后，跑到别的地方玩一两个小时，火苗就会蔓延到中间立着的木头上去。所以烧窑的时候要一刻不停地往里面添柴薪。

如果只让窑口处的柴薪燃烧，那么放在中间的木头顶多也就是会变焦，不会烧起来的。窑口的柴薪能烧到的面积大概有一尺宽，纵向有四十厘米。也就是窑门周围那么大的面积。烧的时间长短跟炭窑面积的大小有很大关系。而且热窑的时候放和冷窑的时候放也不一样。就拿我儿子现在的炭窑来说吧，那个窑烧一次的产量是六十俵，差不多要烧四五天的样子。

至于烧的状态，最终的判断还是通过烟的味道。不是看烟的颜色，而是嗅味道。如果闻到酸味了，就把窑口的盖子盖上，把下边的两个进空气的口子打开，还有上边和中间各一个口，口很小，只有小拇指那么大。只要有一点空气进来，就能让里面热起来。因为立在窑里的木柴的水分都蒸发完了。烟呢，一开始并不是白色的或者蓝色的，因为开始都是热气，水蒸气。就好像是被太阳晒过以后，水汽蒸发那样。蒸发得很厉害。但是如果是被熏过的木头，再怎么晒太阳也不会蒸发了。就是那个蒸汽，是带酸味的。这时候也就是提取木醋液的时候了。我家的炭窑可以一直提取大约一周的时间。一般产量在三四十俵的炭窑估计能提取四天左右。

标准就是烟的颜色和味道。烟慢慢地会变成青蓝色。但是烟还没变成青蓝色，还是白色的时候，它的味道也会发生变化，酸味会消失。那种味道无法用言语来形容，没有多年的经验是体会不到的。

等到酸味没有了，木醋液差不多也就没了。接下来就转化成焦油了。这时候要赶紧把提取木醋液的桶拿掉，不然的话焦油就混进木醋液里了。随后，用一天一夜的时间，一点一点地把气口开大，让空气进去。这样一来，黑炭就慢慢地被通红的火焰包裹起来了。

从前大家不是都烧黑炭吗？那是烧到这个阶段的时候，不把开口打开，而是相反地把火灭掉，等到烟囱的烟变成青

出炭窑前要看火焰的情况。图中右侧是准备在下一窑使用的乌冈栎。

备长炭的烧炭师　父 汤上勇／子 汤上升

蓝色了，就可以出窑了。就这样等火灭掉，炭慢慢地凉下来以后呢，出来的就是黑炭了。

烧成像备长炭那样的白炭，要经过一个昼夜，让空气进去，火焰慢慢高涨，等到木柴被通红的火焰包裹起来以后就从窑里取出来，把火灭掉。

在烧成黑炭的时候让空气进去，让它们烧得通红，随后取出来，这就是白炭。这不光是乌冈栎这样的材料，就算是杂木，经过这样一烧之后也能成为白炭。

把窑口慢慢地开大，再经过一昼夜到两天的燃烧，就可以出窑了。烧这个是急不得的。如果在烧的过程中出现红色或者黄色的火焰就表示烧得太干了。青蓝色的火焰刚刚好。火焰在窑里旺盛地上升，当火焰变成青蓝色的时候就把窑口开到最大。这个时候炭的表皮开始脱落，就可以在适当的时候把它们都取出来，再往它们身上撒一层消灰，把火灭掉就可以了。消灰就是土和灰，什么土都行，只要不掺杂石头就行。把土里边的石头挑出去，不管是红土还是什么土，跟灰混合在一起就是消灰了。这灰在反复使用的过程中，就会变得松松散散的了。有时候也会往消灰里撒些水，但是如果撒多了炭会断，所以要适度。用消灰冷却后的炭就可以直接装袋和装箱后出货了。

通常，我儿子一次就要烧六十俵的炭，所以整个过程下来差不多要十五六天的时间。

一般我们到山上伐木是在封窑之后。盖好了窑口就不用管它了。老练的人甚至外出旅游个四五天都没问题。干我们这个的，今天辛苦多干点，明天给自己放一天假也是可以的。如果是公司职员的话，是必须按时上下班的。从这一点来看，我们的工作还是很自由的。不过，烧炭烧了这么多年，还没觉得它有什么有意思的地方。但我又没别的本事。

我们这一带的很多人都是靠烧炭为生的。以前也都是靠烧炭为生的。父亲从爷爷那儿学，爷爷也都是从他的爷爷那儿学来的。人们漫山遍野一座座山地转，简易的炭窑旁边盖一个小木屋……那也是其乐无穷啊。

判断炭的好坏，除了看形状，还要看它有没有裂缝。要烧出没有裂缝的炭，还是需要些技术的。像这种坚硬、有光泽、一敲还会火花四溅的，就是好炭，因为它硬。一般的黑炭用刀就能切断，备长炭要用金刚石刀具才可以。如果用普

等着放入窑里的乌冈栎木材码放得密密麻麻。根据长度和要放置的位置摆好，放进窑里的时候，细的一端要朝下。

通的钢锯，那锯齿就完蛋了。备长炭就是这么硬。

能不能烧出紧致的好炭，最关键的是在烧炭前的准备上，窑坑的底部是不是很平整，从窑顶到地面是不是干燥得很彻底，这些都准备好了以后就会达到很好的炭化程度。求快、着急都不行。

烧炭这事儿跟外边的气温完全无关，跟温度和湿度没有什么关系，因为都是在炭窑内部缓慢地进行着的。

烧炭这么多年，我还从没有过大的失误，也没有所谓的九十分或者不及格什么的，顶多就是有些浪费。因为已经习惯了，不会有什么太大的失误。

从窑里取出的炭温度高达一千二百度,从内部闪耀着火光。

现在我们这儿烧炭的这些人都烧得挺好的,只要不断地积累经验,即使数学不好的人一样可以烧得很好,相反,学习成绩很好的人还不一定能烧得好呢。如果是体质比较弱的人,很容易感冒的人,干这个可能有点困难。

我最不愿意在夏天烧炭了。一到夏天我就想:"我为什么干了这么个差事?"因为夏天干这个实在是太难受了,连体重都会减两贯(贯:日本传统度量衡"尺贯法"中的重量单位,1贯约合3.75公斤——编者注)。

有不懂的地方现在还是向父亲请教

您已经听我父亲说了吧。您问的那些内容我还答不太好。

怎么说呢，封窑口的时候，需要和一些消灰抹到窑口上去，如果晚五分钟，窑里的炭就有可能全部报废了。烧窑用的一般木柴燃尽以后，会有通红的灰烬。如果窑里的炭也都燃尽了的话，也会留下那样通红的灰烬。那可就太惨了。

我小的时候发生过一次那样的事情。我跟我那现已去世的祖母一起，祖母没在家，我又不知道该怎么办。我去叫她的时候已经晚了，烧出的炭只有一根是像样的，只一根这样的短炭。所以封窑口哪怕是五分钟都不能晚。那个是很微妙的。

封窑门，随着烧的时间，再渐渐地打开火口。我父亲说了吧，要看烟的颜色和气味。烟的味道是会变的。怎么说呢，不是苦的味道，是一股酸酸的味道，要等那个味道没了。不闻的话是无法体会的，我也不能用语言来形容。

我有特别不懂的地方就问我父亲，他就会叫我去闻闻。

炭的好坏完全取决于炭窑，最关键的就是炭窑底坑的整备。那也是凭感觉来判断的,无法量化。我从没有过什么大的失误。炭的好坏是取决于炭窑的底坑。

说得绝对一点,如果用线绳或者量尺测一下地面是否平整当然更好。因为炭窑的左右都是对称的,只要地面是平的就可以了。但毕竟还是受一些地形的影响,不可能那么绝对得平。我们这个窑,从前是稻田,是我和父亲一起填起来建了这个炭窑。

这些消灰是从前边那个炭窑那里拿过来的。是用红土和灰做的,红土根据地区,有的地方有很多呢。这个背后的河边,有很好的炭窑用的土。我们经常到那里去,让他们卖一些好土给我们。开三辆两吨重的车去,跟他们说"把这些都卖给我们吧"。

从前,人们都是在那儿一点一点地取,大家都知道那里的土好。后来有一个人拿着机器和翻斗车去偷了很多,打那以后管得就严了。

烧窑最开始的一周,放进柴火烧着之后并不用一直守在窑边。我会让我老婆帮忙烧火,我就上山去砍下一窑要用的树。烧的时候只要柴火一直烧着不断就可以了,所以没什么难的。最关键的就是后面的工序，盖上盖子，开小孔，让空气进到里边烧，最后出炭窑前开大口。那个时候是一定要守在窑边的。还有就是点火的日子一定不能错。就像刚才说过的，点火的时间五分钟都不能晚。如果晚了那五分钟，很有可能就全泡汤了。相反地，你觉得它已经燃起来了，提前了五分钟，有可能还没着起来呢。所以，要通过烟雾来判断。如果火没点着，就要开窑重新点。

一旦火点着了，就要烧一周。但不可能昼夜都不睡，所以就白天烧，晚上熄火休息。每天烧一个白天的话，就等于一天只用一半的时间烧。通宵烧的话，身体会吃不消。我不想那么起劲儿地干。熬三四天不睡觉，身体怎么能扛得住呢？毕竟这是要干一辈子的活儿。

点火之前，会一点一点地把消灰涂到窑上去。一点一点地。一旦把火点着了，就要封好所有的盖子。打开哪个封口要根据烧这个窑的人的做法，有的人开很小的口，也有的人开的口是只能放进两根八号的细铁丝，这都是根据个人的做法。我家的是位于下端的两个开口能放进三根手指，还有一个开口能放进一根手指。口子开得太大会让很多空气进去，木料会全部烧起来，同时还容易引发火灾。

这个窑的话，把炭取出去以后，下一次取炭就要到十六天以后了。

这次比预计的晚了一天，点火之后到明天是第九天了。正常算来，今天该是出炭的日子，但是因为下面的三角孔开得有点小了，所以晚了一天。谁知道火突然就着起来了，害得我赶紧去涂灰，如果换了涂法的话，又会给炭带来影响，所以就随它，先抹了再说。我以为还没着，谁知道它突然就着了，弄得我措手不及。

临近出炭，需要慢慢地打开孔的时候，我就会住在这里了。上好闹钟，每隔两个小时起来检查一次窑里的情况。从前看父亲烧窑，我还担心，到时候自己能不能起得来，真干了以后发现还是可以做到的。

爬起来检查的其实倒不是温度，而是看窑里火焰的颜色是不是蓝了。变蓝了就说明没有问题，如果变红了那可就糟了。那就白干了。

一旦有空气进去，火焰就会变红。变红的火焰不久变蓝了，这样的话是没有问题的，表示烧好了；如果一直是红的不变，说明还不行。

只一个小孔就可以改变这些状态。一个直径不到两厘米的小孔。每一次，当小孔被缓慢地打开，火焰都会立刻跑到这边来。火焰是向着前方的。所以，出窑之前，这里会是熊熊的火焰。

当火点着，火焰高涨的时候，我们称这种状态是"暴风雨"。我不知道"暴风雨"这个表达是怎么来的，以前也从没听说过。只知道，当把小孔稍稍打开以后，红红的火焰没有发生任何变化，就表示还不到火候。应该是，当小孔打开的一刹那，火焰"呼"地一瞬间变红就对了。

我们说的蓝色火焰，又是稍稍泛着白的。特别蓝，甚至接近紫色，又近乎透明，就像极光一样。我虽然没去过南极，但是在这儿看到的火焰就如同极光一般，已经知足了。

另外，还有烟。烟要越来越少才对。冒烟，说明有的木柴还没有完全被烧成炭，有些地方还没有烧透，所以才会生烟。也许是下面的木柴没烧透。这是大家凭空想象的，因为根本无法进行确认。没有人进到正在燃烧着的炭窑的里边看过。有人建议把天窗做成玻璃的，觉得是不是天窗透明了就

知道里面什么样儿了,可就算是换成玻璃天窗,窑里也都是烟,哪儿能看得见呀。(笑)

真想进到里边去看看。不是有的炭烧不好吗?我想进去看看是哪里被烧坏了。有人说可能木柴碰到窑壁上的泥土就烧不好了。但是,要真是那样的话,烧坏的炭应该会更多吧。

这个炭窑的外部很耐用,但里边的窑壁两三年需要抹刷一次,我已经抹刷过两次了。刷的时候要把旧的墙壁铲掉再刷新的,因为很容易坏。表面一烂就需要马上抹刷。窑的外部不那么容易坏。砌窑用的这些石头,有些是从专门卖石头的店买来的,有些是捡来的。砌石头墙不是什么难事。

我父亲从前很会砌石头墙。

以前我曾经在这个下边借过一块地建过一个炭窑。你看我们的窑坑,底部都铺着鹅卵石,为的是下大雨的时候可以让雨水渗走,否则的话,如果下雨的时候窑口正好开着,那雨水进到窑内,会像温泉一样冒出热水来。

所以,如果是容易积水的地方,为了不让水进来,就要在窑的底部铺满鹅卵石进行引水。

比如我们这个窑,先把后边挖空了,再把下面挖空,然后铺上鹅卵石,这样就不用担心渗水了。

这个窑从外面看起来很大,可其实窑坑的部分还不到整个窑的一半。之所以看起来这么大,可能是因为窑壁垒得太厚了,从前窑壁的边缘都是用瓦来垒的,我们这个用了瓦和石头的混合。现在流行用瓦来垒炭窑,用一些旧的瓦。所以,炭窑基本上全是用泥土做成的。

盖炭窑要消耗大量的泥土。两吨的车也要好几车呢吧。而且土要越干越好,太湿的土不行。干土一经敲打后会更加紧实。盖一个炭窑,两吨的车大概要五六十车的土吧。除了土,里面用的石头不需要什么大块的那种,就是河边常见的那种稍微长一点的就很好。用瓦是最容易盖起来的。最近,很多人都用瓦来砌窑的内侧了,因为瓦容易砌上去。如果内侧的四周用土砌的话,还要好好拍打结实。如果是瓦的话,很容易砌上去,而且还耐热。盖炭窑,每家都有各自的功夫。

在窑的最里面有一个开着的小孔吧。那是"火孔"。宽三十厘米,高十厘米左右。

现代的烧炭师

夏天的时候,我还有其他的工作,算是烧炭的副业吧。是在山上植树或者修整树林。山是父亲的,现在还不是我的。

面积大概有十二公顷。我会在夏天的时候修整树林,没有杉树,只有扁柏。砍伐枝干什么的,本来三月份是最好的。夏天就当是休息,过去看看。

烧炭师的年收入和公司职员差不多,比村里的公务员和在农协上班的人稍好一些。最好的地方在于有可以自由支配的时间。高中毕业的时候,村政府也想让我去那里工作的,但我一坐在办公桌前就不行,所以拒绝了。

在中津,有不少年轻人继承家业烧炭的。二十来岁的就有好几个,大概五个吧。三十几岁的也有三四个。可是南部川那边,就全是爷爷辈的在做了。他们那边还有不少人种梅子。

有的人不想到城里去工作,就留在这儿烧炭,也有的人出去了又回来,当然也有出去了一直没回来的。烧炭这事,无论大小,一般都是因为父辈是做这个的,自己才会做,家里没人干这个,自己贸然开始干的几乎没有。

汤上家的炭窑全景。右侧的烟囱是萃取木醋液用的。

备长炭的烧炭师　父 汤上勇／子 汤上升

我们这儿有个保存会，算是中津的事务所吧，联系地址设在村公所的林政课。年长的、年少的都在一起的保存会。大家会互相帮忙。冬天还好，夏天的时候大家都会相互帮帮忙，因为出窑的时候热得让人受不了。

平时一般是早上出窑，八点钟开始出，晚上十点左右就差不多干完了。然后第二天早上再把新的木柴往窑里放。从前，出完窑两三个小时以后就往里放了，也就是火刚一灭就放新的木柴进去，因为这样可以省点烧炭用的柴火。

烧炭用的木头是要自己去砍的。有两天的时间基本上就够了，砍够烧一窑的木材的量。砍回来以后还要把树弄直，就是我们叫"木造"的环节，所有这些准备工作，差不多两个人用三天吧。所以前期的准备工作还是挺花费时间的。

当然，一边烧火一边准备也是可以的。虽然感觉上烧窑是需要一直守在旁边的，但也不需要天天贴着看火孔。等烧得差不多了，就不能离开窑太远了。所以，干活快的人能节省出三四天的时间呢。如果想去旅游的话都是可以的。所以很多人就因为这个选择了烧炭。（笑）

我们当初盖这个大窑，就是想即使烧炭的时候也能有自己的时间。另外，我也想尽量机械化，于是就把炭窑设计成了可以用铲车的规模。

跟从前相比，烧炭的方式已经发生了很大的变化。

我父亲当年不是固定在一个地方烧，而是满山转，一直到我上高中。那时候，虽说是进山去烧炭，其实也只是山边路旁的地方，就在那里盖一个小房子，离家也并不远。也不在房子里住，每天从家里去那里。

从前没有汽车，大家都是这样来烧炭的。就在前不久，我还遇到一对父子，为了烧炭建了一个小房子，孩子就从小房子直接去上学。现在已经基本上看不到这样的情况了。

我大儿子说他会继承我们这个家业，谁知道呢。小儿子说想当木匠。大儿子以后会怎样我也不知道，因为时代在不停地变啊！我不会勉强他们去做。如果他们想做，那就做好了。

（1998年4月11日访谈）

（王颖颖译）

拾 从「师傅」到「老板」的时代

茅草屋顶匠人 熊谷贞好

(1934年9月6日生)

导语

打开宫城县太平洋沿岸附近的地图，你会发现北上川有两个入海口。一个流经石卷市，汇入石卷湾；另一个在牡鹿半岛的北侧，流经北上町和河北町之间，汇入迫波湾。从石卷入海的那条江叫"旧北上川"，从前曾肩负着北上川的船运使命。从江户时期（1603—1867年，德川幕府统治时期，日本封建统治的最后一个时代）伊达藩政时代开始，政府一直致力于治水、新土地的开发，以及水运的发展，因此，从石卷入海的这条水路曾经备受重视。但是到了昭和初期，由于从迫波湾入海的迫波河与北上川连上了，所以这边就演变成了北上川的主流。

虽说是主流的河口，但是由于铁路和公路的开发渐盛，这里便被忽视了，因此北上町的河流沿岸仍是一派落寂的景象。从入海口附近开始，有大约十公里都是一望无际的芦苇荡。

这一带非但没有高楼大厦和现代化的建筑，就连民宅都很少见得到，但是，却有着很壮观的风景。清晨，太阳在芦苇荡对面升起，傍晚又在芦苇荡中落下。夏季是郁郁葱葱的，冬季放眼望去又是延绵不断的一片枯黄，秋季里银色的芦花随风摇曳，形成了一幅难得一见的日本田园风景画。这片广袤的芦苇荡正是由全长约两百公里的北上川所带来的营养丰富的土壤和肥料孕育出来的。

仔细看，会发现芦苇荡中还有几条水路贯穿其间。据说那些都是原先村落的痕迹。由于河床改道，原先的水田和村落，经过时代的变迁，都演变成了今天的芦苇荡。

熊谷的家要从入海口往上游走大约三公里，就在一个叫釜谷崎的地方。从北上川主流的河堤走下去，就能看见熊谷家茅屋顶和石板屋顶的住宅和他的作坊了。他的家和田地原来就在如今的芦苇荡里，现在的住所是后来移居过来的。关于这部分内容，在正文中还会详述。

一望无际的芦苇，正是茅草屋顶、纳凉帘以及苇席的原材料。

茅草屋顶的房子越来越稀少，纳凉帘也是以低廉的价格从中国大量进口的，在这样的时代，这片芦苇失去了它的作用，变得很荒芜。熊谷他们的工作主要是制作茅草屋顶的草材，他手下还有几个工匠，他们承担着茅屋顶以及古建屋顶的复原和修补工作。熊谷告诉我，"生长在靠近大海、咸淡水混合水域内的芦苇质地密实，比生长在淡水域的芦苇更受欢迎"。

芦苇这个天然的材料取之不尽，可以对其尽可能地精挑细选。没有比它更结实的了。虽然大家都说这一切都是北上川所赐，但实际上，并不是完全放任不管就能长出优质的芦苇来的。

想要优质的芦苇，需要从前一年就着手准备，或割掉，或烧掉。否则的话，第二年芦苇是不可能长好的。长在山里的茅草也是同样。

河流的状态也跟从前不一样了。由于护岸工程的建设，山雨汇入河流的时间提前了，各种洗涤剂的流入，水质的污染，都对生长在河口附近的芦苇造成了影响。熊谷常年伴随着河畔的芦苇一起生活，喜欢捕捞鲑鱼和蚬贝。他给我讲述了关于芦苇荡的保护、传统产业中的师徒传承等他目前所面临的问题。

熊谷贞好口述

以前主要是提供屋顶的材料

我的工作现在已经比较少见了，主要是建造茅草屋顶，同时也提供建造茅草屋顶所用的芦苇和茅草。能从事这项工作，也是因为我出生和成长在北上川河口一带。

你一看就会知道，我们这一带的自然还保存着原本的模样。居然现在还能看到这样的地方，你一定会对此感到吃惊。

这应该是托了交通不便的福了。我觉得自己能生活在这里是一件非常幸运的事。从前，这样的风景随处可见，是大自然中最平凡不过的。无论是霞之浦，还是琵琶湖，到处都能看到类似的风景。然而，由于人工开发，那些地方的风景已经不再是从前的模样了。大自然就是这样，一旦被破坏了，就很难再恢复到从前了。如今，滋贺县也颁布了奖励条例，都在争取努力留住河口附近的芦苇景观，但要想恢复到从前还是很不容易呀。

现在，建造屋顶的工作已经成为我们的主业了。以前我们是专门供应屋顶材料的。因为材料应有尽有，只要把芦苇割下来就可以了。这个工作不仅我在做，这里几乎家家都在做。

虽然芦苇到处都是，但收割芦苇的作业还是非常辛苦的。因为我们这里就在河口，离海很近，干活的时候要掌握好涨潮和退潮的时间。退潮的时候就比较便于收割作业。我们这里和其他地区的芦苇荡有些不同。这一带的芦苇之所以长得这么好，正是因为它们是生长在盐水和淡水的混合地带。

因为离海很近，淡水和海水不断地交融，所以材料会变得坚硬结实。这里的材料跟茨城县古河那边的，以及栃木县藤冈那边所产的芦苇完全不一样。作为铺设屋顶的材料，这种又细又硬的芦苇是最好的。关西地区管这种芦苇叫作"滨苇"，用过的人都说好，因为能保持很长时间。

我们家的房子用的就是茅草屋顶，我们移居到这里已经有八十年了。现在看到的这片芦苇荡，以前都是农田，因为河川改造才变了模样。那是在大正年间我祖父那个时代的事了，当时主管河川改造的还叫内务省呢。

当时北上川的河面要窄很多，从石卷那边汇入大海。这边的这条河还只是一条很小的河流，现在已经和石卷一样，成了北上川的两个入海口之一。

以前,经常是北上川一泛滥,涌谷町就要遭受灾害,但是这一带是大片的良田。所以政府就开始了河川改造,把这里的田地破坏了,河床拓宽了,还新挖了河流。

要新挖成河川的地方原本有一个村落,我家原来就住在那里。现在的这个地方以前是片洼地,就像沼泽地一样。当时在无奈之下,我们卖掉了原来的土地迁居到了这里。真的是做出了很大的牺牲。

我家的旧宅所在的地方,如今已经是这片芦苇荡的一部分了。因为有这么多取之不尽的芦苇,所以住在周围的人家也和我家一样,以前都从事材料供给,当时有五六家,现在只剩下三家了。

这片芦苇荡到底有多大?真的是难以计算。因为从河口到上游地带,一望无际,都是。由于芦苇太多了,所以到了春天还收割不完呢。

很多人都不知道还有这样一个地方,生长着这么多的芦苇。乍一听,很多人都会不相信,但如果亲自来这里看一看,一定会感到惊讶。

熊谷家的茅屋顶。屋子冬暖夏凉。

芦苇荡也需要养护

如果开车来的话,我建议你驾车在河堤的两侧走走看看。不光是这一侧,河流的对面也可以走走。这片芦苇荡实在是太大太美了,绵延十几公里。

虽然是如此广阔的芦苇荡,但是,如果想让它们健康地生长，也还是需要人来进行精心养护的。前一年没有收割的地方，需要用火焚烧干净。这样才能确保芦苇在第二年发出新芽，顺利地成长。不然的话，芦苇也会慢慢地衰弱，甚至死掉。

但是，因为芦苇会吸收大量的水分，自然生长的状态下不易点燃，所以，还是尽可能地把它们都收割下来，才能保证来年芦苇的质量。不管用还是不用，都要把它们割下来。

说是要都割下来，可是面积实在是太大了，要全部都割的话需要很多的费用，所以很难做到。但是，从去年开始，因为我们这里入选了"全国声音风景百选"（1996年，在日本环境厅的倡议下，日本在全国各地公募当地代表性的环境标志，并将其保存，作为传递给未来的"有声音的环境"，即"音风景"。该标志由"日本音风景研讨会"选定审查，将一百处地区作为声音环境进行认证，在保存上有着特殊的意义），所以每年能够从建设部以预算的形式得到一笔焚烧芦苇的经费，于是，这项工作终于有了进展。组织部门也对这项工作抓得非常细致，跟以前相比，芦苇荡干净多了。一眼望过去，每年收割的地方和没有收割的地方一看就知道。

容易割的地方，早已经被人割走用于铺设屋顶的材料了。

谁都不去割的地方，就只能用经费来收割并焚烧了。

芦苇荡的收割权都是大致划分过的，比如，这片是我家的收割场，那片是别人的。

我刚才讲过，这一带原本是因河川改造而被国家收购的土地，收割权就是政府向原本居住在这一带的居民支付的补偿。大致就是居住在某某地区的居民占用这一块儿，其他人占用那一块儿的意思。而我们这些原本就居住在这一带的老居民具有优先选择权。所以，外来的人很难获得收割和经营的许可权。

最近，"芦苇"似乎成了个热门词汇，被传得沸沸扬扬。为什么呢？因为科学研究证明，芦苇的生长有利于环境的保护。人们开始重新审视芦苇的重要性了。自然界中的芦苇和茭白在净化水质方面的表现无与伦比。

据说，滋贺县琵琶湖的水质污染了，除家庭排水等污染源的存在之外，芦苇荡的消失也是一个重要的原因。现在，为保存芦苇生长，滋贺县已经颁布了县条例。筑波大学的研究也发现，芦苇对水质净化能够起到很大的作用。

但是，不能说有了芦苇荡就万事大吉了。如果不好好收割,妥善处置的话,芦苇造成的不良影响也不亚于污水排放。芦苇在焚烧时,火势很大,一点不亚于关东地区的古河及藤冈的焚烧规模。

从前,这一带的芦苇根本不需要焚烧,因为都被居民取用了。芦苇常常被收割得一根不剩,可见需求有多么旺盛,甚至是供不应求。因为除了铺设屋顶以外,还会用它来做墙底子、砌土墙以及做遮挡阳光的帘子等,这些都是用它当材料。现在,苇帘百分之九十九都是进口的,几乎都来自中国。家居中心在卖的,都打着"天津苇帘"的牌子。因为从中国进口的苇帘有这么多,日本国产的就越来越少了。因为实在是不赚钱,还费工夫。

因为进口商品便宜得多,所以,这一带芦苇的用量已经越来越少了。现在,每年的收割量连整体的一半都不到。

对于屋顶工匠而言幸运的事

对我们屋顶工匠来说,拥有取之不尽的原料,无疑是一件非常幸运的事。在屋顶施工行业中,像我们这样,自家就能凑齐所有原料的是非常少见的。用自己采集来的原材料干活，可以充满自信地说这次的活儿干得好还是不好。如果用的是从别处买来的材料，而材料本身又有明显的优劣之差，那么光是对材料一项就很难抱有信心。所以说，如果原料不充足的话，很难清楚地判断施工水平的好坏。对手艺人来说，比起技术，更重要的是要有好的原料，技术是第二位的。我总是开玩笑地说，只要原料好，技术差点儿也没什么。事实上也的确如此。（笑）

因为有这么多的芦苇，所以除了自己使用以外，我们还提供大量的原料给别人。客户只要告诉我们需要多少的量，随时都可以提供。所以，为了随时满足客户对原料和草屋顶施工的需求，我们一直尽量备好充足的库存。当然，这也是有限度的，毕竟芦苇需要占用很大的空间，而且容易引发火灾。

收割芦苇是冬天的工作。一般从十一月末到十二月开始收割，也要根据具体情况，每年开始收割的时间多少会有些变化。叶子落了就可以收割了，一直会持续到第二年的三月底。

收割必须等到芦苇的叶子落了以后，不能在芦苇还青的时候就开始收割。必须要等到营养完全积聚到茎干当中，那时叶子就落光了，就可以开始收割了。

从前，收割的时候都是用镰刀，现在使用改进过的机械，大大提高了工作效率。

茅屋顶曾是最便宜的屋顶

现在，一说到茅草屋顶，大家可能马上就会联想到古建，或者是从前地主的家，感觉是很昂贵的屋顶。而实际上，在以前，没有比茅草屋顶更便宜的了。为什么这么说呢？因为，以前在修建茅草屋顶的时候，主人家只需要请一两名工匠来干活，支付一两人的报酬就可以了。剩下的都靠村民互助，大家一起去割芦苇，今年为这家盖，明年为那家盖，施工都是大家一起协作完成的，所以非常便宜。以前，每个村子几乎都有自己的茅草场，会按顺序先后收割。

我们当地以前也是这种村民互助的形式。一般没有人会特意请屋顶师傅来做。因为那个时代都是大家一起互相帮助的，大家都不花钱，都是通过"换工协助劳动"的形式来完成。

茅屋顶虽说只能维持二三十年,但茅草和芦苇这些原料随处可见,只要大家一起动手,很快就可以换一个新的屋顶。维修起来也很方便,只须把烂掉的地方或损坏的地方换上新的茅草就可以了。只是局部维修,无须整体替换就能保持很长时间。这样说来,没有什么屋顶能比它更方便了。

如今,除了人工费大幅度上涨外,互助协作的形式也没有了,在很多地方,连茅场也逐渐消失了。现在已经再也没有居民共享的茅场,以及通过互助的形式修复屋顶的地方了。白川乡（位于日本岐阜县,因其茅草屋顶的合掌造型建筑群成为世界遗产——编者注）虽然还在通过志愿者的形式开展这项工作,但充其量是为了渲染当地的节日气氛而采取的一种宣传手段。

从前管这种用茅草材料铺设屋顶的工匠叫"茅手",现在这样的匠人也越来越少了。所以全国各地都找我们干活。现在我们在神户干活,接下来马上就要去四国了。因为我们这里冬天很冷,没办法干活,所以冬天就选择去温暖的南方。等到南方暑热的时候就再回到北方。

以前,屋顶工匠都是短期工作,其他时间用来农业劳动。

去年，我通过文化厅查询了一下屋顶工匠的名单，现在大约还有一千八百名左右。听起来好像挺多，但实际上这些人大多已届高龄，无法工作了，不过是登了个名字而已。这也是这一行业所面临的严酷现实。

屋顶工匠干活的时候使用的工具非常简单。所以说，只要想干，谁都可以。但是说归说，真干起来也很不简单。不像木匠，要拿着墨盒画好记号再做。屋顶匠人需要依靠目测的感觉来铺设。要从下到上反着铺，把茅草撺起来，最后形成那么完美的形状。

今年（1998年）三月，我们在岩手县铺了一间很大的屋顶，就是水泽的正法寺的茅草屋顶。工作是从三月中旬开始的，当时还有很多积雪呢，我们用了大约一周的时间，因为委托方要求我们在三月底之前完工。那个屋顶的面积很大，大概有二百多坪（面积单位，1坪约合3.36平方米）。寺院正殿的屋顶更大，大约有三百坪，号称日本最大的茅屋顶。等我们干完那个屋顶，就能自豪地说我们铺设了日本最大的茅草屋顶。能参加如此大规模的茅屋顶的修缮，真是一件幸运的事。

铺茅屋顶的"茅手"们。

做屋顶的原材料有很多种

这里把"芦苇"叫作"茅草"。实际上,学名应该叫"芦苇"。铺到屋顶上以后,无论是芦苇还是茅草都统称为"茅草"。大家都说"茅屋顶""茅草屋顶",没人说"芦苇屋顶"。

但实际上,"茅草"指的是生长在山里的一种叫"芒草"的植物,这种芒草到处可见。整体来看,所谓的"茅草屋顶"中百分之八十以上都是用这种芒草铺设的,因为芦苇只生长在有限的地区。

芒草和芦苇的区别还是很大的。首先,长度就不一样,另外,把它们铺到屋顶之后,能够保持的时间也有很大差异,芦苇屋顶保持的时间要长得多。

在大多数地方,所谓的"茅场"通常指的是长满芒草的原野。"草屋顶"是把芒草和芦苇统称为"茅草"了。也叫"茅屋顶"。两者的铺设方法完全相同。不过,在不同的地区,屋顶的形状会稍有差异。

我们管芦苇的根部叫"本",头上的部分叫"里"。各地的叫法都一样。

用山里的茅草铺设屋顶的匠人，用起芦苇来却很难上手，即便是专业的工匠也是如此。这是因为芦苇太滑了，没有叶子。因为要等叶子落光后才能开始收割。

使用芒草一般不会把叶子去掉。通常都是带着叶子用的。把叶子去掉后再铺屋顶会更结实。我那里就有去除了叶子的芒草，用这种芒草会非常结实，因为是最好的芒草。

这些芒草的叶子都已经去掉了。只要去除了叶子，山里的茅草也跟芦苇一样强韧。但是去除叶片这道工序实在是太费工夫了。

茅草和芦苇的区别是什么呢？茅草的茎秆中有芯，像海绵一样能够吸水。但是干燥以后很容易折断。而芦苇的茎秆是空的，干燥快。因为茎秆中间自成空间，通风好，不会存留水分，能够迅速干燥。同时也便于空气的进入，经常保持干燥。

这是去年收割的茅草。放置一段时间后就会变成这种漂亮的颜色。你可以摸摸看，感觉完全不同，脆生生的。所以说，这些原料必须要放置在干燥的环境中保存。

我们的保存方法就是像这样把原料放置在台子上，下面保持通风状态。一打开门,风就能从下方吹进来。

这边是从山里采集回来以后保存起来的茅草。直接就可以去铺设屋顶了。

白川乡以及别的一些地方都是用这种茅草来铺设屋顶的。一般都不去除叶子,带着叶子使用。也正因为带着叶子使用,所以腐烂得比较快。但是一般情况下都是用这种茅草。

一般的民宅,如果用山里的茅草铺设,一般都用这种茅草。但如果是作为文物来修复的话,会被要求使用与以前相同的原料,所以我们也会准备那样的原料。

有时候,因为材料的使用,我们和文化厅的官员会发生争执,但是争执也没用,你说这种不结实、不好,人家也不会听你的意见。所以赶紧答应了就是了。可能文物修复就是这种规矩吧!

芒草很细,芦苇中也有很细的。长在淡水地带的芦苇,有的长得很长,还有的粗如拇指一般。有人第一次见到长达三米左右的芦苇,不禁会问:"长这么长得需要几年时间啊?"(笑)很难想象它竟然一年就能长这么高。

晾干以后,保存大约一年时间,芦苇不但颜色会变得很漂亮，还会变得更坚硬，表面变得更加有光泽。京都一带夏季常用的苇帘凉窗和屏风就是用这种放置了几年的芦苇加工制作的，非常地漂亮。芦苇是越细越好，这么说您会觉得意外吧？因为好坏要看规定面积内使用的根数多少。用粗芦苇的话，同样的面积大概十根左右就够了，可是如果是细的，可能要二十根，编得密密的，这样的屋顶才能长久地使用。

在栃木和其他一些地方，可能只有这种比较粗的芦苇。

渡濑水库一带的芦苇是长在淡水环境里的，那里的芦苇普遍都长得很长，很多都会长达四米。所以很少用它来铺设屋顶，而是用来编苇席或苇帘。如果不够粗壮，收割起来长度就不够，不过那种芦苇剥掉外皮之后也是很漂亮的。那里很少有像我们这里的这种细细的芦苇。我们这种芦苇叫"沙地芦苇"。还有一种材料，叫"麻壳"，就是麻的外皮。这种材料也用作屋顶的修缮，一般用来粉饰屋顶。像岩手等曾经盛产麻的地区，把它用作屋顶周边承接雨水的装饰。一说到文物修复，从前用什么材料修复的时候还要用什么，所以我们都会备好的。

这是我们制作的苇帘。跟中国制造的一比，质量还是很

北上川的芦苇收割。用于铺设屋顶的一级原料叫"沙地芦苇"。

好的。但是尽管如此,我们的产品还是不好卖,实在是没办法。这种费时又费工制作出来的产品,因为价格比较高,所以不太受欢迎。人们最多只会说:"有点太贵了!"

屋顶的芦苇也是有生命的

你看到了吧,从河滩边收割下来的芦苇都埋在雪底下了。芦苇是不怕寒冷的。冷水也根本渗不到茎秆里面去,很干燥。

我们这儿，像今年这样下这么大的雪还是很少见的。

一般情况下，芦苇在收割之后，人们会像收割稻子一样把它们捆好后竖着立在地里。之后再把捆好、晾干的芦苇运到厂房里来储藏。准备工作还是很多的。

根据要施工的屋顶，我们会进行原料的处理，有的需要把材料切短。另外，修补时用什么样的材料，做新屋顶时需要什么样的材料，还是要根据屋顶的情况来具体区分和选择。

芦苇的顶部，长着种子的部分也是可以用的。那是芦花，是芦苇结籽的地方。每年的五月，快要进入梅雨季节的时候，芦苇顶端的穗会长出青色的嫩芽，那里就是日后开花结籽的地方。铺设屋顶的时候，这部分也是可以用的。人家看到以后会说："这材料真不错！"因为如果芦花的部分完好的话，说明原料一定是最好的。

我们屋顶工匠只要一看这家的屋顶，就能大体上判断出主人家的经济情况。经济状况不是很好的人家——这么说可能不太妥当——没钱的人家一般是用麦秸秆铺设屋顶；普通的人家用山里的茅草；经济上比较富裕的人家多是选择优质的芦苇来铺设屋顶。屋顶工匠在休息聊天的时候——当然不会当着主人家的面啦——都会评论说,"这家用的材料很好,应该是比较富裕",或者"那家用的材料不怎么样",等等。这些情况一看就知道了。

这些就是从北上川河滩上收回来的芦苇。长度有三米多吧。还有比这个更长的。

材料的好坏要看它的用途。这些可以用来做砌墙的原料或者编苇席,因为它们又长又清爽。这些直径一米左右的材料用来编织苇席是很好的原料。而用于屋顶的材料,还是刚才那种细细的最适合,越细越硬的越好。

铺设屋顶的费用不是简单地以用了多少芦苇来计算的。现在一般都是用一平方米多少钱的"包工制"算法,如果使用比较好的材料,就要按"材料费多少、人工费多少"来计算。很少有人会说花多少都无所谓。

以前的方法比较简单。民宅的主人在委托工匠施工的时候一般会说:"请帮我做个屋顶。这边有破损了,拜托了!"于是施工方就报价,"大概需要这么多钱",委托方回答说,"好的,就这么办吧"。现在完全不同了,一般是由施工方先提交报价单,委托方也会要求施工方在一定的金额范围内完成。当然，委托方也会询问"一平方米需要多少钱"。但实际上这个真的很难讲。因为要根据铺的厚度、具体地点、好不好施工等诸多因素来决定。但还是有基础数据的，一坪或一平方米多少钱这样的收费标准还是有的。

使用的芦苇是有数的，问题是要铺多厚。确定了厚度，大概需要多少芦苇也就好计算了。

大概是五年前的事了吧。当时，大林组建设公司承接了岩手县毛越寺的修缮工作。大林组公司的估算科能计算出整个工程所需的费用。我到估算科去，告诉他们所需茅草的数量。估算科的负责人对我说："按铺设的厚度计算，应该只需要这么多就可以了吧。"我跟他说："可是，茅草材料和木材是不一样的。因为芦苇不能用的部分比较多，比如这些是能用的，这些是要废掉的，这样的话怎么计算呢？"他们说："那就按照一定的比例增加预算吧。"用这种草类植物建造屋顶，一经梳理可能会减掉很多呢，但是大多数人并不了解这一点。大家把茅草和芦苇也当工厂出产的工业化产品一样考虑，把它们当木材、屋顶铜板和瓦片一样考虑。但实际上并不是这样。

从前人们还在家里用灶火做饭取暖的时代，茅屋顶可以保持很长时间。连接茅草和房柱的草绳因为整天烟熏火燎会变得坚硬结实，那时候都是用草绳来捆绑的。灶火不但能带来煤烟，最主要的是有利于干燥。

茅屋顶也是有生命的。你把它捆得太紧了就无法保持长久，它也需要像自然界中的生物一样，不断地呼吸空气，这样的屋顶才能保持长久的寿命。

虽然茅草从被收割的那一刻起就已经不再是活着的了，但说得极端点，它和活着的生物并没什么两样。

因为木结构的房屋一直都在不停地吸进又排出空气，所以才能保持长达几百年的寿命。相比之下，钢筋混凝土的建筑能保持多久呢？这种建筑刚刚问世的时候，人们觉得这样的建筑一定会结实耐久。但事实并非如此。从耐久性上来说，木造的住宅一样是能够延续好几代的。

如今，在民间还能看到的茅屋顶的房子几乎都是从前的地主家的宅子。一般的地方已经很难见到了。因为施行农地解放运动，所以，地主之类拥有资产的人家大多也失去了财产。靠一般工资收入的人家是根本无法负担得起茅屋顶的维护管理费用的，能够维持下来的人家大多是有其他收入的。

如今，靠普通工资收入已经无法维持茅屋顶所需要的高昂费用了。除非政府和财政给予支持让它们保留下来，这是最好的做法了。如果不这样做，茅屋顶根本无法保存下去。这其中既有材料的问题，也有工时费较高及工匠较少的问题，另外还有消防安全方面的原因。那些幸存下来的茅屋顶，今后要继续保存的话，仅仅靠个人的力量是非常困难的。不过，只要自己肯出点力气，茅屋顶的造价也还是可以便宜一些的。比如，最经济的做法就是自己去收割来干枯的芦苇，在自己家里晾晒好，自己做好准备工作和木工活儿什么的，然后只请工匠来修建屋顶，这样下来是能在很大程度上节约成本的，其实从前大家就是这么做的。如果把所有的事都委托出去，那造价肯定就会很高了。

另外，如果是等到出现了很大程度的破损才修理的话，那一定很费钱。在损伤还不那么严重的时候进行修缮，不但可以避免损伤继续扩大，还能节约不少费用呢。

虽说茅屋顶在遇到火灾的时候是非常可怕的，但那么多延续了几百年的茅草顶的房子不都很好地保存下来了吗？只要小心一点,其实完全不必那么紧张。好好打理的话,哪怕是稍微溅上一点火星也不见得就燃烧起来。但如果房间乱糟糟的,再加上屋顶破损,那就很容易一点就着了。附近那些在屋顶上铺了白铁皮的人家,后来很多都后悔了。因为在茅屋顶上加装白铁皮以后,给铁皮喷漆是一件非常麻烦的事。所以我说,与其自找麻烦,还不如保留茅屋顶,那样维护管理费可能还会更便宜些呢。即便是用瓦来铺设屋顶,使用年限和茅屋顶也并无太大的差别。这一带的民宅从前大多都是茅草屋顶。

这附近山的后边就是天然石棉瓦的产地,所以这一带石棉瓦的屋顶也比较常见。因为材料是现成的,又能请到工匠,所以有人才建造了石棉瓦的屋顶。现在已经算是很高级的建筑了。

屋顶铺设铜板也一样会出现损坏。尤其是因为铜板很薄,如果房子附近生长着大树,那就更危险了。如果掉落下来的枯树枝在铜板上砸出小洞来,说不准什么地方就开始漏雨了。而且,在东北地区的雪国您还会发现,由于总有雪从房顶上滑落下去,铜板受到磨损就会变薄,很多人家都不用铜板屋顶了。所以说，没有一劳永逸的屋顶，时常维护才是正确的保存之道。其实手巧的人是根本不需要委托工匠的，自己就可以维修了。

茅屋顶的坡度

这是我以前承接过的修复绳纹时代（公元前12000—公元前300年，日本考古学上的时代划分，指制作使用绳文陶器的时代）老房子的照片。

从前铺茅屋顶一般不会铺得特别整齐，工匠们的工艺和手法要粗糙一些。如今你要说让我修得粗糙一点我还真做不到。（笑）干活嘛，就要干得漂亮。

骨架是用杂木来搭建，然后用藤蔓来缠绕的。现在的民宅早已经不再使用藤蔓了。但因为是复原时代的古老住宅，所以就要用藤蔓，因为设计图是这么规定的。

茅屋顶的坡度一般是四十五度，也就是说前进一尺就要升高一尺。这么大的坡度，其实是有利于屋顶的长期使用的。越陡越好，因为雨水可以顺利地流下去。白川乡的茅屋顶坡度就很陡，所以即使是没什么经验的外行人来施工也一定不会有问题。坡度小的话不利于保存。一般来说，这种四十五度的坡度在茅屋顶中是比较常见的。

在多雪的地区，有的茅屋顶坡度甚至更陡。这是为了让屋顶上不存雪。从前的人不是靠的什么科学理论，而完全是顺应着大自然来生活的。如果放在现在的话，人们可能会考虑更多的因素，或者通过科学的计算得出结论。

这是屋顶内侧的图片，正在拆呢。能看到吧，当时椽子用的是竹子。那个时代有用竹子的，除竹子之外，杂木和其他的材料也会用到。人们会在当地挑选最好的和最容易用的材料使用。能看到椽子上铺设了细竹竿吧，在竹竿的上边又铺设了苇席。也有的地区不铺苇席，而是用密密的细竹竿来代替。

用竹竿分割出格子，把铺设在最下边一层的芦苇用草绳固定在上面。绳结的打法非常简单，就是用脚踩着用力一拉一拉的就能扎得很紧了。这种绳结的打法我也不知道叫什么，大家都是这样打，没有具体的名称。（笑）

一般无论到哪儿都是用草绳来捆绑固定。白川乡稍有不同。那里用的不是绳子,用的是一种叫"金缕梅"的杂树,把它的枝条敲软以后用它来捆绑,也非常结实。以前人们的智慧真是非常伟大。

金缕梅就是那里的一种杂树。我做给你看。用木槌敲打它,让它的纤维松弛,然后就可以用它代替绳子来绑了。要这样,可以绑得很紧。因为用的是活木,所以等它干了以后就会变得非常结实了。

茅草的厚度

茅屋顶在拆散维修时,一般都要测量茅草的厚度。经过一段时间的使用后,屋顶的茅草厚度都会减少。照片上的这个大概有六十把吧,那么原本的厚度应该在六十五把到七十五把。

茅屋顶随着时间流逝也会出现腐烂现象。而且,这种腐烂不是小规模的,大多是大面积的腐烂。

铺设的时候是让根部朝下,切割口露在表面,照这样一捆捆地铺设下去。

为了避免上面的厚度过大而导致倾斜度不够，所以茅草要用不同长度，也就是有长有短来进行调整。因此，需要准备长度不同的材料。这种铺设方法我们管它叫"根本里立"。

第一步，先铺设刚才捆好的三米多长的茅草。越往上铺，茅草会越挤，这时候就需要修剪了。为了保持平衡，会使用长短不同的材料。无法用在表面的不整齐的茅草可以填充到下面用于加厚。因为茅草顶的厚度非常重要，所以用旧了的茅草垫进去完全没问题，这样才可以防止雨水的渗入。

因为要把茅草固定在屋顶上，所以要在椽子上横着铺设竹竿，我们管这个叫"横竹"。整个屋顶都要贯穿这个横竹。然后把一捆捆的茅草绑在上面。当茅草达到一定的厚度以后，再在茅草上架一层竹竿或木柴，这个我们叫"按压竹"，就是把下面的茅草按压紧实。这些也是用绳子紧紧地捆绑在下面那一层横竹上的。就这样持续地进行操作。

用绳子固定的操作需要有一个人在屋顶的里侧，拿着一根穿了绳子的木棍——木棍看起来很像一根大针——在屋顶上固定好的茅草中穿来穿去，而在屋顶里侧的人需要接过木棍再返还给屋顶的人，这种感觉就像是拿着一根缝衣针在缝屋顶一样。因为屋顶上的工匠看不到下面，所以需要事先把方向——或"山"或"谷"——大致确认好。

全部铺设完成后，要用剪子进行修剪，就是所谓的为屋顶定妆。最后再用带锯齿的木拍拍打茅草定型。一经拍打，茅草会往里更收紧一些。

这最后阶段的看点是，修剪出来的屋檐是波浪的还是直线的，四角是否清晰，坡度和转角是不是挺直的，这些都需要靠感觉来判断。

铺设整个屋顶不会用一根钉子，全部都是用绳子来固定。所以拆卸的时候只须拉拽绳子就卸下来了。这是最接近屋顶底部的一层，这里还保留了旧茅草，因为在文物修复中要求老的东西都尽量留下使用。施工方必须完全遵照委托方的指示。比如说不能全部换新，要保留最下边的一层，或者竹竿是否需要重新打结，等等，这些问题都要听他们的指示。如果自作主张做了超出合同的部分，不但白干，还有可能挨骂。

我们用的竹竿指的是唐竹，其次是筱竹，也有用很细的杂木来代替竹竿的。最后用确定线条的剪刀和锯齿木来定型，多少会有一点出入。

铺设屋顶使用的工具。

冬季收割、干燥后,开始准备工作。

铺设规模比较大的屋顶时,会有好几个工匠一起作业,就会有若干的差异。因为每个人的手法不同,所以最理想的做法就是一个人来完成整个工作,这样才能确保手法一致。这毕竟是手工劳作,存在个体的差异也是必然的。

家和屋顶都需要经常维护才能保持长久

要问茅屋顶到底能保持多少年,这个很难一句话断定。主要取决于它的地理条件。房子如果是建在光线充足、通风良好的地方,那是最好的。如果建在树木茂密的地方,那是会严重影响它的寿命的。

因为茅草本身就是草,如果经常在干燥的环境下就能长期保存,如果是湿乎乎的地方,那就容易腐烂了。总之,维持一百年估计是不可能的。

茅屋顶铺好之后,一般能维持二十年左右吧。文化厅和我们那里的协会,基本上是这么估算的。到今天为止,我到底修建了多少个屋顶,从民间的到政府的,连我自己都记不清了,反正是足迹遍布全国了。

每次跟人说哪个寺院或者哪个神社的屋顶是我修的，别人总会惊讶地说："哇！那里也是您做的啊？"但实际上，无论在哪儿干活，技术都是一样的。（笑）无论是民宅还是神社，大房子还是小房子，都是一样，做法没什么不同。只是大房顶需要的材料更多而已，而从难易度上看，反倒是屋顶越小越不好干。

因为我们这种活计是以每坪多少钱来计算的，所以面积越小越不容易做。有的人家是十坪，而有的人家只有三坪。人家委托我们修屋顶时，我们不可能按十坪的价格收取三坪的费用。可是，越是小房子越费事。主要是房顶的转角处及烟囱附近，都是很费工的。碰上要求加辟邪装饰的也是很费工。委托人也许觉得所有的屋顶都是一样的，小的屋顶费用应该便宜。但实际上真的是便宜不了。

我们接过一个要求修建茶室屋顶的活儿。那个地方离我们这里很远。茶室的主人完全不在乎花多少钱，那种奢侈的态度真是令人吃惊。光是花在屋顶上的钱就完全可以建一栋漂亮的房子了。那才真是一掷千金啊。

不过，想想看，如果是一般的屋顶，绝不可能说这次先替换一半，或者三分之一的瓦片，其余的等以后再铺。只有茅屋顶才有这个优势，可以要求只替换前面，或者说整体更换太大了，这次先更换一小片。可以采取用好几年来完成的做法。

总之，为了让屋顶能够保持长久，最重要的秘诀就是要有效地避免水的渗入。还有就是为屋顶创造雨后速干的条件。

我家的这个屋顶，厚度大约有三十厘米左右吧。已经有二十多年了，二十六年吧。在这二十几年里，屋顶的厚度减少了差不多五厘米左右。因为用的材料好，所以是均衡地减少的，没有凹凸不平。原本铺的是草的部分就会出现沟壑。你看，这个地方也出现了深沟，厚度减少了。这个屋顶虽然已经这么多年了，但是雨水渗入的深度也就只有五厘米左右。

苔藓不利于屋顶的长期维护，但这也是没有办法的事。改修或者补修的时候也可以使用旧茅草，但终究不如用新的效果更好。

屋脊的形状多种多样

屋脊的形式是多样的。有圆形的,我们叫"圆栋";箱子形的,我们叫"箱栋";还有覆土形式的,我们叫"土上"。

在岩手和山形地区,覆土的屋脊比较多。到了春天特别漂亮,因为屋顶上会开很多的花。在屋顶铺上一层土,是为了防止漏雨,土可以阻止水分渗透到下边。不然的话,屋顶的茅草很容易腐烂。现在一般的做法是在茅草上覆盖一层滤网,上面铺设一层塑料膜,再把土铺在塑料膜上。可以在土里栽种些鸢尾花,非常漂亮。

屋脊的形状随地域会有所不同。我们这边不太流行在屋顶种花。在宫城县,箱栋的屋脊比较多。就是在房子的上方放置一个箱子形状的构件,屋顶就好像是挂在这个箱子的构件上似的。圆栋,就是在屋脊上使用圆形的杉树皮或者竹子等材料。另外还有一种叫"千木"的形式,是把木头以"X"形放在屋顶。我们屋顶工匠管屋脊叫"栋"。

铺设屋顶的专业术语,各地的叫法差不多都是一样的。其中包括椽子、横木、檩条、横条等。横木就是椽子前端连接的竹竿。檩条、横条都是屋顶的结构配件。另外，还有一种"压竿"，这个叫法也是全国通用的。铺设前打底用的小竹竿，别的地方叫"栈"，我们这里叫"下拵"。都是打底的意思。

对茅屋工匠的叫法有些地方叫"茅手"，我们这里叫"茅屋顶师傅"或者"屋顶匠人"。"屋顶师傅"的叫法好像比较通用。无论走到哪里，也不管是铺设柏树皮屋顶的师傅，还是铺设木板屋顶的师傅，都可以叫屋顶师傅。

铺设茅屋顶的工具也几乎是相同的。我们用的木锯齿大多都是用坚硬的榉木制造的。剪刀是特别订制的，两片刀刃不是严丝合缝的，是比较松的那种，剪起来"咔嚓咔嚓"的。虽然有很多铁器锻造作坊都能做，但是我觉得还是山形那边做得最好，都是纯手工打造的。

木锯齿是用来推平茅草的，还有专门剪芦苇用的剪子，再就是一种叫"梁取"的工具。工具大体上就是这些：大剪子、小剪子、木锯齿和梁取。此外，还有一种比较大的木铲，是用比较硬的榉木制作的，这种工具一般都是工匠自己做。

从前南会津（福岛县）还有流动的屋顶工匠呢。这些流动的屋顶工匠都是走着找活儿干的。因为这一行不需要什么复杂的工具,只要有木锯齿、剪子和梁取这几样就能干活了,而且屋顶的修建方法也都差不多一样。

农民的视点

除了修房顶,我们家还种着地。一年里,从十一二月开始到第二年的四月都是收割芦苇的季节。因为四月以后芦苇就要发新芽了,发了芽的芦苇就不能用了。我们收割完芦苇,就要开始种水稻了。稻子收割完又开始收芦苇。种水稻就像是副业一样的感觉。论职业我们应该算是农业,但同时也兼做水产业。这条河里,夏天可以打捞上来很多蚬贝,最多的时候可以打捞一吨左右呢。以前,都是划着小船到河里打捞,上午装满一船,下午再去,还能捞到不少。到了秋天,又可以捕鲑鱼,用刺网。从前不是工会来打捞,都是个体行为。我自己就有三四张网呢。

到了农忙的时候,除了我们自家人,也会请人来帮工。不过,现在田里的活计都已经机械化了,用不了几天时间。

我们也会用农药和除草剂，这是没办法的事儿。除草剂虽然号称是无害的，但我觉得不可能那么绝对。农药也是一样。本来要长草的地方你不让它长，本来要生虫的作物你不让它生，量少的时候可能还看不出危害，积累到一定程度，就会出现各种问题了。

整体来看，这里的河与上游的岩手相比还是要脏很多的。

每个家庭都是有排水的吧，别人家是什么情况我不好说，我们家是这样。另外，垃圾虽然经过焚烧炉处理，但焚烧之后的物质送到哪里去了呢？都是因为这些原因，芦苇的生长状况大不如从前了。家庭用的各种洗涤剂对芦苇造成的伤害也很大。如果再不保护，芦苇最终就要衰败了。还有水草，水里的杂草也已经不长了。芦苇的生命力算是最顽强的了。这一带的河流在涨水期会变成淡水，除此以外的时间，鲑鱼呀沙丁鱼这些海洋鱼类都会游上来，说明水质和海水是差不多的。

从这里向上走大约二十五公里有 座堤堰，是为了调节水量而建造的。也就是说，海水是可以一直流到那里的。因为这座堤堰的存在，这里的海水比例也比从前增加了不少。

海水量的增加导致蚬贝减少了不少。以前这里是咸淡混合水，水中的盐分条件适合蚬贝的生长，而现在，情况发生了很大变化。在长良川上建堤堰的时候，说是不会造成任何影响，结果不还是有影响吗？只能顺从大多数而已。十个人得救，必定会有一个人被杀掉，终究还是有那么一个人成了牺牲品。所以，到了别的地方，就会用外人的眼光看待事物，往往无法真正判断事情的好坏。

收割芦苇

您想去看看收割芦苇的情景吗？

收割下来的芦苇要用一米长的细绳捆好，算作一捆。绳子的长度都要统一，所以即使有一些大小不一，一捆的量也基本上是固定的。客户在订购的时候，只要说多少捆，就能大概估算出是多少量了。

现在，割芦苇都是用机械来割，基本上不需要手工收割了。这条北上川，如果岩手境内的上游涨水了，那只要八九个小时就到我们这里了。每年的早春，随着积雪的融化，河

北上川畔一望无际的芦苇荡。"多亏了有这些芦苇,才能干出漂亮的活儿。"

水很快就开始涨水了。所以早春的时候需要特别小心。因为在寒冷的季节,岩手也都是积雪,很少融化。但是春天一到,雨水就夹杂着雪融水一起来了。又由于护岸工程的辅助,水流得就更快了,这几年差不多七个小时就能到我们这里了。所以,收割芦苇的作业需要密切关注河水的涨落。

一到冬天,芦苇的叶子会全部脱落。看,这些都没有叶子吧?

冬天即便是在寒风中干活，三米多高密密麻麻的芦苇荡就像一个小树林一样挡着风，所以，有风的天气也不会觉得很冷。你看，像这种材料一般就不能用在屋顶上了。虽然够长，但是太粗了！足有小拇指那么粗。不过可以用它来做砌墙的材料，或者用在遮光苇帘上。

你再看这些，粗细都不一样吧？这种是可以用来铺屋顶的。所以我们在割这些芦苇的时候就要想好这些材料都分别适合干什么用。

把芦苇拢起，扎捆的时候，干叶子就全掉了，掉得很干净。所以说和山里的茅草完全不同。扎捆的工作一般也都是用机器来进行的。每一捆的量都差不多，干这个时间长了，割的时候也是靠感觉。

收割后的芦苇需要进行干燥。干燥以后，重量会减轻三分之一吧，不至于到一半那么多。即便如此，铺到屋顶上的重量也还是挺大的。

这一片芦苇到了明年春天就会发出新芽。

如果手工割芦苇，那可是很难干的活计，虽然看起来简单。因为工具也就是普通的割草镰刀。我们这里年轻人本来就越来越少了,他们都不愿意干这个。

你看那个在割芦苇的人,他也是兼着种田,同时还修葺屋顶。因为要确保足够的材料,所以大家在不外出修屋顶的时候,都会在这里准备材料。因为我们是屋顶匠,材料又都是自己亲手收割的,所以很清楚材料的好坏。

这是铺屋顶用的最上等的材料。完全不一样吧?每节的间距很短,非常密实。

幼年时期

我经常说,我们从事修建屋顶这项工作的匠人,一定要有强烈的自豪感才对。委托我们干活的人也很不容易,所以我们要拿出自己最好的手艺,带着诚意把工作完成好。

论学历,我可以说是几乎没上过学。

我小时候已经开始实行现在通行的六三学制了(小学六年,中学三年制),到中学毕业都是义务教育。但是那个时代,连饭都吃不饱呢,谁还顾得了学习啊。比我大的孩子们也是既可以上学也可以不上学,很多人都在家干活。像建校舍这些事情，都要学生们自己来。回到家里还要帮着干地里的活儿。即便是去了学校，家长也会经常让孩子跟老师请假，说今天要回家帮忙种田什么的。这种事情很常见。即便如此，我还是带着弟弟妹妹们去了学校。

我家兄弟姊妹八个，有两个夭折了。所以，我要带弟弟妹妹一起去学校。如果不好好上课老捣乱的话，老师就会说，你们出去到哪儿玩会儿去吧。就是那样的一个时代。没办法好好学习。但是，虽然文化不高，我自认为很懂得人情世故，这一点不输别人。

因为自己是这么长大的，所以现在就觉得自己真傻。我常常跟现在的年轻人说："你们这些孩子啊！每天去学校，不好好学习才去外面补习的吧？这么学还不明白吗？"我也不明白他们为什么那么缺少学习的动力呢？（笑）

我在上学的时候还是有自己的梦想的。当时我的理想就是，从学校毕业以后去参军，当飞行员开飞机。但最终我成了屋顶工匠。

我没学过徒。因为我父亲就是干这行的，所以用不着出去学，都是跟着我父亲走街串巷，边干边学会的。因为在父亲身边帮忙打杂，耳濡目染，自然而然就学会了。每天都是跟长辈们在一起干活，其实跟学徒也没什么两样。因为每天都在学习。慢慢地时间长了，也会在自己的实践过程中，逐步融入一些自己的想法，多多少少做些改变。我怀疑现在的年轻人到底有没有自己的理想呢？我觉得有些孩子活得非常茫然。也有的孩子净给父母和兄弟姐妹添麻烦。来我这里学徒的这两种孩子都有。

为什么常年做这个工作

我们工坊一年到头儿都承接修葺屋顶的工作。昨天的工地可能是冈山，接下来在神户做，然后就要去四国、德岛等地。不是光在这里干。

为什么能常年干这项工作呢？现在，文化厅、协会以及我们工坊，都在考虑传承人的事情。因为这项工作人手太稀缺了。现有的工匠大多年事已高，都在考虑怎么培养传承人的问题。

我们工坊倒是有几个继承人。只是令人担忧的是，现在的年轻人在单身阶段时，做什么事多半是出于好奇。如果不能维持生计，传承也只是一句空话，年轻人即使学会了技术也会辞职不干的。所以我经常说，比如我们工坊，平常最起码需要三四个匠人才能接活儿，所以如果不能让他们维持一个生活标准，就不可能有人愿意来当传承人。这是最大的问题。文化厅总是在口头上强调传承人的培养，却从不提传承人所需要的生活保障。

今后，估计修葺茅草屋顶的工作大部分都是跟文化厅有关的。因为，靠私人的力量维护这样的屋顶很难。无论是铺柏树皮屋顶、薄木板屋顶，还是这种茅草屋顶，全部都是靠手工完成的。因此，人工费是很大的成本。因为，这些都不可能像土建房屋那样可以用机械来施工。所以，委托人说我们要价太高，但实际上我们的利润并不高。收割芦苇，对它进行加工，运到工地，参加施工的工匠还需要住宿，这些都是成本，考虑在内的话，我们也需要很多的劳力和花费。

这些年到我这儿来学徒的，最年轻的一个是去年刚参加过成人式，今年才二十一岁的高中毕业生。还有一个是中学毕业后就来学徒的，家住茨城县。但是因为工作实在太艰苦，好像有点儿要干不下去的样子。自己如果不想干的话就没办法了。

京都府美山町那边的学徒，据说都是大学毕业的年轻人。这几年，有一些高中毕业或者大学毕业之后自己想要干这一行的年轻人，这些人反倒能坚持比较长的时间。因为他们是真的想要干这一行。不过，有不少人学徒只是想对屋顶的施工了解个大概。我想对他们说，抱着那种轻松的心态来学是不行的。真要干这一行，就要踏踏实实地把所有工艺都学会。半途而废的话干什么都是个半吊子。

我们这个工作是个脏活儿，现在的年轻人都愿意夏天能在吹着空调的地方做些体面的事务性工作。我们工坊虽然提供宿舍，但我也明白，这种小地方真的谁也不愿意来。冬天年轻人也是愿意在只穿一件衬衫的环境中工作。我们这样的工作环境没人能看得上。

再加上不可能很快就成为独当一面的工匠。无论什么活儿，想要成为一名合格的匠人，至少需要磨练十年以上。现在的人刚学几天就觉得自己已经成才了，其实还差得远呢。即便是学了十年都未必是个合格的匠人。现在的人做事急于求成，还没干多久，就觉得自己已经能独当一面了，其实还差得很远。不经过十年的努力，根本谈不上什么独当一面。无论是干什么都一样。

我那里，儿子们在跟着我一起干。我们的专务董事三十九岁。常务董事三十岁，三十岁出头吧，就是东京奥运会那年（1964年）出生的。因为儿子们跟着我一起干，我才干到了现在，要不谁干哪。没人接班的话，我也不会干啊。哈哈！现在培养传承人真的太不容易了。

儿子们的手艺也不是我特意教的。他们也和我当初一样，也是自然而然，耳濡目染地就学会了。当然，干这个他们也许挺勉强的。但是如果谁都不想干的话，这些珍贵的文化遗产也就没有办法保存下去了。所以，儿子们还是很努力的。

我们的专务和常务特别喜欢老的东西，他们本身对这些很感兴趣。只有喜欢了才能做好，才能全身心地投入进去，才会抱着极大的兴趣主动地去做。如果是被别人要求去做，即使让你做你也做不好，也坚持不下去。

现在，跟年轻人谈传承这些都是我在做。但是我觉得毕竟还是应该由年轻人自己来交流。因为我跟他们之间还是有代沟的，沟通起来不是太容易。

说到传承，找不到媳妇也实在是一件麻烦事儿。年轻姑娘们不愿意嫁过来的原因，主要是不想照顾公婆。现在的年轻姑娘们找对象，最好是没有家庭负担，没有资产也行。这种现象不仅在农村，城市里也一样。我还是想对她们说："你们啊！将来自己也有变老的那一天吧。你们这样做，老了以后就会尝到苦果了。"

这个活儿的利弊

说到工作的利弊，不光是我们这屋顶建设行业，每一个行业都是共通的。好的方面就是，我们都是用最好的材料。缺点是太耗费劳力。

这种工作本身就是耗钱的，但有时交涉起来却不太顺利。因为委托人不这么想，委托人一般只看要花多少钱，他们觉得材料费和工匠的劳务费这些都是不需要费很多钱的地方。所以不被理解也是干我们这行的一种心酸吧。

想要做出好的东西就必须舍得花钱。超出预算的部分也非要让我们在预算内自行解决，而我们又总不能去偷工减料吧，只能缩减我们自己的费用。

在我们这行里，做得好或者不好，我们叫作"手筋"，也就是天分的意思。有没有天分，干出活儿来差别还是很大的。有的人干多少年也没有长进。人的能力有别，这也没办法。有的人就是怎么努力都不行，而有能力的人就能干出一手漂亮活儿。这实在是没办法的事。

有没有长进也分两种情况，灵巧的和不灵巧的，还有是真正喜欢这一行还是不喜欢。就这么两种吧。但是，只要干上了，这个工作还是很有意思的。

怎么说呢？是一种成就感吧。当你做完一个屋顶的时候，那种由心而发的"啊！太棒了！"是什么都代替不了的。它能让你忘掉那些金钱的烦恼，以及工作的辛苦。这一点，干任何工作都是相同的吧。

承接大规模的屋顶修葺工作时，我们会从全国各地请很多工匠来帮忙。这样做既有利又有弊。所以，我会对我们的工匠说，外边来的工匠肯定既有优点也有缺点，你们要好好学习别人的优点，千万不要觉得自己的技术是最好的。人家看我们的时候，肯定也能发现我们的缺点。而我们看外来的工匠，也是既有缺点又有优点，要学他们好的地方。

从前匠人们都习惯管我叫"师傅"，现在叫"老板"。我说，我根本就不是什么老板。我跟他们说："你们哪，这样可不行啊。我才不是什么老板，就是普通老百姓。"周围的人说"你不能这样啊"。我既然接收了年轻徒弟，就有责任把他们培养成名副其实的匠人，也有责任为年轻人分配适合他们的工作。所以我今天还在继续努力干着。

接收了别人的孩子，有这么两三个年轻人跟在你身边，要把他们培养成独当一面的匠人，还要让他们能够自食其力，这不是一件简单的事。何况我们又不是什么大公司。

而对于工坊来说，如果没有利润也无法继续维持。

工匠虽然是按工作天数计算工资，但匠人也必须从年薪的角度来考虑自己的收入。大家都爱看干一天拿多少，但是遇到下雨天就无法施工了。所以，不能看日薪，要看年薪到底能挣多少。日薪看起来很高也没用，总收入并不一定很多。

我年轻的时候，屋顶师傅的收入比一般木匠高三成。可是现在不行了，现在跟木匠的收入差不多了。无论到哪儿，都拿不到比木匠高三成的收入了。那都是从前的事了。现在也就比木匠稍高一点儿吧。屋顶师傅多拿的三成，如果把雨天等这些不可抗力的因素计算进去，其实跟木匠的年薪也就差不多了。

正因为这些现实原因，我们那里的年轻人都去别的地方就职了。毕竟，大家都要靠工资收入来生儿育女，最后退休，再把接力棒交给下一代，都会很关心年薪能拿多少。

我们镇政府的科长们年薪都能拿到六百五十万到七百万呢（约合四十万人民币）。就是一个科长啊，在他快退休的时候能挣这么多呢。

在我们工坊，当然刚进来不可能马上拿到那么多。但是随着年龄的增长，当他到了需要为子女花教育费的时候，我们也要考虑为他提供足够的年薪，确保他们为子女提供教育条件，这也是作为工坊管理者需要考虑的事。

永远可以再现的茅场

不用担心茅场是否永远可以使用的问题。只要想，就一定能够确保茅场的永续利用。不过，这也绝不是一概而论的事情，还是要采取些积极措施，现在想要，未必马上就能长出来，反过来，即使当年长不出来，也许两年后长出来了，都不好说。

如果第一年把芦苇收割得很干净，那么两年后就会长出很好的芦苇。山里野生的茅草也是一样，头年收割干净后，来年的长势才能变得更好。因为它们都是有生命的杂草。如果置之不理，山里的茅草也长不好。要想获取优质的材料，就必须对它们进行维护。

这周围的河岸边在涨潮的时候都是水，有的地方水深能超过一米。以前大家都是划着船进出，趁水退的时候进去收割，竖着放好。等涨潮的时候，就可以划船进去把芦苇装到船上，运到堤堰下边保存起来。春潮期间，白天潮水的水位会比较低，低洼处也可以收割。春潮是从春天到夏天的一段时间。春潮一到白天就会后退，我们就趁着这个时间加紧工作。

茅草丛中时常会隐藏着鸟巢，苇莺等鸟类经常出没。有一次我一进芦苇荡，就听见苇莺发出的"喳喳——喳喳喳"

的叫声,我们这里的人把苇莺俗称为"小喳喳"。苇莺喜欢栖息在每年收割后的芦苇丛中。如果不好好管理的话,连鸟儿都不会在芦苇丛中筑巢。有些爱鸟人士说我们每年点火焚烧芦苇,鸟儿们太可怜了。但其实并不是这样。我会跟他们说:"你来看看,像这样难吃的芦苇丛,连鸟儿都不愿意在这里栖息。就像我们人一样,谁都不愿意到难吃的餐厅吃饭。"那些自以为是的所谓爱鸟人士的胡言乱语最让人头痛。

干枯了的芦苇很漂亮,长出叶子以后的芦苇也很美丽,郁郁葱葱,一望无际。

芦苇荡的景色,日出和日落都很美。你能看到太阳从芦苇荡中升起,又能看到太阳在芦苇荡中缓缓落下。这真是上天赐给我们的恩惠。

(1998年1月18日、19日访谈)

(周莉译)

拾壹 将手工制作的生活杂物商品化

树编袋工艺师 平田一

（1950年11月4日生）

导语

不记得是多少年前曾经去过冲绳、石垣岛和西表岛了。反正去了好多趟,一去就住好几天,到处走走,做做采访,却从来不知道有"树编袋"这个词。

那些树编袋或是被挂在墙上,或是被放在仓库里,又或是被老爷爷和老奶奶们用来装便当或放些小东西,可我却从来没有注意过它。但我记得在哪本书上曾经看到过关于它的报道,说那种东西叫"树编袋",是用从露兜树的根里取出的纤维编织而成的小篮子。那个报道引起了我的兴趣,于是我就去了博物馆,却发现那只是用细绳简单编织而成的小篮子。我还看到过一张照片,照片展现的是一群男人在树荫下做树编袋的悠闲场景。

露兜树的根像八爪鱼一样延伸至海边和道路两旁，结出的果实像凤梨一样。但我还是不知道那些纤维来自它的根系的哪个部分，人们又是怎么把纤维取出来的。露兜树是露兜树科常绿树，高五六米。由于它像藤蔓一样横着长，交错延伸，所以常被用作海边防潮林。这种树在冲绳随处可见，它长着细长的带刺的叶子，像凤梨一样的果实成熟时备受椰子蟹的青睐。我想钻进露兜树的树林采集它的叶子，谁知道叶子上的刺太锋利了，根本无法进去。

这种长满刺的叶子也含有柔韧的纤维，在冲绳一直被用来编织席子和草鞋，同时它也是巴拿马帽子的原材料。要说纤维不是从它的根部提取的，而是从叶子，那我倒是觉得可以理解。总之不太记得了。

很多年以后，我在石垣岛的特产店看到了一种用我从未看到过的纤维编织而成的肩包。一打听，正是树编袋。和我在博物馆看到的用细绳编织而成的朴素的小篮子不同的是，它经过了精心的设计，织法结实，用的绳子也和常见的那种用手搓出来的凹凸不平的绳子不一样，粗细均匀。

于是我就去找编织这个篮子的人——平田一。他就住在石垣市内。据说现在只剩下他一个人在全职从事这个工作。树编袋原本并不是作为商品出售，只是为了自用而做。

为了将树编袋商品化，平田做了很多努力。其中之一就是把用露兜树捻成的绳子换成了用野生芭蕉捻成的绳子。因为露兜树的绳子是纯手工制作，工序非常麻烦且费时，而野芭蕉的绳子是现成的。野芭蕉绳跟《留住手艺》一书中提到的芭蕉布原材料相同，都是香蕉的同类。

平田的家就在石垣市内，那是他自己的房子。他的作坊占了其中的一间。如何才能做出简单、大小一致又形状相同的篮子，他会在这里详细地给我们介绍，同时，他还会拿着道具亲自给我们演示。

采访的中途，他的父亲也加入了进来，给我们讲述了以前的树编袋和编织工艺。

除了树编袋之外，平田还用露兜树的叶子做草鞋和工艺品。他会将工具带到露兜树的树林中，在大自然的作坊里干活。那里是原材料的采集地。他会把工具装在防水的容器里带到树林中，为的是便于就地加工制作。

树编袋原本是利用身边的材料，在空闲的时间里编出来，以便自己使用的。现在,平田已经将树编袋商品化了。从对平田的采访中,我们可以了解到几乎所有的现代手工业都面临的共同的问题。

平田一口述

因集体求职曾到过东京

我是土生土长的石垣岛人。高中毕业后,在东京和横滨一带游荡了三年多。所以我说的日语比较接近标准日语。

岛上的年轻人大多都有过一次离开石垣岛的经历。因为,毕竟从小一直生活在这样偏远又乡下的地方,大家都向往大城市,也很想了解那里的生活方式。离开乡村,到城市里生活一段时间,貌似安定了下来,但是一旦回到岛上,还是会感慨·还是岛上生活舒适啊!

我在东京待了三年多一点。开始是在生产汽车零部件的工厂工作。我是通过集体求职(地方的中学生和高中生集体到大城

家中的工作区。

市的同一个企业就职——编者注）的方式去的。在那里干了一年多，然后又跳槽到别的地方去了。

现在虽然已经不这样了，但以前冲绳本岛（冲绳群岛中周边离岛的岛民对冲绳首府那霸所在岛屿的称呼）话带有很重的口音。石垣市一贯很重视标准日语教育，而且贯彻得很彻底。

我们这一批集体求职去东京的人里边，也有从冲绳本岛来的。对于我们这些住在石垣岛的人来说，冲绳本岛就是大都市了。但是一到本土（指本州岛），一起开始工作，冲绳本岛的人就变得越来越沉默，反倒是我这样的乡下人话慢慢开始多起来。这大概是因为对于语言的感觉的问题吧。冲绳本岛的人口音很重，说不好标准日语，词不达意，慢慢地就索性不开口了。

对于冲绳人来说，各个离岛之间的语言都像外语一样。冲绳本岛、宫古岛、石垣岛的方言都不一样，还有竹富岛、与那国岛等地的也是。只有西表岛不知为什么，没有什么方言，或许是因为汇集了来自各个小岛的人，像个"小联合国"一样吧。其他小岛的语言都各不相同。我听不懂与那国岛的话，宫古岛的方言对我来说也完全像外语一样。但是因为石垣岛也有来自其他小岛的人，所以时间长了，听习惯了之后，多少也能听懂一点。

从东京回到石垣岛以后，我刚开始是在玻璃厂工作，生产那种建筑用的玻璃，之后是在生产消防设备的工厂，最后做的是填充灭火器的工作。因为是用机械做，所以坚持做了下来。但是考取那个资格证不是件容易的事。好不容易拿到资格证了，就坚持了下来，一直干到去年。

我家原来是农民。以前种甘蔗，再之前种水稻，水稻之前种的是菠萝。我没想过继续从事农业，而且也没有足够的田地让我能够靠这个活下去。虽然我对农业还是有点经验的，但是这一行得靠天吃饭，遇到自然灾害，连收入也不能保障，所以父辈们大多都不希望自己的孩子继续从事农业。

回到石垣岛以后，我一边干着别的工作，一边也想试着做做树编袋和草鞋这些工艺的东西。因为我看到一位长辈在做，觉得挺有意思，于是就向父亲请教怎么做，他却很不愿意。因为从前编织这一类的活儿被认为是没有别的本事的人才做的，是不能种田也干不了像样的工作的人，或者是身体不好的人干的，岛上的人好像普遍是这么认为的。

因此，父亲也反对我干这个。没办法，我只好一个人干，一边思考着一边就着手干起来了。

刚才我父亲也说了，从前一直干这个的人都不会我这种编法，因为我的编法和传统的编法稍有不同。

从前冲绳这一带的编织多是编一些生活中使用便利的东西。人们只需要编织一些生活所需的东西，因此不需要把它编得多好看，也不需要把它当成艺术品，只要能用就行。

尽管如此，编织也不是省力的工作。这是男人的工作，需要花力气。女人手上力气不够，编得不紧，还会让手变得粗糙。事实上，在这个岛上，还真没有女人是从事这个工作的。

我有徒弟。来了订单，按照订单做的时候，如果我一整天一直做这个，那别的事就什么都做不成了，毕竟我一个人只有两只手嘛！要做的工作太多了，所以没有徒弟的话，我根本忙不过来。

最后是需要由我来负责整体处理的，这个时间还是得花的。但是，像这种比较花时间的东西，我会让徒弟先编，然后由我来装带子，整形。中间我会来处理一下各个环节，会确认一下材料，还有做最后的收尾。我们是按照这样的分工展开工作的。

用露兜树的纤维来编织

我们说的这种树编袋，是一种可以放便当，也可以放一些小东西的小篮子，是用芭蕉或露兜树的纤维编织而成的。

去地里干农活的时候，人们都是提着这种小篮子去，用它来装便当和小物件，就好像手提包一样的感觉。篮子的款式是没有性别之分的,不分女性用或者男性用,只是出于干农活时的需要。因此,做工很简单,只为满足生活最低限度的需要。

我也不知道"antsuku"(树编袋的日语发音)在石垣话中是什么意思,一直以来都是这么叫的。因为以前是用露兜树(日语发音"adan")的纤维来编的,所以就叫"antsuku"了吧。尺寸上也是大小都有,想做多大就做多大。

这里有我做的树编袋,就是这个。

以前做得都比较粗糙、松垮,网眼很大,很随意地就编出来的感觉,就像是把一根绳子绕成捆编出来的。平常自己用还凑合,但是不能作为商品拿出去卖。为了能赢得顾客的喜爱,我在形状设计上花了不少工夫。可是我也不懂怎么设计,也没有人教。可能也有这个原因,我的编法和从前的编法有所不同,我编的比较有现代感。

我编的时候会使用一个箱子形状的模型。编法上基本和从前相同,但过去是不用模型的。这个铝制的模型是我自己想出来的,是我去材料店买来铝材自己做的。因为我之前干过很多工种,所以手还是很巧的。

平田制作的树编袋。左边的是手提包，中间的是挎包，右边是混用了木材的树编袋。

使用铝制的模型编制底部。

老式的编法也是谁都会。我这个编法看起来形状规整，编法复杂，但其实只要记住顺序，谁都可以编出来。而且谁都能编得一样。比如我徒弟，他本来是一个外行，但是用这个模型箱子编，当场就编出来了。

只要用这个方法谁都可以编。但是用这个模型编出来的只有一个尺寸。如果想要做其他型号的篮子，还要做其他尺寸的模型。我的这个想法是为了让它量产，也就是编出一定量的同等尺寸的篮子。当然，虽说是量化生产，但也都是靠手制作出来的。

露兜树的主根

以前编这种篮子都是用露兜树根部的纤维来编的。在石垣岛，露兜树随处可见。露兜树就是那种长得像藤蔓一样的，能一直蔓延到海岸和道路两旁的长满了刺的树。它还能结果实，很像凤梨，但是不能吃。露兜树的根不是扎进泥土里，而是像树枝一样从树干上长出来，根的前端像一把小伞或者拳头一样。

这些根刚长出来的时候，会像树枝一样延伸着向空中生长，之后又会慢慢地朝着地面垂下。触到地面之后就会变硬。应该是以此起到支撑树干的作用吧。

它的根和红树科的树木一样，都是从树干的侧边长出来的，用来支撑整棵树。这种根好像叫"支柱根"。

我们用作编织材料所采集的根部，是在它还没有触及地面之前，尽可能取下的最长、最粗的枝条，用的时候还要把它劈开来。

支柱根是没有芯的，它是一种由许多纤维复合而成的线。当然是越嫩的越好，因为嫩的柔软度高，好用。用的时候不需要用水煮，只要把它劈开取纤维就可以了。也不需要反复敲打和用水泡这些工序，只须把它劈开、晒干，搓揉成绳子，然后就可以编篮子了。榕树的根，长得像胡须那样的，也能用。

还可以编类似于鱼篓的那种带翻盖的钓箱，可以把钓上来的鱼放进钓箱里。现在的人都是带着冰盒去钓鱼，以前，都是用这种编织的袋子挂在腰间做鱼篓的，钓到了鱼一转身就放进去了。人们把篮子用绳子系上，绑在腰间。也有的叫"海钓箱"，就是类似于鱼篓的东西。

采集露兜树的根没有固定的时期，需要了就去采。而且就用普通的镰刀一砍就断了，然后把它们纵向撕开。因为全是纤维，所以像劈竹子一样，很容易就裂开了。

从前，这一带的人也用露兜树的根来做带子或绳子，因为很结实。

虽然海岸边长着很多的露兜树，但真正可以用来编织的好的支柱根却不多。它们一旦长到地上就会变得很硬，不能用了，所以挑选长得好的支柱根很难。也因此，最近用它来做编织材料的人也越来越少了。而且，去采集它们的时候，需要进到露兜树的树林深处，它们的叶子有很多刺，扎一下很疼的。（笑）因为我还会用露兜树的叶子编一些草鞋或其他的手工艺品，所以我会去采叶子，进去的时候真是非常困难，叶子上全是刺。

我现在已经不用露兜树根编了，而是改用野芭蕉的纤维。野芭蕉很像野生的香蕉，也结果子，但不像大家平时吃的那么甜，是专门用来抽纱线的。但是，如果是自己栽培、自己取线的话很不划算，所以我都是去买现成的纱线。因为我们做的不是高档工艺品，所以很难收回成本。要充分地利用原材料，同时还要适合市场的需要，价格便宜是关键。所以我用的原料都是从东南亚进口的。

用野芭蕉做的这个，叫带子也好，叫绳子也好，一般是一捆二十米左右。都是这样买的。

无论是用野芭蕉的根，还是用露兜树的根，做出来的东西都叫树编箱或树编袋。

在我冲绳的店里，放着一件接近原型的作品。那是用露兜树的根做的，现在只把它作为参考用了。

我经常参考过去的作品，然后研究更省力省时的编法。这个双肩背的篮子就是我研发出来的。在手提式的基础上加上翻盖就行了。如今，在我们当地，把这个作为工作的就只剩下我一个人了。

从开始从事这一行到现在，已经快十五六年了吧。刚开始是出于喜欢，很有兴趣。我不光做篮子，还会做斗笠、草鞋、拖鞋、壁挂，等等。这些都不是因为有客户订货，而是完全凭自己的兴趣而做的。

编织树编袋

编织树编袋,首先要把这些纱线上的须子烧掉。烧的时候是用煤气炉。纱线上有很多长的绒毛呢,去掉了会更美观,也省得编的时候碍事。从前编的都只是自家用的东西,所以应该是不讲究这些的。

这些芭蕉线应该不是用机器搓出来的,而是手工做的。也会用到一些器具,但是跟搓绳器还是不一样。简单来说,就是用像自行车轮辋那样的工具绕出来的。

据说我的祖父就是干这个的,他做得很好,不但给自己编,如果有人需要,还会为别人编。

去掉长须后,就把线缠到铝制模型上去。为了便于绕线,我在模型上钉了钉子。这样,一个袋子的基本形状和尺寸就定下来了。编的过程中,如果纱线的长度不足,就要打个结接上线继续编。一般我编的袋子是从头到尾只用一根线的。

我这个模型箱是用铝板做的,带底板。尺寸是宽十厘米,长二十二厘米,高二十厘米。

编底部是最费时间的,也很费体力。编的过程其实很简单。模型箱的上缘每隔一厘米就固定了一个木钉子，从这里开始绕线，穿过底部再到反面一侧，按照这个顺序一直编下去。一根线绕在钉子上就变成两根，它们就成了纵轴。从长的侧面绕到短的侧面的时候，要在底部上下交错着编。为此，底板上画着标记的格子。

编底面的时候，要把芭蕉纱线拉得很紧，上下交错着一点儿都不能松懈地编，这需要很大的力气。开始编的时候还是比较轻松的，但是越编，绳子之间剩下的空隙就越小，也会编得越来越吃力。于是要在底部穿一条管子，用来制造间隙。编到最后缝隙就完全没有了，底部会变得非常紧实。我们都是用干燥的绳子来编，时间一长，有的人指纹都会消失，手上的油脂会变得越来越少。我这双手什么活儿都干过，所以本来就很干，干这个正好。编底面至少需要两个小时。

接下来要横着编。编的时候，手表呀、戒指这一类的东西全都不能带，因为会勾到线。接下来就是将绳子反复地在纵向的绳子上面上下来回绕，就这么一直重复这个工序。

你问这是什么编法？我也不知道有没有具体名称，没听谁说过这叫什么编法。从前用的不是这样的绳子，人们会在身边放上露兜树根的纤维,编的时候长度不够了,就一边搓绳一边编。不会像我这样,要用一根很长很长的绳子,一直编到最后。

这是个需要有耐心的工作。所以,如果一直做,精神过度集中,时间一长,会很不舒服。做这个不感兴趣是不行的,没有傻乎乎的劲头也不行。

编好了包包的部分,就开始编肩带了。要用四根线,两根一组,从两个地方起头,像扎发辫一样地把它们分别编成带子,最后再固定在另一边的两处。不是事先把带子编好然后安装上去,而是要把它们编进包里面去。

我做这个有很长的摸索时期,也下了不少功夫,虽然没有什么秘诀,有些还是不想给人看。但毕竟这是一门传统的手艺,让人看到它的工艺,这也算是我的职责吧。

这个框框的名称是什么?还没给它起过名字呢。

经线、纬线的根数越多越难编。因为是交叉编的,是把一来一回的两根作为一束来编,自然就成了两股的编法。当然,也有用一股来编的。但是我觉得这种用两股编的方法是最有效率的,所以我就一直用这种编法了。

平田先生想出来的做树编袋的铝制模型。

收边,装肩带。

编这个虽然看起来很辛苦,但也有不少乐趣呢。

从前的人,在做树编袋的时候,尤其是编比较粗犷的笼筐的时候,会空一行编一根,或者留出更大的空隙,有各种各样的间隔方法。但是用这个模型编的话,尺寸都是固定好的,要是编不同的间隔,还得重新做模型,所以我们不会那样编。

用野芭蕉的纱线

编一个新的款式需要花很多的时间。比如那个带盖的背包,我是花了四年的时间才琢磨出来的。难就难在我们得使用材质相似的天然原料来做。使用的是这样的原材料,此外还要思考诸如直线和拱形怎么搭配等问题。

比如可以搭配布,还可以搭配其他很多不同的材料,能想出各种各样的设计来。但是实际做出产品的时候,跟别的材料不搭是不行的。而且,生产产品需要很快的速度,还要考虑什么方法更简单,做好的产品是不是好看,风格是否一致,要综合考虑这些问题是很难的。

毕竟一切还是要从利益出发。材料用得越多,成本也就越高，而且又因为都是手工制作，所以花在上边的时间也会很多。

我的任务就是既要考虑原材料的成本，还要考虑时间的成本，要找到两全其美的办法确实不容易。因为现在毕竟不是从前，从前是边干农活边做自己用的道具，自己采集回来材料，然后一边闲聊着一边就慢悠悠地编了。我想了很多的办法，一直在想怎样更省力、省时，简单地说，就是简化编法。于是我就想出了这种用模型的编法。但是，尽管有这个铝的模型，基本上还都是手工制作，所以还是非常耗时。说到底，还是因为这个是手工艺品，所以不可能赚太多的钱。但是，如果不能盈利的话，这活儿就更没人愿意干下去了，这门手艺就真的要消失了。我也是意识到了这一点，所以才想出了用铝制的模型这个编法。

至于芭蕉的纱线和露兜树的纤维有没有区别，大致是相同的。

现在已经没有人会去采集露兜树的根来做线了。如果非要用它来做的话，只能靠自己了。自己去采集，再自己搓线，全都得自己来做。如果是芭蕉的话，东南亚还有人会帮我们做成线或绳子。如果用露兜树纤维的话，那要先去采集原料，然后搓线,那有多少时间也不够。因为商品最后还是要看卖价的。比如,这样一个篮子,说是全手工制作,但也不能漫天叫价卖到十万日元吧。那谁会买呢?所以,就要努力节约成本。原材料的采购也是节约成本的重要环节。

我编的篮子用的都是芭蕉线。有时候线的颜色会因为芭蕉成长的场所不同而有差异。带颜色的,比如这个就带有一点颜色吧,这个有点发黑,因为用的是芭蕉的茎的外侧部分,纤维越往里会越白,也会越细。用茎部外侧的纱线的话,编出来的是那种淡淡的焦糖色。

从前的人应该也用过这种很细的芭蕉绳,我不是太清楚。

芭蕉的纱线也用来织芭蕉布,所以要说浪费也的确挺浪费的。但我们各自使用的部位不同,品质也有差别。其实芭蕉这东西在我们那里一年到头都有,就是没有做成像这样一股一股线的状态。

从前这种篮子的编法非常简单。用上一年就要重新做一个,因为修理的话,还不如重做更快。

你问我是怎么想到用芭蕉的?就是因为有现成绳子出售。如果都得自己搓绳的话,还是不做更好,因为毫无意义,太费力气了。尤其是还要靠这个来维持生计，就更不能这样了。如果是作为兴趣爱好做着玩儿的话，还可以考虑，但是一关联到生计，这种做法就行不通了。

所以当我听说有卖捻好的绳子的，就跑到当地去考察了一番，然后就开始订货了。每次订我需要的量，一直到现在。

我的订货量并不大，也就一千把左右吧。因为编这样一个篮子，大概需要一百米的绳子，如果是二十米一把的话，有五把绳子就足够了。

芭蕉这种植物，是从亚热带到热带，到处都生长着的。

平田一父亲的话

其实从前也编箱子一样的东西。我儿子做的这些跟从前的很像，只是他做的工艺更细。按照从前的编法是做不出他的这个样子的。我们都是用它放便当，然后把它挂在马鞍子的后面，带着去山里、田里干活。

树编袋家家户户都有，农民都会做。不用树编袋的只有上班族了。用的线是将露兜树的根破开后搓成的。

儿子的编法确实比较费时。以前用手搓绳的时候，搓出的绳粗细不一，有的粗有的细。搓绳子大概要花一周的时间，并不是一直搓一根，大家都是工作之余慢慢地搓，那时的搓法也比较简单，搓不出这么紧实的绳子。如果是按以前的搓法，用那样的绳子做出来的篮子是卖不出去的。

从前，多是小孩子们一边玩过家家一边搓的吧，因为只要可以用来装便当就足够了。我也做过，一直到三十岁之前，只做来给自己用。我的父亲编得很好。

因为做法简单，谁都会做，所以都是自己给自己做，不为别人做。只要手不太笨的都会做。

过去马鞍子是木头做的，有前有后，人们就把这种树编袋挂在鞍子的后面。以前的马和现在的也不同，都偏小，是日本马。人们把行李放到马背上驮着走。

你问便当里有什么菜？就是些红薯。

因为是纯手工制作，所以价格不菲

大家都有误区，以为订的货越多就应该越便宜。那样的订单，谁都接不了。我们又不是工厂，我们全是手工制作。

所以，如果我们想要将这门技艺传承下去的话，就必须有所坚守，又要有所改良，让它简化。我请你看看我们的制作过程你就会理解了。这个工序非常麻烦，现在上了年纪的人都做不来。因为做的时候很费力，而且原材料很硬。所以，不是傻执着的人是做不来这个工作的。

即使最初是出于喜爱从事这份工作，做到后来也是靠那点傻执着的劲头，要不也是坚持不下去的。当然，我们那里还有其他几个也在做这个的人，但大家都比较随性。应该有三个人左右吧，但都不是作为职业来做的，而且我们之间也没有横向的联系。我只知道其中一个人的名字，他是上了年纪的人，有的是时间。我可是忙得没有空闲。（笑）可我还是做得很开心。

大自然里的作坊

我们这儿周围全是山。所以，用露兜树做草鞋的时候，我是在大自然中干活的。无论是什么样的原生林，树林的间隙处都会有一小块空地。我们就在这里占领一方土地，从四周把材料集中起来，就地加工了。干活的时候，乌鸦会在我们头顶上拉屎，蝉鸣也会把我们吵得很烦，但能在大自然的情景中干活，我们还是很开心。我们以树林为家，在那里工作。一处的原材料用完了，我们就挪到另一个地方继续就地干活。我们非常珍惜这样一个空间。

人有的时候会不清楚自己的想法到底应该基于什么，以什么为基础。每当这个时候，我就会在这里一边工作一边慢慢思考。

在宇宙中，地球上，大自然之中，有许许多多不停地劳作的小虫子们。我们人类也是同样的，为了生存，用自己的身体和双手进行劳作。

人类原本也是大自然中的一分子。在现代，我们生活在一个固定的模式中，但是，我的工作还是在大自然中，取材于自然，连我自己也好像是大自然的一部分，我是这样感觉的。我想从前的人就是这样生活的吧。

我虽然没钱，一穷二白的，但是有大自然，我就觉得很满足了。

这个就是用露兜树的叶子编的拖鞋,是我独创的编法。这种实用型的草鞋自古就有了,我只是在其中加入了我自己的一些创意,把它改造成了具有现代感的款式。

这些长满了刺的叶子很不可思议吧?用的时候要把那些刺去掉。如果把露兜树叶子的横截面画出来,它是这样的:中间有一条主脉,叶子的边缘都是刺。用的时候,要去掉有刺的边缘,以及不能用来做工艺品的主脉。

采集叶子的时候要戴上皮手套进到树林里去采。有时候会被扎到,但是我早已经习以为常了。

实际操作的时候需要把叶子劈成三部分。用一种叫作"三引"的工具。"三"就是"三条、三根"的意思,"引"就是"劈"的意思,合起来就是"劈成三份"的意思。

这个工具上有四根钉子。钉子打磨得像刀子一样锋利,用它来专门劈露兜树的叶子。我们就用露兜树的叶子来做草鞋和拖鞋。

这些都是我一边做树编袋,一边尝试着作为副业来做的。现在,我就在尝试着用芒草来做挂在墙上的挂毯。两边安上流苏,用来挂和纸做的留言板。这个是我跟做和纸的手艺人合作完成的。

这个从前是用来挡雨的蓑衣,实际生活中已经不用了,所以也就卖不动了,做起来也很费劲。但是我把它改做成了迷你型的蓑衣,可以挂在墙上当装饰用。用来缝制蓑衣的线是芭蕉线。

这些东西在本土也有吧。只是在本土的做工都比较精细,越往南做工越粗糙。也许是因为在南国,这些原材料都触手可及,而且可以随时更换,所以不用做得那么精细。一旦坏了,再缝一下,或者重新做一个也不是什么难事。

这是用银合欢的树枝做成的墙饰。

银合欢本来是很普通的杂树。农民认为它很麻烦、令人头痛。那一片就是银合欢树林。用它来做些垫子是不是很有田园的感觉?

在我们这样的岛上,原材料是随处可见的,只需要想好怎么来用它。这个工作受天气的影响很大,因为原料都是从山上采集来的。比如露兜树的叶子,自然条件下风干得过于干燥了很容易折断。尤其是冬天,空气干燥,水分都被吸干了,用起来很不好打理。这时要是下一场雨的话,就可以适当地补充水分，使它变得好用。

我们这里属亚热带，所以一年四季都可以采集到露兜树的叶子。要是在内地（冲绳的人们对本州等地的称呼），所有作为原料的植物都是有收割的时间的，但在我们这里，一年四季都可以采集。

我觉得我们这个工作不会得到政府部门的支持。因为就目前的情况看，他们连有几个手工艺人在做这个都还没有掌握呢。

树编袋已经进了博物馆。是谁做的不太清楚，是作为生活杂器类摆放在那里展示的。

现在最大的问题是，做这些工作的人都已经老龄化了。人上了年纪，感觉就会慢慢变得迟钝。从前手艺再好，一旦上了年纪，也会做得越来越不好，哪里做弯了，哪里出错了也察觉不到。也许再过十年，连我自己也做不动了吧。

树编袋其实就是这么简单的东西。如果不创新，它就只是一个粗糙的农具而已。就让它以现在这样的状态存在也不是不可以，但成不了商品。因此，在继承传统形状和做法的基础上进行改良，在编法和款式上进行创新，是非常有必要的。而这一部分正是上了年纪的手艺人们最踌躇的地方。如

露兜树的树林里。平田先生把这里当作露天工坊，在这里采集原料，进行工作。

果想要绳子,我马上可以进山去找,但对于老人们来说,他们恐怕已经没有这样的挑战精神了,他们会就用现有的解决。这样做出来的东西最终会被时代所淘汰。

就原材料来说,现在的情况是,从野外采集远比买现成的要贵,现在就是这样一个世道。去大自然中采集材料当然有很大的乐趣,但既然是要做成商品,就不能这样操作,这是最让人难过的地方。尽管如此,因为露兜树的叶子到处都是,所以只要想用它,还是有人会去山里采集。

现在帮我做树编袋的徒弟有四五个人。树编袋一天做不了一个,一般是三天做一个。我让他们根据情况来做。

要说对这个行业的展望,怎么说呢,因为只有我一个人是把它当成职业来做的,所以从这一点来看,树编袋这个产业的未来还是不容乐观吧。

(1998年2月24日访谈)

(王颖颖译)

拾贰　从修建民宅屋顶到修复古建筑

木板屋顶匠人　云雀佐太雄

（1928年1月22日生）

导语

在秋田县的角馆町,至今还保留着许多旧式的武士家宅。穿行于这座古老的小镇,街道两旁一些围着黑色栅栏的古老宅院会不时地映入眼帘,那些就是过去的武士家宅,大多建造于江户时代,一直保留至今,有的房子里还有人在居住。但是,随着时代的变迁,历经多次翻修,其中的一些早已不是从前的模样了。屋顶也是如此,有用茅草铺设的,也有用天然杉木的木板铺设的。

我出生于昭和二十二年(1947年),我还记得小镇上当时有几座木板屋顶的建筑,儿时也曾亲眼目睹过这些木板屋顶被拆卸,换成了钢板屋顶。屋顶上薄薄的杉木片被卸下来之后,堆积成好大一堆。孩子们把这些木片组合拼装起来,当作飞镖来玩。那些岁月，也正是木板屋顶消失前最后的岁月。现在，这样的木板屋顶只有在极少数的传统建筑中才能看到了。而且，如今像杉木、栗木这样的直纹木材越来越昂贵，干燥后的杉木薄板又十分易燃，几乎不再被用于住宅或民房了。只有那些被国家作为文化遗产保留下来的古老建筑，或是传统的寺庙、茶舍，还依然保留着旧式的木板屋顶。

在角馆这个地方，至今仍活跃着一些木板屋顶匠人，他们负责修复武士家宅建筑群的木板屋顶。战后很长一段时期，木板屋顶匠人沿袭着传统的师徒制度，一边学习如何制作铺设屋顶用的薄木片，一边学习铺设屋顶的手艺。如今，在京都和奈良等关西地区，一些重要的文化遗产和传统古建筑的修复仍然需要这些专业的工匠，虽然人数不多，但他们一直在培养接班人。而专门铺设普通民宅的屋顶工匠，在昭和三十年前后就几乎绝迹了。

云雀是在木板屋顶即将消失之前掌握了这门手艺，但是基本上没能以此为职，之后又不得不学习了铁皮屋顶和铜板屋顶的新工艺。本文是他自己的讲述。关于木板的叫法，在秋田的方言中"木板"（kokera）被叫作"木片"（zaku）。

木板屋顶的制作，包括了如何加工用于铺设屋顶的薄木片，以及如何铺设这两个部分。秋田县有着十分丰富的野生杉树林，制作屋顶用的木板主要以杉树砍伐后的树桩作为原料。树木砍伐后剩下的树桩价格非常便宜。过去，它和茅草是制作屋顶最常用的原料。经年累月自然生长的野生杉木制成的屋顶十分牢固，即使风吹日晒，用上十五到二十年也没问题。而人工种植的杉树因为土壤肥沃、养料丰富，生长速度相对快，年轮间距较大，木质不太适合用作屋顶。一般的木板屋顶，除了野生杉木外，也使用栗木。特别像屋檐角这样特别需要牢固和耐久的关键位置，一般都会使用栗木。过去，人们采摘完栗子后，也常拿栗木来做屋顶。

这些看上去只是普通的薄木片，工艺却十分讲究。削的过程中必须要有"掬取"（sukuidori）这样一个工序，将后端削得又薄又细，这样接缝的地方才不会膨胀变形。接触到雨水的切口必须使用"铣"来切割，这样才不会破坏木头的细胞。此外，使用铣来切割还有一个十分重要的原因，在随后云雀的口述中也会提到。只有四五毫米厚的薄木片，就靠一把砍刀来切割，如此复杂的工艺完全是凭借手感。然而随着时代的变迁，这样的活计越来越少，依靠这门手艺养家糊口变得越来越难，这也使得很多工匠被迫转行，于是这门技艺也就渐渐失传。

如今，传统建筑和文化遗产的修复和保护越来越受到人们的重视和关注，古老城镇的保护也成为地区振兴的重要内容之一，各种传统建筑亟须修复，一些失传了的手艺再次回到人们的视线当中。然而，寻找这样的匠人可不是那么简单，他们当中的很多人已经难觅踪影。一些年长的老工匠，重拾珍藏了多年的工具又开始切割木片、铺设屋顶，他们中的很多人都已经年过古稀。

云雀师傅的家位于角馆町的郊外，周围是一片稻田。他家的一角还保留着制作木板屋顶的工作间。只要一有时间，他就会去工作间做上几片。

"等到我们这一代人没了，就真的没人会削木片、铺屋顶了。"云雀希望在自己的有生之年多留下一些木片。

我在云雀的工作间，一边看他削木片，一边请教他制作木板屋顶的工艺。正好他当时正在修复武士家宅建筑群中的一个角落，我也有幸能在铺设木板屋顶的现场向他请教了这门手艺的技巧。

云雀佐太雄口述

在秋田,"木板屋顶"也叫"木片屋顶"

用杉木或栗木制成的铺设屋顶的木板或木条,在我们秋田一带都被叫作"木片"或者"木羽"。"木片""木羽"都是方言,铺设这种木片屋顶的活计,我们这儿就说"铺木片屋顶"或者"铺木羽屋顶"。

现在,亲眼见过这种木片屋顶的人已经越来越少了。从前的民宅都是用茅草,或者扁柏的树皮,也就是柏树皮,还有杉树皮来铺设屋顶的,然后在上面压上石头。木片屋顶用的是野生的杉木或栗木。把这些树桩顺着竖直的木纹切割成木片,再把木片拼接起来铺成屋顶。

我所居住的角馆町保留了很多江户时代的武士家宅,这些建筑的屋顶大多是用木片铺设的。木片不需要刷漆,保留原有的木纹,一片一片地拼接起来之后,曲线弧度十分柔和,非常美观。

在京都、奈良等关西地区,寺庙和宫殿的屋顶大多也是木片铺设的。但是，现在从事这行的工匠已经不多了。因为野生杉木造价昂贵，用它来铺设屋顶，既费时，又费工。毕竟慢工才能出细活儿嘛！所以现在制作这种木片，以及铺设木片屋顶的活儿已经越来越少了。

光说不练不太直观，让我来切一片给你看吧！

木片切割首先需要把杉木或者栗木的圆柱锯成段，这个工序叫作"切段"。木片大小一般纵向都是八寸（24厘米），所以每一段木桩也是按照这个长度，需要用大锯把木桩锯成段。

常说"磨刀不误砍柴工"。锯木桩之前要认真地把锯齿锉一锉。从锉锯齿到锯木桩，要一气呵成，这些都要靠自己独立完成。我们有句行话说得好："不磨掉一把锯，是出不了师的。"也就是说，要想成为一名合格的匠人，锉锯齿是基本功。锉的时候，左偏一点、右偏一点，在左右的调节中打磨，也是在磨练自己的手感。这是一个熟能生巧的过程，要想出师，不磨掉一把锯恐怕是不行的。

幸好我们使用的不是纵切锯（顺着木纹切割时使用的 种锯，锯齿间距较大，适于排出锯末——编者注），那种锯的锯齿可是非常难锉的。纵向切割的锯，我们使不惯，那个太难了，根本掌握不好深浅力道。当然,锉锯齿的时候,也需要根据木料的情况来判断该怎么锉。现在很多木匠都不会自己锉锯齿了,他们用的都是可替换的一次性锯刃。能自己开刃又能锉锯齿的木匠越来越少了。一次性锯刃的确很方便,但是那样的锯刃是没法锉的,因为太硬了。我是不用那种锯刃的,因为一不小心锯到铁钉的话,整条锯刃就废了。我所使用的锯刃不是一次性的,所以需要先锉好锯齿才能锯木桩。

你跟我去工作间,我拿一段锯好的木头给你,边看边说吧!

这是野生的杉木,被风吹倒的树。你看,它的中间都有点空了,我把它买了回来。其实铺木片屋顶是很奢侈的,只能使用野生杉木最好的部分,还得按照竖直木纹来切割。现在,这样的木料都被刨成了薄板,粘成胶合板做天花板了。

"切断"之后的木桩接下来要"切瓣",就像掰橘子一样,用砍刀把木桩砍成八瓣,每一瓣都要直通木芯。然后,再从每一瓣上顺着直木纹的方向砍出一张张一寸两分(3.6厘米)厚的木板来,这个步骤叫作"切板"。每一片木板的厚度都是有规定的,需要严格按照标准测量切割。

像掰橘子一样"切瓣"后的木块呈扇形,从这个形状往

切板作业。

下切竖直木纹的板材的话,越到后面板材宽度越窄。这时候的切割方法有两种:一种比较普通,就是顺着木纹八字形切割;还有一种叫作"片",就是和第一块木片保持相同的方向依次平行切割。这样的切法不能连通木芯,所以严格来说不能叫直木纹(日文是"柾目",特指透心纵断面——编者注),但偶尔也会这么切,因为木头在自然生长的过程中有时会在年轮上留下一些缺陷，为了避开这些缺陷不得不这么切。

接下来，再把厚度为一寸两分的木板八等分，切割成八块一分五厘（4.5毫米）厚的薄木片，这个步骤叫作"切片"。木料靠近外侧树皮的位置会发白，但又不能把它削掉，如果削去的话，木料容易腐烂变形，发白的位置还是要保留下来。

在八等分的"切片"之前还有一道重要的工序，叫作"铣切"。这就是铣刀，有点像一把两端都装了刀柄的菜刀，需要使用双手操作。用铣刀把木板边缘向中央稍许铰去一些。这里使用的铣刀和制作木桶的铣刀是一样的。只是制作木桶时的铣切是将铣刀向自己这边拉，我们这里是向外推。我们用的铣刀的刀刃没有弧度，是直刃的。铣切的目的，一个是为了是让木头的横断面变得光滑，以防止屋檐上的雨水渗透进木纹里。另一个是为了让刀刃在切片的时候更加稳定。因为如果接触刀刃的木头断面是凸起的，刀锋容易滑动，不稳定，所以要尽量把木板切成断面向内凹陷的。木片断面的切口最后留在屋檐的位置，是雨水最容易渗进的部位。在这个位置用铣刀铣一下，可以让断面的切口紧实光滑，防止雨水的渗

切片前的铣切。

入。铣切的凹陷度用肉眼几乎是看不出来的，只是切去了半根头发丝那么少，非常轻微地向内凹进去一点点。如果用肉眼能看出凹陷的话，那就说明铣切得过头了。铣切后，要沿着断面用砍刀将木块剖成小片。

制作木片屋顶的刀具全部都是单刃刀，铣刀和砍刀都是单刃的。八等分的话，每一片的厚度不足五毫米，有的地方甚至比这还要薄，我们一般是做一分五厘左右。但是，每一块切片上下两头的厚度不是完全一样的，虽然上端是要等分为一分五厘厚,但下端要比上端更薄、更窄一些。这是为了让木片重叠地铺在屋顶上的时候看起来不那么厚重,要让木片越往下越轻薄,我们管这个步骤叫作"掬取",这也是最难的。

无论是木片的两边还是中间,厚度都不能超出横截面。只要哪里稍厚了一点儿,一眼就能看出来。虽然没有专门测量过,但因为做得多了,也就熟练了。一上手相差不了多少,不需要测量,都是靠眼睛看,凭手感来完成的。所以需要把砍刀磨得很锋利,砍刀轻轻一挥就可以切断一根头发丝。切的时候,一边切,一边还要根据手感将厚薄调节均匀。每个人的手感不同,切出来的木片也不一样。手感这东西,需要个人的体会和悟性,师父也没办法完全传授给徒弟。只有勤学苦练,才会熟能生巧。学徒学艺,历来就是这样。

以上说的都是天然秋田杉,栗木的话工序也完全一样,只是栗木要硬得多。

木片铺设的屋顶

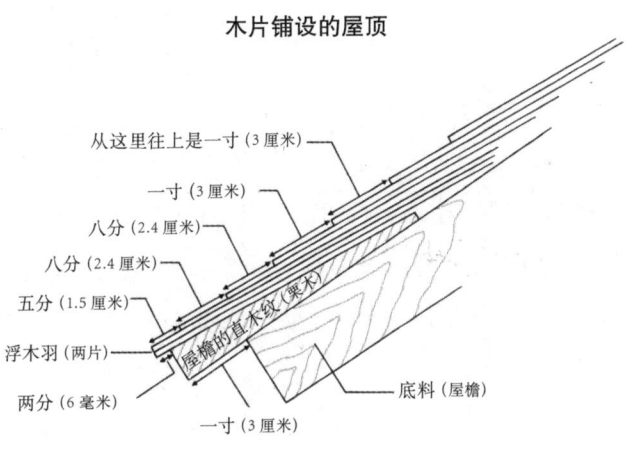

屋顶木片的切割方法

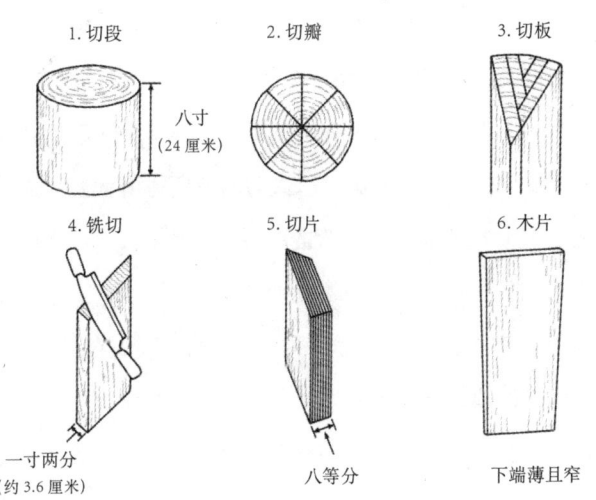

木板屋顶匠人　云雀佐太雄

关于工具

接下来给你介绍一下制作屋顶木片的工具。其实我们并不需要什么特殊的工具。切瓣和切板用的都是砍刀，切片用的是小砍刀，刀柄的角度稍有不同，但都是单刃刀。这主要是因为使用双刃刀削出来的要比这个厚。切瓣和切板时，木板的横截面都很大，所以需要使用大砍刀。我用的大砍刀，刀身长八寸五分(25.5厘米)。对于一些上了年纪的老师傅来说，用这个可能太重了，会选稍微短一些，刀身长八寸的。切瓣使用的大砍刀，刀柄是直的。切片使用的小砍刀，刀柄和刀刃之间不是一条直线，稍许有些弧度，这样手腕才不会太累。

铣刀的刀柄是用椴木做的，砍刀的刀柄是用木天蓼做的。都是上了年头的老木，这样砍的时候手不会感觉震。因为每天都要用无数次，所以刀柄的好坏十分重要。用来敲砍刀刀背的锤子叫"木槌"，也是自己手工制作的。我现在用的是色木槭和枫木制成的木槌。这两种木头做成的木槌都不会打滑，手感很好，而且足够坚固，用起来很容易上手。木槌有两种，在切瓣和切片时略有区分。切片时用的是小木槌，这种木槌

大木槌　小木槌　铣刀　小砍刀　大砍刀

专用的铁锤　铺设木板屋顶　宽幅大锯　窗锯　劈木板的台子

木板屋顶匠人　云雀佐太雄

和普通锤子最大的不同就是它可以直立着放置，用的时候顺手就能抓住手柄。如果横着放，会很容易滚到一边，用的时候找起来既麻烦，又浪费时间，所以专门做成了可直立放置的。

这个就是小木槌。

做好的木片被绑成一捆一捆的。每捆的宽度大约一尺八寸（60厘米），四十多片一捆。每一片木板的宽度是不同的，捆的时候把它们拼凑在一起。这样的五捆大约可以铺一坪（3.3平方米）左右的屋顶。

这个就是木片捆。把捆好的木片放到专门的库房里保存起来。过上一段时间，一些原本不太平整的木片也会慢慢地干燥、变直。扎捆打包也是一个技术活，每个工匠都有习惯和手法上的差异，最好是自己捆。如果几个人共同作业的话，各自手感轻重不同，捆好的木片很容易因为受力不均匀而发生变形。每片木板之间的缝隙都要压紧，就像过去的老师傅们常说的："得像装烟袋那样压瓷实咯！"（笑）而且，木捆还不能太宽，太宽的话中间的缝隙就会变大。无论是杉木片，还是栗木片，打包后每一捆的大小是一样的，但重量却大不相同。栗木的重量是杉木的好几倍。

切割木片时需要穿上厚棉袜，因为砍刀不小心掉到光脚上会很危险。砍刀的刀柄也必须用棉布缠上好几圈，一方面不容易打滑，另一方面可以吸去手上的汗。年轻的时候，手上有油脂，不容易打滑。上了年纪以后，手也变得干巴巴的，拿东西也容易滑落。（笑）

砍刀必须磨得十分锋利。我用的是上好的磨刀石，砍刀的刀刃一直要磨到轻轻一抹就能刮下胡子那么锋利。这可一点儿都不夸张。

我用的这件金属工具是西川原一家铁匠铺的菅师傅专门为我定制的。他当时说，你用用看，能用的话最好，如果太软或者太硬，我再重新给你做。大家就是这样一边交朋友，一边切磋手艺，一边做买卖，工匠们都非常珍重彼此之间的交流和友谊。

切割木片还有一样非常重要的工具，就是这个。

知道这是什么吗？蝮蛇皮！如果手不小心被刀割伤了，不需要擦药，把血擦干净后，在伤口上裹上这个，一圈一圈缠紧，割破的肉很快就能长好。不用打绷带，一直缠着这个不

木片捆。

要解下来，蝮蛇皮就像皮肤的表皮一样，能保护伤口，促进新的细胞生长。这是干我们这行不可缺少的宝贝。如果害怕或者讨厌蛇的话，恐怕会有点抵触吧。但是它能紧紧压住伤口，贴合度高，有助于抑制伤口出血。还是需要当心，不能让细菌混入伤口，但是最好不擦药，直接用蛇皮包扎就好。

以上这些就是制作木片屋顶所需要的工具。

高小毕业的长工

我的出生地，现在叫"角馆町"，过去是叫"白岩村"，一个小县城，离我们家不远。我的父母是在昭和十一年（1936年）分家以后搬到了这里。我们家一共五个兄弟姐妹，我排行老二，有一个姐姐，下面还有三个弟弟。姐姐在我生病之前过世了。我在昭和六十年查出了胃癌，胃和胆囊全都摘除了。我现在没有胃，从食道下面到肠子之间的这段消化器官全都摘除了。因为没有了胃，所以我每天要进食六次，每次只能吃一点点。好在精神还不错，还能由着自己的性子，做些自己喜欢的事。（笑）每天吃的就是普通的米饭。只是出院以后，做米饭的时候在米里加两成麦子,吃的是麦饭。现在麦子可是比大米要贵得多啊!和过去完全相反了,我自己还有一点田,可以自己种麦子来吃。

我上的是普通小学,一直上到高小二年级。当时我就读的高小就到二年级。角馆町这边的学校也有到三年级的,所以后来又转学到角馆町上了一年。每天上学都要走四公里。和现在不一样的是,从前有很多小路,我都是穿过草原抄近路去学校,所以感觉也没那么远。生保内线铁路是在昭和三年开通的。那一年我们去春游,就是坐火车到了刺卷,然后从刺卷走路去了田泽湖。那时的田泽湖里还有秋田大马哈鱼(田泽湖固有的一种鱼,一度濒临灭绝——编者注),我记得还见到了鳟鱼的养殖场。

高小毕业后我就回到本家做起了长工。所谓"长工"就是到庄稼地里帮忙干点农活,没有工钱,每年可以领取三袋大米,也就是给农家打下手的小工。长工里面也有干得好,后来当了工长的,每年可以领六袋大米,是我们这些小工的两倍。工长是长工中地位最高的。我当时和我的父亲,还有另外一位工友在一起干活。父亲也帮本家干活,是长工中的工长。

战争开始后,成年男子都要应召入伍。昭和十八年(1943年),我就被抓走送去战场了,虽说是刚小学毕业,才十五岁,但已算得上是家里的壮劳力了。不仅要顾自家的田,还得去帮本家干活。本家田还真不少,有的地租给了别人耕种。分家以后,我们家和本家加在一起,一共有三町(日本传统面积单位,1町合0.99公顷)左右的田。

十八岁的学徒工

战争结束以后,昭和二十年,我正好满十八岁,回到了家,在木板屋顶师傅那里当起了学徒。十八岁的学徒,在当时来说已经不算年轻了。我的师父是同村的佐藤久助。在师父那里学徒三年,又御礼奉公(用无薪劳动作为对师父的酬谢)了两年,一共五年。虽然听起来很漫长,但是从第二年开始我就能接一些小活儿干了。最开始就是赚点零花钱的小活儿,到了第三年,虽然报酬时高时低,但基本能拿到一定数额的工资了。因为师父家和我家离得很近,我每天还是住在自己家里，定时去师父家学徒干活。最开始的工作是帮忙看孩子。（笑）倒是不需要做饭、洗衣，就负责看孩子和打扫庭院。但我也没做多久，因为大多数时候都是跟着师父去外面干活，所以待在师父家里帮忙做家务的时间真的不多。

所有的工具都由我背着。师父对于工作的要求十分严格，也不会手把手地教你怎么做，完全靠自己多看、多记、偷学。如果遇到不太明白的地方，去问师父，师父会勃然大怒，大声斥责说："看了那么多年，怎么还不明白！"（笑）师父要求最严格的是礼仪，对待师兄和同门的礼节、态度。比如，到了茶歇的时间，如果大家都在屋顶上忙着，自己要赶快下来帮大家沏好茶。休息结束后，大家又开始干活，自己要等师兄们起身后，赶紧把茶具收拾好。尊长的礼仪是非常严格的。

差一点被逐出师门

即便处处小心，还是难免发生意外。

有一次，我们去一个叫大塚的地方干活。师父的一位朋友也在场，那位朋友的儿子也跟着去了，他比我小两岁。师父很爱喝酒，几乎每天晚上都要来上几杯。干完活儿，主人家一般都会拿出酒水、饭食款待工人，那天也遇到了这样的酒宴。酒足饭饱后准备打道回府，我一边等师父，一边忙着收拾工具。这时，我随口拜托这位比我年幼的小哥帮我拿了一下师父的伞。当时我已经学徒第三年了，同门中也有了师弟，也许是变得稍微有那么一点点自大了吧。匠人嘛，总是习惯使唤比自己年幼的后生，所以当时我随口就让那位小哥帮忙拿了一下师父的伞，自己并没觉得有何不妥，一路上都相安无事。经过我家门口的时候，师父突然让我把工具都交给他。平时我都是先把工具和师父送到师父家，有时还会在师父家小酌几杯，才回自己家。可是那天，师父就在我家门口，让我把工具都交给他。正当我不知所措的时候，师父把工具都从我这里硬拿了回去，还冷冷地说："明天开始，你就不用来了！"师父的话像晴空霹雳，但是震惊之余，我并没弄明白自己究竟做错了什么会让师父这么生气，甚至连师徒的情分都不要了。师父的态度如此坚决，我也不敢多问。回到家也没敢和父母多说，就立刻又跑出了家门。那天一起干活的师父的那位朋友就住在附近，我不明白自己究竟做错了什么惹师父生气,于是就跑去请求师父的这位朋友和我一起去跟师父求情。

师父的家里没有铺草席,也没有榻榻米,我独自缩在屋子的一角,低着头。师父的这位朋友苦苦劝说了一两个小时,师父就是不说究竟为什么生气,只是不停地喝酒。过了很久,那位朋友起身告辞,师父才算终于松口说:"这次就先饶你一回吧!"

后来我才知道,师父差点把我逐出师门的原因,是我让别人的徒弟帮忙拿了下伞。因为这事,我被师父狠狠地训斥了很久。过去那个年代,无论在同行,还是同门之间,礼仪都是十分严格的。

在工作上也是如此,如果谁铺的屋顶不合格,师父会全部掀掉让你重新铺过。被师父掀掉的木片散落一地,得赶紧捡起来,再一片一片拿到屋顶上重新铺设。(笑)这样的事太多了!必须把钉好的钉子全部拔掉,把木片恢复到最初的样子,然后再拿到屋顶上,师父不会停下手里的活儿的,只能自己一个人爬上爬下的一通忙活。当然,这样掀翻屋顶让你返工的情况也只是发生在现场,只有师父和学徒在的时候,若是有旁人在场,师父也不会这么大发雷霆的。

受欺负是前进的动力

跟师父和师兄们一起在屋顶上干活的时候,大家会排成一排。一般情况下,师父会亲自铺设屋顶最边上的部分,将木片一块接一块错开拼接,这种错落拼接称为"铺脚",要错开多少都是有规定的。铺设屋檐最外侧所用的木片称为"屋檐木片",一般是用栗木。在"屋檐木片"上铺设两块叠在一起的普通的木片,称为"浮木羽",然后再往上铺设木片的时候,要依次错开五分、八分、八分、一寸来往上铺,再往后就全是错开一寸了。

师父亲自铺设的都是屋顶最外侧的部分,其次是师兄,依次由外向内,由屋顶的下端逐渐向上铺设。根据每个人的能力不同,分到的范围也不同。有的人负责铺设六尺宽左右,有的人负责铺五尺,像我这样的见习学徒,刚开始一般只能铺三尺左右。负责铺六尺的师兄们都铺完一行了,有时我们这些铺三尺的徒弟还没干完呢。铺屋顶的时候要由外向内、由下向上延伸铺设，前面的人如果没铺完自己这部分，后面的人就没法继续铺。就比如，我铺完自己负责的区域的最后一块木片，后面那个人才能跟我这一片找齐"铺脚"位置，接着往下铺。所以，如果手脚慢，自己负责的范围就会越来越小，下一个接棒的人早就催着交接了。如果自己后面的人比较严厉，有时会故意提前交接，这时就必须加快速度。（笑）不过，也正因为这样才锻炼得手脚麻利，所以，学徒生活中的吃苦受累也算是一种修行吧，是努力前进的动力之一。说不定师父和师兄们也正是为了锻炼新人有意这样做的。师父就是用这样严格的方式带我们这些徒弟的。师父当年也许也是在这样的环境下才磨练出一技之长的。也有因为不能忍耐这些辛苦而中途退出的徒弟，也有的弟子跟师父大吵一架后离开。我就在这样的磨练中度过了宝贵的三年才终于出师了！

成为屋顶匠人的理由

为什么要当屋顶匠人？其实当时也有木匠和泥瓦匠等职

业可以选择，也并不是自己有多喜欢这个工作。当时家里还要种地、种菜，但是光靠种地又很难生活，所以希望在种地之余，学一门手艺。我家的地只有六反，这么一点儿，是不够养活全家的，所以需要到外面干活来补贴家用。我家兄弟五个，家里的活是不缺人手的，所以我就想到外边学徒干活赚点现金。在那个年代，现金是很宝贵的。小孩子们甚至连钱是什么样都没见过。（笑）所以我当时就觉得如果能一边帮家里干农活，还能一边铺铺屋顶、接点活儿就太棒了，就去当学徒了。其实，在当时铺设木片屋顶的活儿已经不是很多了，而且能铺木片屋顶的工匠也不多。因为木片屋顶经久耐用，铺一次用个十五、二十年都没问题。活儿少了，自然也就不需要那么多工匠了。但是如果各个村子绕上一圈，还是能接到一些零散的活儿的，所以也不是完全没有。最初，我是希望找一个可以一边干农活，一边兼职的活儿，但后来还是专心去做屋顶了。

和木匠、泥瓦匠相比，这门技术是干得越多，收入也越高。铺木片屋顶在当时来说，算是收入较高的工作，没想到后来会那么不景气，现在也还是不太好。从前，铺设屋顶是以面积计算工钱的，以一坪多少钱来计算。泥瓦匠也是以面积计价的。现在多是根据土木工程公司的经营方式，按照完工后的总价来核算日薪或月薪，支付给工人。

现在铺木片屋顶，除了维修的情况计算方法略有不同，一般还是以面积来计价。但是现在匠人们也老了，手脚也没过去那么麻利了，按面积计价其实挺不合算的。大概三年前，我和朋友一起接了一个活儿，拼了老命从早干到晚才干了年轻时的三分之二。原以为现在会比年轻时手脚熟练，能干得更快更多，但结果完全不是这样，干得又快又好只是自己的幻想罢了。上了年纪就得服老啊！手脚比年轻时慢多了，干不动了。（笑）

上山伐木

木片屋顶匠人有两种，铺木片屋顶的和制作木片的。有的人只负责铺设，有的人一年到头只负责切割木片，从不参与铺设工作。我的师父命令我两样都要学，所以我两样都会。切割木片的不仅有上了年纪的老工人，还有一些年轻人。这些人会去国有的山里，从木材商人那里购买伐木剩下的树桩。都是直径在三尺左右，树龄在二百五十年至三百年之间的大树，树干粗到一个人根本抱不过来。他们有时会在山上搭一个棚子，就地切割。在角馆町中川附近的深山里，有很多伐木用的小木屋，我也曾在这样的小木屋里砍过木桩，切过木板。因为都是自己做饭，所以还要带上锅碗等炊具。专门负责切割木片的工匠长年居住在这样的小木屋里。我们一般只在冬天和他们一起上山伐木，到了夏天则主要是铺设的工作。给木桩"切段"的时候，需要先使用大锯，然后再用窗锯，这种锯每隔几个锯齿就会有个很宽的间隙，像开了一扇扇窗户一样。用这种窗锯，锯下的大木屑容易脱落，锯起来也比较轻松。现在的刀锯都太重了，我们还是习惯用过去的锯子。

上山伐木、切割木片时，必须把所有的工具和做饭的炊具都带上，全都放在工具箱里背上山，或放在雪橇里拖上山。赶上挑夫们把木片背下山的时候，就拜托他们回来的时候帮忙带一些食物上来。

现在虽然也有卖伐木剩下的树桩的，但是已经不像过去那样了。从前伐木后剩下的都是很长的树桩，现在因为都用机械伐木，所以树桩几乎都是紧贴着地面的。过去伐木都是在冬天，一是因为农闲，没什么事干，二是因为冬天地上积雪很厚，树倒下来也不会有太大的损伤，同时也便于运输。因为有积雪掩盖，所以伐木剩下的树桩都比较高。现在一年四季都可以伐木，即使在炎炎夏日也能伐，而且都是尽量紧贴着树根锯断，所以，剩下的树桩就没多高了。从前冬天伐木后剩下的树桩比较高，锯下来切木片或者木桶片都绰绰有余。可是现在，珍贵的木材还好，一般的木材几乎剩不了多少。

"木桶片"说的是用来制作木桶的杉木板。做木桶的板子也是从伐木剩下的木桩上劈出来的。制作木桶用的木板条也必须是竖直的，必须纵向切割，不过它和屋顶木片的切割方法稍稍不同。屋顶木片是要沿着穿过中心的横截面切割，木桶板是顺着年轮切割。屋顶木片的切割方向相对于年轮是垂直的，所以必须要能看清木质和木纹，不然就没法切。同一块杉木，如果年轮呈锯齿状，没法切木片，那就沿着年轮切割，会容易得多。

日薪按捆算

木片屋顶匠人的工钱，无论是切割木片的，还是铺设屋顶的，都是按木片的"捆"来计算的。一捆木片的宽度是八寸，高度一般在十二间（日本传统度量衡"尺贯法"长度单位，1间=6尺=1.818米）左右。通常情况下，切割木片的熟练工人一天可以制作三捆栗木木片，或是五捆杉木木片，一天的工钱和木匠差不多。如果手脚麻利些，一天能做四捆栗木木片的话，收入就比木匠多了。如果手脚不利索，一天只能做三捆杉木木片的话，收入就比木匠少。

铺设屋顶的算法也一样，如果每天能铺十二三捆，赚得就和木匠差不多。这个速度已经是熟练工人的水平了。当然，如果技术高超，一天能铺二十捆的话，赚得就比木匠多多了。但是如果每天铺不到十捆，那就没有木匠赚得多。（笑）

给农家干活几乎都是物物交换，一般是用大米来支付工钱。几十捆木片也可以换一麻袋大米。木片切割的手工费，通常是切割一捆栗木木片可以换一升米。过去，年轻木匠一天的工钱是三升米，高级木匠一天能赚五升。所以说我们每天要切割出五捆栗木木片才能顶得上高级木匠的收入。如果再能干一些，收入自然就比高级木匠更多了。基本上就是这样一个行情。

过去大家都是用大米来支付工钱。去山里找到那些建了小屋切割木片的人，用吃的大米和他们交换木片。还要多少付点工钱给当地的妇女、小孩，让他们帮忙把加工好的木片送下山。总之，无论是切割木片还是铺设屋顶，这门活计的钱可不是那么好赚的！

我有一个朋友是专门铺设茅草屋顶的，他父亲跟他说过："铺木片屋顶是傻瓜才干的活儿。铺茅草屋顶的话，从早上干到晚上就能养家糊口。可是做木片屋顶，从早干到晚，甚至干到夜里手都不能闲着。"

的确是这样，做木片屋顶真的是不轻松，手一刻都不得闲。一旦闲下来，手就生了，活儿干得就慢。只能一刻不停歇地干活，才能比别人赚得多。功夫不负有心人，越能吃苦，越肯干，手艺就越好，活儿也就越漂亮。这是需要日积月累不断磨练的，可不是一朝一夕就能干好的事啊！

即便是现在，我们承包的很多活儿还是以捆来定价的。

一般的屋顶，一个熟练工人每天大概铺多少是有一个标准的，定价也跟木匠差不多。按这个标准除以铺设的木片数量，大致就能算出每捆的单位价格了。现在木匠干一天的工钱大概是一万九千日元，那我们就会以每天铺十到十二捆为标准，这样算下来，铺设屋顶的工钱就是每捆一千六到一千九百日元。

师父

年轻时，大家都是争先恐后地抢着干活，都希望自己每天完成的数量比别人多一些。我干得最多的时候一天铺过二十捆。只要拼命干，就能拿到比高级木工还要多的报酬。但是稍有大意就会影响进度，收入也会大打折扣，甚至连初级木工都比不上。

活儿干得好坏、熟练与否，都会直接影响收入。年轻时就是一门心思地专注于自己手里的活儿，根本没工夫看别人干得怎么样。到了后来，活儿越来越少，比自己年长的工匠也越来越少。但还是有一些手艺不错的老师傅。有些人就是有天赋，无论是铺设，还是切割，都能做得又好又快。他们能切割出我们一般用的木片一半那么薄的，甚至更薄的也能切。这些老师傅在切割超薄木片时，基本都不用木槌，都是直接用手敲击刀背。就像这样，轻轻用手拍打、敲击，然后再轻轻劈开。相同的木料和工具，我就绝对切不出那么薄的木片。我也曾经和一位老师傅一起上山切割过木片，他可以称为我们这行的名匠了。只可惜自己当时太年轻，只顾着忙自己手里的活儿，没有好好观察人家的高超技艺，也没能向这位老师傅好好讨教学习。

师父们都是技艺高超的名匠，普通工匠是从师父那里承接活计，师父也不会抽取提成。当弟子学成出师，能够独当一面的时候，就能从师父那里得到全额的工钱。当然，等自己做了师父，也就可以赚更多钱了。师父的工作一般就是坐在上座喝喝酒罢了。（笑）收徒入门的话，师父也会收取一定的礼金。不过相应也会给弟子们介绍活计。所以说，师父基本上也就是一个名誉上的称谓。但是雇主们都愿意把活儿交给名师。名师手下的工匠们再从师父那里承接活计，有时也会一起工作。遇到大活儿，例如像铺设大宅子的屋顶时大家就会一齐上阵。每年八月的盂兰盆节和年末，要给师父备上一些节礼，师父也会准备些回礼，像布手巾什么的。总之，一年到头，大家都会找机会聚在一起喝喝酒，互送礼物表表心意。每逢节假日也会送些米面，凑在一起喝上一杯，对方也会准备答礼。这也算是一种同行之间的人际交往吧。大家都遵守着这样的礼节。

屋顶匠人的守护神是山神。我们虽然不会专门去山神庙祭拜，师父也不会把工匠们聚在一起举办什么祭祀活动，但是大家都会在自己家里祭拜。比如挂一个山神画像之类的拜一拜，或者在心中默念几遍"山神保佑"，再合掌一拜。（笑）过去的"山神日"是每年十二月十二日。每到这一天，我们就会在工作台上摆上工具，为山神斟一杯酒，以示祭拜。过年时的年糕也会先给山神爷供上一份。供奉的工具也是铺设屋顶用的铁锤、砍刀等常用的，此外还有小砍刀，需要从刀鞘里抽出来放好。这些是我个人的习惯，其他人可能还有一些自己的习惯吧，但大致的形式都是如此。

石头山上的树木最好

制作木片时，生长在石头山上的树，和生长在普通土壤里的树，切割时的手感是完全不同的。石头山上生长的树比较好砍，用金属刀具砍和用刨子刨起来都非常省力。而土壤肥沃的山上生长的树比较有韧性，用我们这行的话说，就是比较"生涩"。虽然不清楚木质上有什么不同，但石头山上的树切割起来非常爽脆，土山上生长的树就像回软了的煎饼一样，软糯不吃力，非常难切。（笑）你可以想象一下，石头山上生长的木材，就像干脆的煎饼一样嘎嘣脆，而土山上生长的木材因为湿气太重，就像回软了的煎饼，绵软不吃力。

木头运过来的时候外表都是一样的。问过产地，知道了山的名字、位置等信息以后，大家心里就有数了。也有人认为生长在山坡阳面的树，枝杈太多，不好用，但这也要看具体的生长位置。如果山上种植的树木过密，那最外侧的树木一般都只有一侧使劲长枝杈，也就是只有在光照充足的一面长枝杈，一般这样的木料比较难用。而如果是生长在森林中央的树，树枝和树杈交互生长，就相对比较均衡，切割起来会容易一些。

那你觉得夏天砍伐的树和冬天砍伐的树会有区别吗？实际上，树的区别只在于土壤，至于是夏天还是冬天砍伐的，并无多大影响。用来制作屋顶木片的木料不能太干燥，木芯干透了切割起来会非常费劲。

杉木的用途

杉木浑身都是宝，不仅可以有效地利用它的树桩，树皮也大有用途。砍伐杉木时一般会先剥去外皮。如果在冬天伐木，因为水分缺失，树皮很难剥下来，所以有时会等到开春，把树皮剥去后再进行砍伐。如今，无论是做屋顶木片，还是踢脚板，都很少用杉树皮了。过去，天然的杉树皮可是非常昂贵的，因为杉树的树皮很厚，又比较结实。但是，如果用杉树皮来铺设屋顶的话，需要三年加固一次，因为有的地方会翘起来，上面也比较容易积攒灰尘，所以需要重新敲打平整，进行加固。杉树皮屋顶铺好了是非常漂亮的，它的颜色和外观都十分美。"二战"结束后，角馆町有三分之一的房屋都是用杉树皮来做屋顶的。还有专门的工匠，他们是铺设杉树皮屋顶的专业工人，只铺杉树皮的屋顶，不铺木片的。但是现在大多是镀锌铁皮或石棉瓦屋顶了。过去有茅草屋顶、杉树皮屋顶、木片屋顶，甚至还有石板屋顶，种类很多。大家都是就地取材，砍了树，把剩余的树桩、树皮加以利用，不让资源白白浪费。秋田杉的树皮是很坚固的，那些比较结实的还被用来钉外墙的壁板，茶褐色的外墙壁板十分美观。秋田杉最外侧的一层树皮被称为"鬼皮"，这层树皮要剥掉，就只是剥去最外侧比较粗糙的一层，尽量多地留下中皮层，杉树皮的中皮层色泽就像刷过油漆一样光亮。过去，用得起杉树皮做外墙壁板的可都是些大户人家，这样的外墙壁板一般高三尺。可惜现在已经看不到这样的房屋了。不过因为杉树皮热胀冷缩，伸缩性太强，钉钉子的话，钉子的位置热胀冷缩后很容易裂开，所以最好用石头来压。当然，要求美观的话，还是钉钉子加固比较漂亮。

现在一般会在杉树还没有砍伐之前就剥去外皮，剥去外皮的杉树过不了多久就会枯死，这个时候再把它砍倒。树还在生长的时候剥树皮，可以剥得很高，但是如果树太粗，剥起来是很费劲的。不过现在都是机械化作业了,而且杉树皮已经几乎没什么用了,都被作为废料扔掉了,扔在地上很快也就腐烂了。

听说过去政府发布过告示,说由于材料太浪费,请大家不要用木片铺设屋顶,据说有过这样的年代。用野生杉树的直纹木料来铺设屋顶,在那会儿被认为是浪费。不过听说只有角馆的武士家宅可以除外。现在想想,用上好的杉木直纹料来做屋顶的确是很奢侈的一件事啊,那可是杉树最好的部分!

能代市附近已经没有野生杉树了,现在剩下的都是人工栽培的。人工栽培的杉树也能做屋顶,只是木质太软了。这些年,用人工栽培的杉树做屋顶木片的也越来越多了。但树龄在六七十年以下的都不行。六七十年树龄的杉树,最粗的直径也不过八寸(24厘米)到二尺(60厘米)。这样的木料,靠近树皮的白木质的部分太多,非常软。直径二尺左右的树,边材至少就有两寸(6厘米)。另外,树龄越小,年轮间距越小,年轮间距过小,木质会缺乏弹性,就像回软了的煎饼,没有弹性。(笑)用这样的木料做屋顶木片,从白木质的边材到木结混杂的部位都没法用。即便是勉强用了，过不了多久也就腐烂变形了。边材的部分两三年就会腐烂，好不容易铺一次，才用两三年，实在太不合算了。而且烂得七零八落，都没法一块一块地拆开，所以这种料最好一开始就不要用。

屋顶木片多选杉木和栗木

用来制作屋顶木片的木材主要是杉木和栗木。对于农民们来说，栗子树的果实是重要的现金收入来源，木料还可以用来铺设屋顶。到了更换屋顶的季节，老乡们就会挑选几棵身材挺拔的栗树，把它们砍来加工成木片。不过，一般的百姓家还是茅草屋顶为主，能用到木板屋顶的多是粮仓，或是屋檐等房屋比较重要的位置。

铺设茅草屋顶和木片屋顶的价钱是差不多的。茅草屋顶需要经常进行维修加固，木片屋顶虽然花钱，可一次可以用十五到二十年。这样算下来，两者的成本应该差不多。铺设茅草屋顶，需要提前在自家的野地种茅草，然后收割。砍下来的茅草要先拿来做过冬用的保暖墙，经历一个冬天彻底干燥后，才能用来铺屋顶。过冬用的保暖墙，是怕屋内温度太低，在自家外墙四周用木板和茅草加固围成一圈。这里的冬天经常下雪。经历了一个冬天，茅草也就干透了，就可以用来铺设屋顶了。遇到谁家盖新房，需要铺茅草屋顶的时候，全村人会一齐出动前去帮忙。各家各户都会带上一些茅草、绳子什么的过去帮把手。邻里间的帮忙纯属义务劳动，主人家要是款待了谁，之后可是得还礼的。（笑）只有在盖新房的时候，才会全村人集体出动，为的是在下雨前尽早完工。大家一起干的话，基本上一天就能完工了。全村如果有五十多个壮劳力，就是五十多个人一起劳作。当然，集体劳动后的酒也特别香。（笑）

　　白岩村是一个不大的村子，村里人也不算多，大概有二百多间房子吧。这二百多间房子并不都是木片屋顶，所以村里有五六个木片屋顶的工匠已经算不少了。但是在角馆、长野、丰川、神代等地（都是角馆町附近的村落），木片屋顶的工匠没那么多。过去这一带最出名的是国见（现在的太田町）的木片切割工匠，他们的手艺绝对是一流的。角馆周边的话，在小馆村附近也有几位做这行的工匠。全部加起来也没几个人，活儿还是很多、很忙的。

切割木片的工匠上山干活的日子，在吃早饭之前就会把这一整天计划要切割的所有原木桩都先切段，吃过早饭马上就开工。结束一整天的切割工作后，晚上还要借着灯光扎捆打包。这样辛苦工作一天下来所得的收入大概是普通木匠的一点五倍。在伐木场的小木屋里切割的一般都是杉木，野生杉木。用来切割的木料都是木材商提供的。木材商人从国家或者这些树林的主人那里买了木材之后，并不是把木材转卖掉，也不会批发给我们，而是出钱雇我们来把其中的一些木料切割、加工成屋顶木片。如果有谁家要铺设木片屋顶的话，一般都是自己准备好所需的木片。如果用栗木的话，主人家会自己挑选挺拔茁壮的栗树砍伐好，然后请我们来切割。从木料的砍伐到运输，都是主人家自己准备。也有的城里人是直接购买切割好的木片成品。木片切割是门手艺活，外行人是根本干不了的，必须请专业的工匠。

砍伐下来的树木并不是全都能用来加工屋顶木片，能够用作屋顶木片的只有很少的一部分。枝杈生长的部位就没法用，只能烧柴。从前做饭几乎都是烧柴火，所以也不算浪费。

能用作屋顶木片的只有又圆又直的主干部分，否则没法竖直切开。

生长得很好的杉树，主干可用的部分有二十尺（6米）吧。如果是栗树的话，为了多结果，能用的最多也就七八尺（2.1—2.4米）左右。因为挂果多的栗树，侧枝都比较繁密，这样横向生长的栗树一般都不会太高，也是为了方便摘果嘛。所以，可用作屋顶木片的主干部分就很有限了。对于我们切割木片的工匠来说，是选择一棵能加工二十捆木片的树，还是三十捆木片的树呢？当然选择后者，因为那样效率高嘛！（笑）

杉树即使有侧枝，也不会像松树那样一个地方四面全都有。杉树的侧枝是交错着生长的。从中间剖开的话，还可以选用没有侧枝的一侧。而且，天然的野生杉树侧枝很少，所以野生杉木是最适合加工屋顶木片的。此外，野生杉树的侧枝结头比较细小，人工种植杉树的侧枝结头就比较粗大，容易开裂受损，使用寿命也有三年以上的差异。但是，无论是野生杉树，还是人工种植的杉树，树龄都必须在七八十年以上才行，太年轻的树没法用。

你看，这就是野生杉木，这个是人工种植的杉木。（手里拿着两块木片）大不相同吧！木纹就不一样。野生杉木，一张彩纸大小的木片上能有上百个年轮，人工杉木的年轮就稀疏多了。相同大小的木片，野生杉木的年轮数是人工栽培杉木的三倍多。

切割好的木片最好放置一段时间，让它充分干燥以后再用。但是因为现在没有多余的财力和时间，一般切割好了马上就用了。过去，金泽的大户人家在铺设粮仓屋顶时，会一次性把需要用到的木片全都切割好，除此之外，还会加工相同数量的木片保存起来，干燥好，留着下次更换屋顶时用。十四五年后，甚至是二十年后才需要更换的屋顶木片，早早就提前备好，这也就是财力雄厚的大户人家才会这么做。过去的贫富差距比现在要大得多，穷人家只要屋顶不漏雨就谢天谢地了，有钱人家却早早把二十年后需要更换的屋顶都备齐了。

铺设屋顶

（在修复武士家宅的一个小屋顶的施工现场）欢迎，欢迎！我来给你演示一下怎么铺设木片屋顶吧。亲眼看比光听

武士家宅大门的屋顶。

我说更容易明白。

爬上屋顶之前要换胶底足袋，从过去就是如此。铺设木片屋顶的工具就是钉子和铁锤这些，因为是坐在屋顶上干活，小凳子的腿上都打上了防滑钉，防止打滑摔下来。用的铁锤也是特制的，和铺柏树皮屋顶用的铁锤外形一样，只是那种铁锤的锤面是粗糙、带波纹的，我们使用的铁锤没有粗糙的波纹，锤面很小，四方形。手柄的另一侧有拔钉子用的起钉锤，锤子的手柄上还有标尺，可以用它来测量"铺脚"的间距（上下两片重叠的木片之间错开的间距）。至于钉子，过去多是用竹钉，现在已经没人再用竹钉了，几乎都是镀锌钉。过去用竹钉的时候，为了去掉上边的油，还要把竹钉在锅里炒一下，炒的过程可以去除竹子里所含的油分。不过，我们也都是去买现成的竹钉。用竹钉的年代，偶尔也会混用铁钉。因为如果全部用竹钉的话，遇到台风，屋顶木片容易被吹落。竹钉没有钉头，紧固力比铁钉差一些，所以从前我都是竹钉和铁钉混着用，现在已经不用竹钉了。

过去，拆除废旧屋顶木片的工具就是干农活时用的锄头，把木片连着钉子一起撬起。从木板表面钉子眼的位置大致能判断出钉子的位置，对准它用锄头一撬，木片就连同钉子一起被撬起来了。如果是用了十四年到二十年左右的屋顶，木片已经老朽，镀锌钉还没有腐烂，用锄头撬的话，也就不到一半，三分之一的钉子会嵌在木头里很，难拔出来。不过可以看出，钉子还是很结实的。

铺设木片屋顶用的钉子长八分(2.4厘米)或一寸(3厘米)。在屋顶上干活，我们习惯把钉子含在嘴里，比从钉子盒里往外取方便。因为右手要握钉锤，左手要按住木片，不可能像普通木匠那样从钉子袋里取钉子。所以一般都会把钉子含在嘴里，右手握钉锤，左手按住木片，用钉锤手柄的中央对准钉子头一敲，动作要快，还要连贯，一气呵成。含在嘴里的钉子数也不是一定的，有时五根，有时八根，也有三根的时候，具体要看拼接的木片数量有多少。有时需要把含在嘴里的钉子翻个个儿，好让钉子头朝上。如果自己的牙都掉光了，也就没法把钉子含嘴里了。我现在装的就是假牙，不过今天我把假牙放家里了。那坑意儿，还是不太舒服，所以干脆就不戴了。戴了假牙就不能灵活地在嘴里给钉子翻个儿了，因为翻钉子需要用到舌头。连续干三天的话，嘴里都是伤口，火辣辣地疼，连喝粥都疼。不过，忍一忍也就过去了。要说难的还真不是用锤子钉钉子，而是把钉子从嘴里吐出来。这个是最难的！刚开始练的时候真吃了不少苦头，怎么也吐不出来。（笑）要做到熟练，至少得练上一两年，可不是一朝一夕就能学会的！

现在干的这个活儿是从昨天刚开始的，不太好干。你看，我们用的钉子盒的形状和木匠的也不太一样。我们的是用杉木做的盒子，钉子盒的四角都打磨得很圆滑，为的是用手握住盒子往外一抖，钉子就能很容易地倒出来。比较宽的木片需要三根钉子，窄一点的也要至少两根。钉锤手柄上的刻度是五分、八分、一寸，是从木柄的顶端开始，这些都刚好是"铺脚"的尺寸。钉锤手柄这一侧微微向内凹陷，为的是钉钉子的时候保护手。要都是直的，敲的时候就锤到手指了，那这三根手指头就要碎了。所以为了保护手指，专门做了这个向内凹陷的设计。钉木板的时候是从嘴里吐出钉子，然后用钉锤手柄的中间部位对准钉子头使劲一敲，这一下不仅要让钉子立在木片上，还最好能把钉子的一半敲进木片里，之后再有两三锤就可以把钉子钉进去了。就是重复这样的动作，快速地重复。

铺设木片屋顶要用白墨

铺设木片屋顶时，也需要画墨线。我基本上是靠目测，因为我们（指一起工作的另一位老师傅）都是有经验的老师傅了，所以靠目测也能铺得很直。如果手艺不行，铺出来的木片不是一条直线，会像波浪一样有起伏。那样的话就需要弹一下墨线，找准直线再返工。也许有人会觉得，为什么非要铺一片钉一片呢，由一个人专门把要拼接的木片摆成一条直线，另一个人专门钉钉子不是更有效率吗？这当然是很理想化的，但实际操作起来却是行不通的。因为钉钉子时的震动会打乱原先摆好的木片的位置，所以必须确定好木片的位置后立刻钉上钉子加以固定。两个人并排着一起干活时，这边的人一直做到和下个人交接的地方，下一个人就从交接的地方做到另一头，做完了再回来交接。如果两个人能力差不多，那就刚好是一人铺一半。如果两个人能力不一样，那就我先往另一边铺着，然后另外一个人看我的情况配合着过来和我交接。铺的时候一定是从左向右铺。

遇到很大的屋顶时,有时需要五六个人并排着同时作业。最先铺的那个人一般是整组人的领头羊,由他来确定"铺脚"的间距,然后再开始干。开头和收尾的部分、靠近边缘的位置尤其需要认真把关,所以一般都会让年轻的工匠铺设中间的位置,老工匠负责收边。等到年轻的工匠手艺长进了,就可以做一些打头和收尾的工作了。但是很遗憾,现在这一行已经后继无人,没有年轻人肯干了。

干我们这个活儿,即使是像我们这样的老工匠,只要稍不留心,铺好的木片还是会起波浪。我现在的手艺已经退步了很多,有时也需要弹一下墨线来找直线重新修整。这次的活儿到目前为止还算顺利,还没出现这样的情况。

我们铺设木片屋顶所用的墨线是白色的,白墨过去就有。三个人一起铺,只要有一个人出了差错,整个工程进度就会受影响。那时就需要弹一下墨线来看看,究竟是谁拼得高了或是低了,高了多少,低了多少。最简单的方法就是从最左侧向右看,一眼就能看出究竟是哪里高了或低了,哪里不在一条直线上。一般来说,拼高了的情况比较多见。我们一般都是靠目测来看铺得是否平直。

九坪的屋顶，如果是两个人一起铺的话，大概需要四天时间。普通平面屋顶的话，大概两天就可以铺完了，四个边有弧度的簸箕式屋顶需要四倍的时间。因为簸箕式屋顶的四条边是曲线的，有弧度，得用"簸箕拼"（minokoshiki）的方法来铺，拼起来特别费时费工。

屋顶最边缘的位置称为"屋檐木片"，只有这个位置需要用栗木来铺。接下来两片叠在一起的木片叫作"浮木羽"，此后就都是单片板了。一般来说，这种只是重叠着往上拼的铺法叫作"平拼"（hirabuki）。此外，还有"升拼"（masubuki）、"簸箕拼"等各种铺法。厢房拐角处，内角和外角的铺法也各不相同。

北向的木片屋顶更耐久

长满青苔的木片屋顶是非常漂亮的，同时，青苔还有助于保护屋顶，所以长了青苔的屋顶更耐久。这边入口处北向的屋顶已经铺了有十五年多了，因为长满了青苔，耐久性也更好。把破损明显的地方稍加修复，再用上五年是没有问题的。

北向的屋顶因为光照少，被雨水淋湿以后干得慢，所以容易长青苔。湿气特别有助于木片屋顶的养护。而南向的屋顶因为日照时间长，下雨后很快就干了。这样一干一湿，夏天还要经受阳光的暴晒，受损就比较厉害。这一点和茅草屋顶恰恰相反，茅草屋顶是南向的向阳面比较结实，而木片屋顶是南向的向阳面容易受损。

我们这里是雪国，冬天木片屋顶有相应的打理方法。清理屋顶积雪的时候，木片屋顶要留下五寸左右的雪，要是铲雪的时候铲到了木片，那就把屋顶铲坏了。屋顶形状也各不相同，有的屋顶会有箱栋，也有的在屋角两侧配有驱邪的装饰。青柳家的屋顶就有箱栋，箱栋其实就是装饰用的，一般的屋顶没有，屋脊就是三角形的，什么也不加。过去也有用杉树皮包屋脊的，再好一点的，也有用镀锌铁皮的，不过那些都是装饰。

时代的变迁

其实,在我还没出师之前,木片屋顶的时代就几乎已经结束了,所以我没有再收徒弟,也可以说我算是最后一代木片屋顶匠人了。一身的手艺却无后人可传,我儿子也不愿意干这行。在京都、奈良等地,古建筑、寺院和茶舍,很多都是木片屋顶,所以那边也许还有一些木片屋顶的工匠。但是在我们这里,再也没有传人了。虽然说现在这门技艺还没有完全失传,还有像我这样略懂一二的工匠,但是,已经很难找到需要这门技艺的活计了。

木片屋顶大概在昭和三十年(1955年)左右达到顶峰,此后就被镀锌铁皮取代了。我后来也学了镀锌铁皮屋顶的铺设。镀锌铁皮屋顶的铺设方法和木片屋顶完全不同。刚出现镀锌铁皮屋顶的时候,我就预感到了新的时代即将到来,赶紧学了这门手艺。如果不是这样,估计后来都没有办法养家糊口。之后,还出现了铜板屋顶。

秋田这个地方,一年有一半的时间都在下雪,别的工作什么都做不了,只能出去打工。我从三十岁到五十八岁的二十几年里，一直在川崎的一家建筑钣金（镀锌铁皮）厂工作，我就住在厂里。冬天的时候会接一些铺设铜板屋顶的活儿，厂子不是专门做铜板屋顶铺设的，但是也会转包一些铜板屋顶的活儿。偶尔也帮一些寺庙整修、铺设屋顶。遇上一些宫殿的装饰或修复性的工作，我一个人就能完成。十四五年前还帮人做过铜板浮雕呢，不过这类工作还是名古屋一带的工匠比较在行。

过去我打工的时候，总公司经常会发来一些蓝图，让我们根据图纸加工。刚开始的时候，我根本看不懂这些图纸，干活的时候必须带上一个年轻人。后来时间长了，觉得老依赖别人也不是事儿，就开始努力学习，终于学会了看图纸。我这一辈子，既做过木片屋顶，也做过镀锌铁皮屋顶、铜板屋顶，一直都在跟屋顶打交道，真的是跟它有缘啊！（笑）

最近还是有一些这样的铺设木片屋顶的工作的，大概是在三四年前吧，最后一次是那边那栋武士家宅。

可惜啊！木片屋顶再也没有传人了。如今还在做这一行的也都是一些上了年纪的老工匠。和我一起干活的那位师傅明天要休假，他的孙子明天在幼儿园有公开课，他要去参加。

你看，大家都是爷爷辈的老工匠了。干活的时候，除了午休时间外，上午十点和下午三点还各有一次休息。大家都是上了年纪的老人，中途不休息一下身体可真是吃不消。（笑）我的孙子现在住在仙台，他就经常取笑我说："爷爷，你都七十多岁了，怎么还不退休啊！"（笑）还是有一些需要这门技术的活计。最近我就接了重新铺设小学舞台的工作。角馆的中川小学，操场舞台上方有一圈像房檐一样的、宽三尺的木片屋顶，长约五六间（9.09—10.908米），高约三四间（5.454—7.272米）。屋顶虽然是普通屋顶，但是需要重新铺设，这样既挡雨又耐用。

木片屋顶现在成了价格昂贵的奢侈品了。用野生杉木做木片来铺屋顶，那简直就相当于用千元钞票铺屋顶，比铜板屋顶还要贵！时代真是不一样了，在过去，木片屋顶算是经济实惠的，不得不感慨时代的变迁啊！

价格这么昂贵，也还是没有人愿意做这一行。我们这一代工匠没了的话，普通木匠还可以根据屋顶的外观来试着铺设木片屋顶，但估计没有人能切割屋顶木片的了。这样的武士家宅或神社的修复将变得非常困难。所以，我现在只要一有空,就想尽量多切割、加工一些屋顶木片。遗憾的是,野生的杉木实在太难找了,不知道以后会怎么样。

有人看了介绍我的报道,专门从北海道前来拜访,也有人来订购屋顶木片。京都的一些专门负责维修传统建筑的建筑公司一下子就要跟我订五十捆,甚至还专门从京都开着卡车过来,希望到我家直接把木片拉走。甚至还跟我说,只要我身体允许,今后我能切割多少,他们就要多少。我也是上了年纪的人,也不知道自己还能做多久,只是希望趁自己身体还能动弹,在有生之年,多为后人留下一些吧。

(1998年9月8日访谈)

(刘睿琳译)

拾叁 野生山茶林造就的手工技艺

山茶油榨油师 高田八郎

(1924年1月18日生)

导语

我们先来说说用来榨山茶油的原料野山茶吧。野山茶是各类园林用山茶品种的原种。"野山茶",顾名思义就是野生的山茶。它是一种自然生长在本州岛以南的常绿乔木,高五米到十五米。大家都知道,早春时节,它那特有的红色的花瓣就会绽放。而到了秋天,它又会结出有四五厘米厚的包裹着坚硬果皮的果实。果实一旦成熟,果皮就会裂成三瓣,里面的山茶籽会脱落出来。野山茶的籽个头很大,一颗果实里通常会包裹着两到三粒山茶籽。

山茶油的原料就是山茶籽中所含的油分。野山茶籽的含油量在百分之三十五左右,其中百分之八十到九十是油酸。山茶油是非干性油脂,可以用来护发,也可食用。和野山茶一样，山茶油也是日本所独有的物种。

从东京乘飞机大约四十分钟就到了大岛（又称伊豆大岛，位于日本东京都以南的太平洋上，是日本伊豆群岛中最大的岛屿）。在日本，生产山茶油的地方只有大岛和九州的五岛列岛（日本九州西海岸外群岛，属长崎县，包括福江、久贺、奈留、若松和中通五座岛屿）。虽然受到温暖的海洋性气候的滋养，野山茶树可以延绵生长并一直向北延伸到青森一带，可是，要想将它作为商品利用，就需要非常大的量，这并不是一件容易的事。伊豆大岛上生长着大约三百万株的野山茶树，把这些野山茶的种子采集、熏蒸、压榨而提炼出的大岛山茶油，曾经被作为护发用品，一度供不应求。然而，随着时代的变迁，流行也发生着改变。商场里各式各样的美发护发产品不断地推陈出新，让人应接不暇，要想找到一瓶纯正的山茶油变得越来越难。即便如此，山茶油的美誉依然作为社会记忆存在于人们的脑海之中，尽管有人会将它误认为是相扑选手固定发髻所使用的头油，但是其实山茶油是很清爽的，并没有固发的功能。

随着各类新式化妆品粉墨登场，大岛传统的山茶油榨油作坊也在悄悄地退出历史的舞台，现在仅有三家了。榨取山茶油所使用的山茶籽必须来自纯天然的野山茶树，可是受到天气等自然环境的影响，它的开花、结果随着年份不同都会出现差异，再加上山茶籽的采集又必须完全靠人工一粒一粒地捡拾，确保原料的供给也变得越来越困难了。

自然的更替，加上一点点人工的培育，才能创造出野生的山茶林。如果是依靠人工造林来种植山茶树的话，那将需要更加漫长的时间。也正是这样野生的、神秘的山茶林，才造就了一项拥有无限可能，却又在不断衰退的技艺。

我走访了高田八郎小小的榨油坊。他还在继承着父亲的手艺，坚守着高田家的榨油坊。这是一项需要很多纯手工作业的活计，他给我讲述了大岛的变迁。

高田八郎口述

野山茶的种子

山茶籽的收获期从每年九月开始，今年的采收工作就快结束了。如果赶上收成好的年份，一直可以采收到十一月底，今年的情况不太乐观。(笑)至于具体原因，我们也没做过专门的分析，说不太清楚。一般来说，开花不好的年份，收成也不会好。如果花开得好的话，只要不刮台风，收成一般不会差。今年(1998年)的花开得就很少。去年可是个丰收年，花开得很好。

野山茶是自然生长的，不像果树那样还需要施肥。如果是果树的话，收获后还需要追肥，有时为了多挂果，还需要专门催肥什么的。山茶则完全不用费心，不必施肥，也不用剪枝，几乎就是任其自然生长。要做的就只是等到结果的时候，去把果实采回来。怎么说呢，感觉有点像"掠夺式种植"。(笑)这或许是得益于大岛这片土地吧。这里有最适宜山茶生长的风土。

用于榨油的山茶籽必须是野生的，只有野山茶的种子才能提炼出山茶油。野山茶也是日本列岛传统的树种。在日本，用野山茶籽榨取山茶油的地方主要有九州五岛和一些零散的地区。但产量最高的还是伊豆七岛中的大岛、利岛和三宅岛，其中又以大岛的山茶油最为有名。可能是我们的宣传工作做得比较好吧。(笑)即便如此,如今在大岛,榨油作坊也变得越来越少,还在工作的就只剩下三家了。我家算是产量最高的。

说实话,这一整年每天都面临着原料短缺的窘迫局面。一个工人一天可以榨取的山茶原油,是二百升(容积单位,不同于国际单位制中的升,此处的1升约为国际单位制中的1.8升)左右。我家现在就我一个工人,每天基本还能保证二百升的产量。如果每天都开工的话,产量还是很可观的。可事实上,因为没有足够多的原料,每天榨取二百升的话,库存的原料不到半年就会用光,所以全年只能开工一百八十天左右。即便是这样,有的时候一天也只能控制在一百五十升左右,一年的产量大概也就三万升吧。

榨取二百升的山茶原油需要一吨左右的原料,从单粒的含油率上来看,山茶籽和芝麻等其他油料作物相比含油率其实算低的,毕竟山茶籽的外壳部分比较厚。

纯天然的山茶油

山茶油的用途,主要是做护发油,也可以食用。特别是最近，纯天然的食品越来越受到人们的推崇，山茶油作为食用油的功效重新被人们所认识。和其他的食用油相比，山茶油要贵得多，但很多人还是青睐它。因为它是最好的食用油，很多人在用过之后就不想再换其他食用油了，一年四季家中常备，甚至有人还用它来炸天妇罗（将新鲜的鱼虾和时令蔬菜裹上面糊油炸而成）。当然，也并不是全部都用山茶油炸，而是按比例混合了一些其他的食用油，美其名曰"山茶油天妇罗"。说实在的，要全都用山茶油来炸的话，估计谁也吃不起。

但是，无论是作为食用油，还是作为护发油，用的都是纯天然的山茶油。山茶油现在的价格是两千五百日元两合（日本传统计量法"尺贯法"中的容积单位，1合约为国际单位制中的0.18升）。同等体积色拉油的价格大概不到五百日元，一升色拉油的价格不到一千日元。这样算下来的话，山茶油的价格大概是色拉油的十多倍。（笑）但这也是没有办法的事，因为山茶油是纯天然的，不像菜籽或芝麻等油料作物，可以根据需求增加种植面积，还可以机械化收割。野山茶完全是自然生长的。和栗子一样，野山茶的果实也套着一个外壳，虽然它的

茶树油制品。

外壳没有刺,但也需要剥除。每到九月,山茶果的外壳就会爆裂开,里面的山茶籽会脱落出来,掉在地上。山茶籽的采收完全依靠人工一粒一粒地捡拾,没法使用机器,所以成本很高。不能使用机械收割,人工费又那么贵,从种子的采收开始,就注定了山茶油不菲的价格。听说在东南亚一带的一些国家,有人在山茶树周围支上一张网,然后用机械使劲摇晃树枝树干,让山茶果掉到网上。但是我们这里还是没人愿意用这样的方法。说句实话,与其那样做,还不如直接用手来捡更省事。那种方法的成本只会更高。

在大岛这里，采收山茶籽的不是专门的工人，只是普通的农民和家庭主妇，这是他们的副业。大岛这里经常会刮很强的季风，到了冬天，西风的风速超过每秒二十米，而且有时一刮就是一星期。这里的农户为了保护农作物不受大风的影响，就种植一些山茶树当作防风林。每家每户在自家与邻居家的边界上都会种上山茶树，有时甚至在田间地头也沿着十字形种上山茶树抵挡大风。人们既可以用山茶树防风，又可以用它的种子榨油，还可以用它的落叶做堆肥。开了花，还能在圣诞季连枝剪下来拿到东京的市场上出售，也能赚不少呢。（笑）所以说，从叶子到花、果实、种子，这里的人们都受野山茶的恩惠。除此之外，野山茶还有很多利用价值。比如花期结束时，可以把掉落的花瓣搜集起来作为天然染料漂染手绢，也可以出售，这可是十分高档的草木染料啊。（笑）山茶树木质坚硬，生长周期缓慢，如果用作木炭的话可是极品，因为质地坚硬，烧出来的炭品质一流。山茶木还可以用来制作各种木雕工艺品，虽然现在做这个的人不多了。此外，榨油之后的油渣还可以做堆肥，农业试验田里，把榨油用过的山茶油渣和落叶混在一起发酵堆肥，能产生很高的热量，是品质最好的肥料之一。

我们大岛这里没有稻田，但日本本岛有不少稻田，特别是在九州，听说每到插秧季节就会爆发田螺灾害。虽然我没有亲眼见过，但听说都是个头超大的田螺，田螺会吃掉秧苗的嫩叶。为了防治田螺灾害，可以把榨山茶油产生的油渣撒到田里，听说这样可以有效地消灭田螺。油渣既可以用来做堆肥，又可以替代农药消灭害虫，真可谓是一石二鸟。

总之，山茶处处都是宝。过去我们还把榨油产生的油渣作为燃料来使用，用它生的火烧得很旺。山茶籽中的油分不可能百分之百榨取干净，油渣中还会留有大约百分之十左右的油分，所以用它做燃料，不亚于优质的煤。可是后来，因为它含油量太高，烧出来的烟太黑，这里的风又大，从烟囱里冒出来的黑烟会被大风吹得到处都是，给周围的邻居带来不便，所以就没有再使用了。但是，油渣烧成的灰可以用来制作陶器的釉彩。这里出产的陶器又名"大岛烧"，大岛烧使用的釉彩就是山茶籽的油渣烧过后的草木灰。这种草木灰撒到田里还是极好的肥料。尽管山茶处处都是宝，但是大岛的榨油坊现在只剩下三家了。是什么原因呢？还是因为现在使用山茶油的人越来越少了。现在的年轻人都热衷于购买添加了香料的各种化妆品，虽说大家也知道纯天然的山茶油是最好的护发油，可即便如此，年轻人还是更偏向于购买含有香料的化学产品。这到底是为什么呢？无论山茶油再怎么好，用这个他们会感觉很老土，所以都不愿意用吧！现在也只有中年人，特别是上了年纪的老人们还一直在用它。

山茶油没有发蜡那样黏腻的感觉，我已经用了几十年了，头发一直很滋润，也没有头皮屑的烦恼。使用山茶油的时候，可不是光把它抹在头发上就行了，而是在每次洗头后，趁头发还没有干透，把它擦在头发上，并从发根到发梢轻轻按摩，一定要在头发还略湿的时候使用。把长期使用山茶油护理的头发和用别的护发产品的头发放到显微镜下对比观察，会发现使用山茶油护理的头发表层十分光滑，而使用其他护发产品的头发表层会有一些微小的褶皱，虽然用肉眼看不出来，但是这样的头发摸起来会比较毛糙。这个我也是听别人说的，这可不是我们自己宣传的。

说实话，现在山茶油的产量是十分有限的，如果订单太多，我们还真满足不了。大岛这个地方每年就只能生产这么一点儿山茶油，本地人也不会用其他五花八门的护发产品。我还想补充说明一点，山茶油可不是定型用的头油，相扑选手用来固定发髻的头油可不是山茶油，山茶油是没有定型作用的。现在还有很多人错把相扑选手固定发髻用的头油当成山茶油，这个我想特别说明一下，那可不是山茶油！

最初用作灯油

根据文献史料记载，人类在很早以前就开始使用山茶油了，山茶籽在几万年前就已经存在于地球上了。考古学家从一万多年前的地层中发现了山茶籽的化石。至于人们开始使用山茶籽榨油的时间，虽然没有明确记载，但是大概可以推算到江户时代中期。当时，大岛负责向江户（今天的日本首都东京）提供木材和煤。那个年代，大岛的大户人家都有船，还有很多森林和土地。他们雇人伐木，把木材装载到船上运往江户。船夫们到了江户后，看到那里有很多榨油作坊，他们学会了榨油的方法并把它带回了大岛。他们回到大岛的时候，正好是山茶树结籽的季节，其中一些人抱着试试看的想法拿山茶籽尝试榨油，刚开始榨出的山茶油被用作灯油。

我记得在我小的时候，母亲常常往供奉在佛坛和神龛上的油灯里添加山茶油。灯油碟子非常小巧，是一个双层的小碟，下面一圈托盘大一些，带一个小柄，上面有灯芯。在过去那个年代，这样的油灯是代替蜡烛使用的，一直沿用到最近。用山茶油点的油灯一点味道也没有，非常好用，只是多多少少会产生一点黑烟，但不是很明显。可以说，用山茶油作灯油那可是相当高级的。此外，灯笼也可以使用山茶油，灯笼的底部有一个小碟，往里面加上山茶油，再放上灯芯，十分明亮。因为过去经常会停电，因此每家每户都备有一盏这样的灯笼，停电时就点上。

山茶油最初就是用来做灯油的，后来有人尝试用它来炸天妇罗，也有人用它当护发油，于是，这些用途逐渐广为人知。

古老的榨油法

我算是家里的第二代传人,我的父亲是在昭和五年(1930年)开始榨油的。现在看到的这些榨油工具都是从昭和时代初期传下来的,在此之前都是纯手工榨油。这个工具的原理有点类似吊船用的卷扬机,一圈一圈地转动绞盘,就这样来榨油。下面一层是石板,转动绞盘,山茶籽就被挤压在石板上,里面的油就被压榨出来了。可以说,这是非常费时费力的活儿。

记得在我小的时候,每次放学回到家,父亲总是让我帮忙转绞盘。多一个人就多一份力,人越多,榨的油就越多,活儿干得也就更快。和两个人相比,四个人肯定要快一些。平时一般都是父亲和母亲两个人转绞盘,爷爷在的话也会帮把手。爷爷以前是木匠,上了年纪后还经常做一些镰刀、铁锹的木柄什么的,他偶尔也会加入到榨油的队伍。大家一齐使劲儿,"嘎吱嘎吱"地转动绞盘,山茶油就这么榨出来了。

榨油用的绞盘手柄是一根又粗又大的橡木,像螺旋桨似的插在上面,人就站在它的两侧,就像牛拉磨一样,一边喊着号子一边拉。(笑)不是推,而是拉。因为拉比推更有力。这边的人在这边喊"用力用力",那边的人在那边喊"用力用力",就这样一圈一圈地拉动绞盘,油就榨出来了。

山茶籽榨过之后不再是一粒一粒的,而是被碾成了碎渣。实际上,在正式榨油之前,还有一个破碎的环节。过去可不像现在还可以用机器来破碎。水车你知道吧?一圈一圈地转动,带动轮子上的杵,一下下地敲打在臼里的那种。就用类似于那样的方法将山茶籽打碎。现在用的都是电动破碎机了。

榨取山茶油必须先把山茶籽打碎,不能直接拿去榨。破碎得越细,榨出来的油才越多。可是大岛这里没有河流,没法直接使用水车,所以只能做一个类似水车的工具,装上电动马达让它"轰隆隆"地转动。这样的方法一直沿用到我十七八岁的时候。而在这种类似水车的破碎机问世之前,父辈们使用的是一种类似跷跷板的工具。跷板的前端绑上木杵,为了防止木头爆裂,木杵头前端还箍了一个铁圈。地面上有一个像臼一样的凹坑,里面放满了山茶籽。人站在跷板的这一头使劲踩下去,另一头的木杵就高高地翘起来,脚一放开,木杵就砸到臼坑里,整个过程就像游乐园里的跷跷板一样,一下一下的。

这种跷板的长度一般在三米左右，支点不在正中央，而是在靠近踏板的一侧。只有这样，踩动踏板后，另一端的木杵才会翘得更高，落下来的冲击力才够强。当时，我们这些小孩子每天放学以后都只想着玩，可是大人们却等着我们早点回家帮忙，一放学就把我们抓到作坊里，让我们踩跷板。但是踩跷板是一件极其枯燥的事。(笑)为了不干这个，也为了不让大人们找到我们，放学回家后，我们把书包一扔就逃一样地偷偷溜出家门。可是最后往往还是被大人们抓回来。小时候我很讨厌学习，父亲就让我一边踩这个，一边背九九乘法口诀，可惨了！(笑)

战争时期的大岛

我家本来有兄弟四个，除了我，其他几个都体弱多病，早早就过世了，我成了家里的独子。子承父业，正式接手作坊是在我二十四岁的时候。直至今天，我从来没有离开过这个岛，一直都是住在这里，当兵都是在岛上当的。因为我学习成绩不好，初中毕业后就没再继续升学。我的那些同学们也都是在念完初二就毕业了。现在叫初二，过去叫高小二年级。大家都去外面打工当学徒了，父亲没让我去。因为那个时候，出去当学徒，去的都是些军工厂。我的小伙伴们都出去了，只有我留了下来，身边没有一个朋友，非常孤单。每天就是帮父亲干活，到了我十五六岁的时候，就已经能独当一面了。我从那时候开始就给家里帮忙，一直干到现在。所以我的工龄可是相当长了，从十岁左右算起，到现在也该有六十多年了吧。（笑）

战争期间，山茶油全部被军队强行征收，作为军需物资送到降落伞工厂，用作工厂的机油。用山茶油做的机油也是最好的。可是，现在无论如何也不会再有人拿它当机油使用了，因为它的产量实在太少，太金贵了。而在当时，它被源源不断地运往纺织工厂，被当作机油来使用。那时的老百姓是根本用不上山茶油的，因为全部被军队强行收走了。

昭和二十年（1945年）五月，我被强征入伍。可是当时的局势已经没法出岛了，于是我就在岛上接受了入伍体检，属于甲类合格（日本旧时军队征兵体检合格等级中的第一等）。那时只要是身体没有什么大毛病，一般都是甲类合格。当月我就在岛上直接入伍了。当时外面派来了一万来人的部队，我就加入了这里。五月开始，我们进行了为期三个月的新兵训练，之后马上就被编入大岛本地的部队。

岛上曾经派驻过师团级的部队，也有军用机场。记得我只有十五六岁的时候，岛上所有的居民都被派去修飞机场，搞的大家都没办法做自己的工作。那可是强征劳力。那会儿可没有什么大型机械，只有些铲子、锯子、手推车什么的，就是在那样艰苦的条件下，岛民们居然把一个拥有一千七百米长跑道的机场给建成了。就是现在机场的位置，那个机场是我们自己建造的。那时候不像现在，还有电锯什么的，当时的岛民们就只是小敲小打地使用锤子、斧子，伐木、刨根，然后用小推车把木材运到工地，肩挑手扛，没日没夜，每天早晨五点开工，干到半夜才收工。而且由于当时食品短缺，大家都只是靠红薯或土豆来充饥。就是在那样艰苦的条件下，这里的岛民们建造了这座机场，而且一直用到现在。

山茶籽的捡拾期

在大岛,山茶花每年十一二月花期最盛,一直绽放到第二年的四月才逐渐凋零。山茶和茶梅一样,都属于山茶科山茶属,花期也比较接近。到了秋天,树上就会挂满坚硬的果实,有点像栗子。外壳裂成三瓣,里面的山茶籽就掉出来。小小的硬壳里有时也会只包裹着一粒种子,但更多的时候会有四五粒。山茶树下到处散落着山茶籽,其中还掺杂着很多外壳。所以要用笤帚把它们归拢在一起,把外壳挑出来扔掉。这个过程,需要人弯着腰一粒一粒地捡拾。现在做这个的没有年轻人,都是一些上了年纪的老年人,还有一些一边带孩子、一边做点农活的家庭主妇。大家把辛辛苦苦捡拾到的山茶籽送到榨油作坊,换成零花钱。有的不要钱,直接拿它换榨好的山茶油。几十年来,我家的榨油作坊就是这样从村民手中收购山茶籽的。收购价是一升山茶籽五百日元。一升山茶籽大概可以榨出二百毫升油。

正如刚才说过的,大岛这里到处都是山茶树。田间地头、公园里、墓地周围,随处可见,甚至马路两旁的行道树也多是山茶。随便走一圈,到处都可以捡到散落的山茶籽。随便捡,没人管。被人捡走,总比被汽车碾烂强吧。还有一些人家,自己不需要那么多山茶籽,就欢迎别人去他们家把散落在地上的山茶籽捡走。所以,在这座岛上,即便自己家里没有山茶树,还是可以随处捡到山茶籽的。因为谁都可以捡,随便捡,捡了就送过来。有的孩子上学时专门提个袋子,放学回家的路上顺手捡上一些。特别是周日,学校放假,可以捡上一整天。攒多了,就拿到我们这样的榨油作坊来换点零花钱。收成好的年份,轻轻松松就能捡上一升,捡一斗(约为国际单位制中的 18 升)也就需要两三个小时。但是像今年这样收成不好的年份,捡上一整天也没多少。最省事的方法,是提前找到一棵挂果多的树。等到果实成熟、掉籽儿的时候,直接过去,坐那儿就能随手捡上三五升。山茶树也各不相同,有的开花繁盛,结果也特别多,有的却完全不行。

山茶林的形成

果实多的山茶树一般都是光照条件好,又比较年轻的。

上了年纪就不行了。世间万物皆是如此，就像人一样。山茶树也是越年轻的就越繁盛，树龄在三十年到五十年之间的山茶树是最繁盛的。和人一样，树也有青壮年之分，像我这样过了七十岁的，那就彻底不行了，结不出果了。然而，现在这样的高龄树却不在少数。为了保持和促进山茶树的新老更替，需要把部分高龄的树砍掉，再补种上新苗。虽然现在也有一些人工培育的山茶林，但是在大岛，从半山腰一直到山顶的这片山茶林，都不是人工栽培的，完全是自然生长的野生山茶林，现在都还能结果。

从前，在人们还要靠木头生火的年代，很多人上山砍柴。当时的地主们会用竞标的方式把杂木卖掉，卖的时候，会嘱咐人们把杂木砍去，把山茶留下来。过了三十年，一些杂木又长成了大树，地主们就再次竞标，让人砍去杂木，留下山茶。山茶树虽生长缓慢，经过这样两轮，小树也能得以保全，长成大树了。这样的环境下，其他杂木也很难再有生长的空间了。于是杂木全部被砍去，就只留下了山茶，成就了这片得天独厚的野生山茶林。

这片山茶林完全不是按照人工规划栽培的，树与树之间的间隔也非常随意。后来把间隔过密的树砍去一些，整个山茶林的密度才稍显合理。就在这样漫长的过程中，六十年过去了，这里的山茶林也日渐有了规模。因为砍去了其他杂木，留下来的山茶树能够更好地获得光照，枝叶的生长也有了更自由、更广阔的空间，这样才能更好地开花结果。回想起来，也不过五六十年的光景，但却仿佛过了很久。（笑）

可能因为之前和其他杂木共同生长，必须努力去争夺阳光、养分，后来终于竞得一番新天地，长势也格外喜人。物竞天择，适者生存，看来只有经历过激烈的竞争，才能绽放出更加美丽的花朵。现在愿意去捡拾山茶籽的人越来越少了。在过去地价高的时候，像这样经年累月好不容易长成的山茶林也被卖得差不多了。地价高的时候，伐木砍柴是不赚钱的，即使有整片的山林也几乎一文不值，还要交税。一些大的开发商趁机囤地，连这样的小岛也没放过。人们都是用分期付款的方式购买土地。当时，岛上的人觉得这是笔不错的买卖，因为地价远远高于周边。伐木砍柴赚不上钱，杂木也卖不上价，大片的森林既不能吃，又不能穿，所以很多人都纷纷出售了自己手上的山林。现在看大岛的地图就会发现，中间部分的大片森林和土地都是被大企业买下的。可是,后来经济不景气,盖了房子也卖不出去,这片森林和土地也一直闲置着。其中有很大一片是山茶林。买了地的大企业、大开发商们根本无暇顾及山茶树、山茶籽。山茶林没人打理,没人除草,完全被荒置了,日渐荒芜,到处杂木丛生。不把杂木和杂草除去,山茶树是无法好好生长的,真是令人惋惜啊!花了那么长时间好不容易才长成的这片林子。

现在我们收购的山茶籽主要是农户栽种在田间地头的山茶树上掉落的。我家也有一万五千坪的山茶林。今天,我儿子就上山除草去了。大概从十年前开始,我们就把山茶树下面收拾干净,现在还成了著名的观光景点,风景很好。我们自己不去拾籽,因为现在的人工费太高了,雇不起工人。还不如让别人捡了去,回头我们再从别人手上收购回来更合算。每年山茶树结籽的时候,我家的山茶林都是对外开放的,人们可以进去随便捡,然后再拿到我们的榨油作坊卖给我们。已经持续十多年了,我们欢迎任何人去随便捡。我们还把一万五千多坪的山茶林清理干净,每逢周末节假日,很多游客都会带上便当到树下去野餐,好不热闹。

很多家庭主妇平时比较空闲,每逢周日,她们就会带上盒饭去山茶林里待上一整天。回家的时候就会把捡到的山茶籽送到我家的作坊,"大叔,快看,今天我在你的山茶林里捡到了这么多呢!""真不错啊!"我们一边微笑寒暄,一边称重,收购她们捡到的山茶籽,把钱付给她们。

这片山茶林生长繁茂,都是些上百年的古树了。这是借给村公所的山茶林,一起过去看看吧!

一万五千坪的山茶林

这里就是我家的山茶林。树干很粗。如果是杉树的话三十年到四十年就能长成这么粗了。山茶树从不用施肥,现在看到的这些都有上百年的树龄。我十五六岁的时候就和父母一起在这片树林下除过草。现在我儿子用的是装有马达的电动工具,和过去相比方便多了。当年我们除草用的都是长柄大镰刀,盛夏酷暑的时候简直太辛苦了。最痛苦的莫过于正玩得起劲的时候被父亲抓回去干活,那才叫可怜呢。

下面的这些树枝是自然干枯的。如果不能充分照射到阳光，下面的树枝就会慢慢枯掉，这是树木的自我生态调节。至于树与树之间的间隔，比现在的再稍许宽一些就更好了。但如果是现在的两倍宽也不行，间隔太宽也会影响树枝的生长，树也长不高，长不大。

这片林子的山茶树大概都在五六米高。实际上这样并不太好。如果有时间，当然还得有余钱，应该适当砍掉一些，再在树与树之间补种一些幼苗，这样将来才能有更好的收成。而像现在这样已经长成参天大树的山茶林，已经没法保证良好的收成了。因为树枝太高，树冠太大、太密，阳光很难照射进来，这样会影响山茶树开花结果，山茶籽的产量也会减少。

树林里的光照度保持在百分之五十左右是最理想的。高产的山茶林里一定是明亮的。从严格意义上来说，应该像果树那样定期修剪枝叶，才能保证充足的光照。重新植树造林就太麻烦了，可以把山茶树从中间砍掉一部分，让它发新芽、长新枝。这个叫更新，让山茶树更新，经过栽培修剪，还会恢复到能结果的茶树林。

话说回来，我家这片山茶林已经有一些年头了，其实不

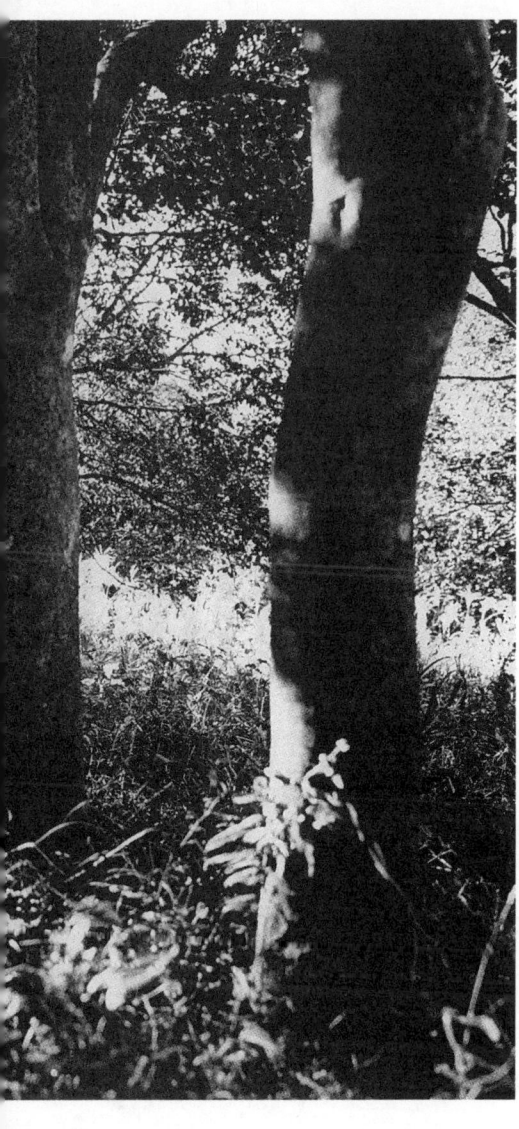

高田先生的茶树林。

该采用仅仅让它发新芽的方法,而是应该在老树旁边种上新树苗,然后把老树砍了做柴或木炭。因为这里净是些百年以上的老树。从这里一直延伸到上面那条大路上都是。树干泛着淡淡的绿色,那是因为上面爬满了青苔,山茶树的树干其实并不是这样的颜色。这说明光照严重不足,树干都长青苔了。

每年到了二三月份,整片林子都会开满红色的花朵,绵延一片,从山上蔓延下来,就像一整块红色的地毯。花开花落,都是风景,遇上花期好的年份,真是人间美景啊!

一年两季落叶的山茶树

山茶树的落叶不需要专门去收集,随它散落就好,因为它一年就可以腐烂成上好的肥料。山茶树是常绿乔木,树叶每年掉两次。新叶长出来的时候,陈叶就会随之脱落。第一次落叶是在四五月间,第二次是在秋季,一年两季。

在酷暑的夏日,一进到这片林子里,立刻会感受到沁人心脾的清凉,仿佛置身于避暑胜地。唯一不好的就是蚊子太多了。(笑)即便是被蚊虫骚扰也比外面好,因为外面的气温已经高达三十度以上,热得受不了,而林子里却十分凉爽,干活也不会出汗。

这里究竟有多少棵山茶树,我也说不清。如果是人工栽培的话,一平方米种几棵大致还能算得出来,可这里的山茶树都是自然生长的,野生的,东一棵、西一棵的,究竟有多少棵,我也不知道。

这片林子在昭和二十四年(1949年)被日本农林省(相当于我国的农业部和林业部)指定为示范山茶林。此后,作为试验林,定期砍除生长过密的树,保持一定合理的间隔。每隔四五年还会施一次肥。但试验林的面积仅有两反(约4000平方米)。

从前,因为这一带光照充足,山茶树的长势也很好,偶尔还有人修剪一下枝叶。可是后来就听之任之,放任其自由生长,又恢复到原始的状态了。现在,这里的土壤也变得贫瘠,幸亏还有山茶树的落叶能够稍微补充些养分,不至于差到哪儿去,即便没有专门地施肥,土壤还是可以吸收落叶发酵后释放出的养分。每年,我们也都会把榨油剩下的油渣拿过来撒到土里。但是说实话,撒也是撒不过来。(笑)因为车子没法开到山上，必须靠人一筐一筐地背上来，来来回回需要走好几趟。在没有汽车的年代，大家就拿背小孩儿的背篓背上六十多公斤，也就是大概十六贯的山茶籽。因为树枝很高，需要带上梯子，把梯子架在树干旁，再爬上去采摘山茶果。背着背篓，直接把山茶果连壳一起摘下来，扔进背篓里。

我年轻那会儿，可不光是捡捡掉在地上的山茶籽，还直接爬到树上采摘那些外壳还没有爆裂开的果实。每年的九月五日一定会到林子里，趁山茶果还没裂开就把它采收下来。八月的时候还没完全结果呢，但是一进入九月，就都挂满了果实。

九月五日是开山节（在日本指当年初次允许登山之日——编者注），每到那一天，岛上的居民们就会一齐出动，爬到山上去摘山茶果。那场面热闹极了，到处都是人。一个人一天可以采收六十公斤左右吧。赶上收成好的年份，五六分钟就能摘一大筐。我家过去每年要请二十多个工人来采收呢。那会儿不像现在，大家还能种点旱稻、红薯什么的。因为大岛这个地方没有稻田，每到九月就进入农闲期了，人手还是有的，我们就专门雇一些工人负责采收山茶果。

工人们在林子里采收到的山茶果需要一趟一趟地背下山，一个人每次背六十公斤左右。下山后把带壳的山茶果在院子里的空地上摊开来晾晒。果实一经暴晒，它的外壳就会爆裂开来，周围的邻居老奶奶们就会负责把爆开口的山茶果收集在一起。夕阳西下，大家聚到院子里捡拾爆开口的山茶果。中午日头好的时候进行暴晒，黄昏时再把爆口的挑拣出来收集在一起。到了晚上，一边聊天一边剥山茶籽是老人们的一大乐事。大家聚集在一起，一边闲话家常，一边把爆口的山茶果掰开，把里面的山茶籽剥出来，闲聊着就把钱挣了。对于榨油坊和地主们来说，还真帮了大忙。如果光靠自家人来剥的话，估计耗上几天几夜也做不完。所以说，这简直是多赢的互惠合作。孩子们偶尔也过来凑个热闹，帮着捡拾、剥籽，赚点跑腿费、零花钱什么的。（笑）这就是从前我们经历的简单又悠闲的时光。无论是老人还是小孩，都能适得其所，靠劳动获得报酬。可是现在这样的光景已经一去不复返了。

一棵山茶树长成需要三十年

虽然没听说过别的国家也有用山茶籽榨油的，但是我们的很多订单都来自海外，很多还都是大商社。以前就有过两家曾经来咨询过，但是因为我们的供应量有限，最终没有谈成。最近又有美国那边来咨询的，但是我们能够提供的就是一斗容量的瓶子，最多可以供应几百瓶吧，也就只有这么多产量。可是对方的需求是几千瓶，甚至几万瓶，所以根本没法谈。如果产量能够保证的话，估计也就谈成了。此外，还有来自德国那边的咨询，遗憾的也是我们的产量根本没法满足他们的需求。而且，即便有需求，靠人工种植的话，也得等几十年树才能长大。

伊豆地区其他一些岛上的人也来大岛视察过，有的地方也希望靠种植山茶树来提振经济。我就告诉他们，气候条件是没问题的，但是现在种树，等树木长到能够满足榨油的需求，那得需要三十年，得做好心理准备。(笑)种下的茶树结果大概是要等到第十五个年头，开花倒是能再早一些。

山茶树幼苗的种植并不容易。山茶树是要扦插的，要想让幼苗成活，选择十分关键。新苗种上以后，一年平均只长二十厘米，就这么高，从幼苗长到能拿来植树造林的小树需要五六年的时间，这时候是五十厘米到一米高。

也就是说，从扦插到把树苗种到地里至少需要四年，种上之后要想让树苗长大、开花结果，再需要至少十年到十五年。如此漫长的等待，谁还会下订单呢？（笑）我们还算幸运，大岛这里随处都有野生山茶林，虽然像这样一万坪以上的百年老林并不多，但一两千坪面积的林子随处可见。大部分都是大企业、大集团的土地，闲置在那里，杂草杂木丛生。有的杂木都有一人多高，简直就像原始森林，根本没法进去。

松鼠是天敌

岛上的山茶树林里没什么动物，也就是有松鼠吧。松鼠对山茶树林的危害是极大的。山茶籽产量的百分之三十会被松鼠吃掉，而且它们十分狡猾。现在花期刚过，到了五六月份就可以看到大拇指大小的山茶果了，这时的果实是白色的，汁液甜美。松鼠明白这一点，专挑幼嫩的果实吃。因为是刚结的果实，外壳还很软，中间的部分还没完全成熟，略带一点甜味，这样的果实就会被松鼠摘掉。它可不是摘一颗吃一颗，而是一边吃一边扔，摘一堆，咬一口扔一个。有时七月的时候还能看到树上挂满了果实，期待着能有个好收成，可是到了九月，树上的山茶果就所剩无几，而树下却散落了一地被松鼠啃食过的果子。这里的松鼠是台湾松鼠，原本都是从公园里逃出来的，具体也不清楚究竟有多少只，也从没人数过。大致推算的话，岛上的居民有一万多，松鼠数量是人的三倍，三万只肯定是有的，当然，这只是我的推测。（笑）大岛的市长曾经做过一个问卷调查：是把松鼠全部捕杀掉好，还是维持现状好？如果要捕杀的话，捕杀多少合适？说句心里话，我是希望把它们全部捕杀，考虑到观光资源，还是可以稍微留几只给游客们观赏，剩下的应该全部杀掉。可是后来这个问卷调查不了了之，结果也不知道怎么样了。（笑）

松鼠会在树上筑巢，在比较高的地方。为了筑巢，它们会啃食杉树，剥取杉树的树皮做材料。如果只是剥去树干的表皮也就罢了，但是它们会一直啃食到树干的中央，露出主干的树芯，还专门挑小树，因为小树的树皮比较嫩，好啃食。

小杉树一旦被剥去树皮露出树芯的话，过不了多久就会枯死。所以松鼠不光祸害山茶树，还让杉树也跟着遭殃，实在是太可恨了，真是一物两害！松鼠会把杉树的树皮用牙撕成细细的条，一层一层地堆积起来，最后再在上面铺上一层最柔软的杉树幼皮，当作产房。松鼠一胎会生下四五只小松鼠，繁殖速度惊人。而且，在这里它们几乎没有天敌。

东京曾经下过松鼠捕杀令，有五千只就杀五千只，捉到后把尾巴砍下来交到农协还能领取补贴，一条尾巴可以领五百日元。可是去交松鼠尾巴的时候，却遭遇了"动物爱好协会"的抗议，电视新闻还专门报道过。明明是政府让大家去捕捉的，大家也积极响应号召了，可是交松鼠尾巴的时候却要挨骂，电视报道也无端指责批评。唉，这叫什么事。

还有一个地方叫松鼠村，专门饲养松鼠。那里的松鼠都不怕人，非常愿意跟人亲近，还敢直接跳到人的手掌上吃食，一见人，就蹦蹦跳跳地跑过来。人们看到它们那么可爱的样子，又动了恻隐之心，舍不得伤害它们了。（笑）

日晒四五天

晾干后的山茶籽会比刚剥出来的时候轻百分之二十到百分之三十，由此可见山茶籽蕴含水分之多。过去有句俗话叫作"日晒四五天"，意思是山茶籽拿来榨油之前，至少需要晾晒四五天。白天太阳好的时候摊开来晒，到了晚上再收起来，如此反复四五天，也是个非常辛苦的工作。每天早上晾晒的时候，一眼望去就像一片片的广场，院子里、空地上、稍微平整的地方都用来晒山茶籽了。我们在地上铺上席子，要铺一百多张，然后把山茶籽散在席子上，薄薄地摊开。一张席子可以晾晒五升左右，晒一斗的话需要两张席子。这样几百张席子铺展开来，看上去十分壮观。所以在晒种子的季节，早上天刚蒙蒙亮，我们就要起来铺席子晒山茶籽了。一百多张席子全部铺开需要一个多小时。如果赶上今天这样风和日丽的好天气，那还算运气好，如果遇到刮西风，有时风速可达每秒十五米，就必须找一些重的石头把席子的四个角压住，还需要找些重的木棒、木头等压在席子上，防止席子被风卷走。那样的时候，工作量就会倍增。晾晒的时候最怕遇上阵雨。突然乌云密布，大雨顷刻就来，只好赶紧收席子。一百多张席子要马上收起来可不是一时半会儿能做完的，有时会被淋成落汤鸡。等雨停了，需要把席子先晾干，再重新晾晒山茶籽，之前的辛苦劳动都成了泡影。

山茶籽的干燥程度可以通过耙子划动的声音来判断。如果声音听上去还很厚重，说明晾得还不够干，需要接着晒；如果耙子划动发出的是清脆的"沙沙"声，就说明干得差不多了。所以说我们是通过声音来判别晒得是否够干。干好的山茶籽发出的是清脆的"沙沙"的声音。当然也不能晒过头。受到阳光的照射，山茶籽所蕴含的油分会挥发渗透到坚硬的外壳里，外壳会变成黑色。这样的山茶籽很快就会腐烂，没法再用来榨油了。因此，晾晒山茶籽的时候需要一边晒，一边把已经晒黑了的山茶籽挑拣出来。最好的颜色是金黄色，再深也不能超过栗子那样的深褐色。颜色变黑表示山茶籽已经氧化，里面的油分已空，没法再用来榨油。

现在，晾晒山茶籽已不再是我家的工作了。因为我们收购的山茶籽大多都是已经晾晒好了的。而且，作坊里有了干燥机，不再需要依靠阳光来晒了。这个储藏室里的山茶籽都

正在用热风干燥茶树种子。

是从农户们手中收购来的,它们在正式榨油之前还会用干燥机再烘干一遍。

这里就是干燥机的操作间,使用热风来干燥。这些是已经干燥好了的山茶籽。这个机器看上去是不是有点像糖炒栗子用的搅拌机?这里面大概有一吨山茶籽。干燥这么多山茶籽需要十个小时,用四十摄氏度的热风吹上一天。这里有个出风口,热风就是从这个口吹进来进行干燥的。

这些都不是新鲜的山茶籽,而是晾晒过两三天的。如果是新鲜山茶籽的话，至少需要干燥两天才行。经过晾晒、干燥的山茶籽在这里干燥一天就可以了。现在我们收购的山茶籽一般都是晾晒过两三天才交过来的，也有一些老主顾非常认真地反复晾晒四五天后才送过来。

这里刚好有一吨，可以榨取二百升左右的山茶原油。我属于力气比较小的，一天也就能榨二百升。从早上十点开始，一直干到下午三点半左右。光靠我一个人，有时也榨不了二百升。我儿子现在自己开了店，店里不忙的时候他也经常过来帮我。如果就我一个人的话，估计一天也就能榨一百五十升左右吧。反正卖得也没那么快。（笑）

这条传送带一直通往粉碎机。从前，我们都是把晾晒好的山茶籽装进麻布口袋里，一袋一袋地肩扛过去。现在年纪大了，也不想那么累了，所以开始考虑一些省事、偷懒的方法，就装了这条传送带，这可是我自己研究出来的！（笑）

榨油前的粉碎和熏蒸

连壳一起粉碎的山茶籽细腻了很多。从前，用石臼的时候，总会有磨得不均匀的地方，有的部分磨得很细了，有的部分还是颗粒状，所以还需要用筛子筛一遍。过筛之后，留在筛子上比较大的颗粒还需再用石臼磨一遍，非常费时费力。现在都机械化了，所以轻松多了。

这个机器叫粉碎机，里面有一根铁管，每分钟转动二百转，把山茶籽从上面的投料口放进去，不一会儿就能自动粉碎好。用粉碎机粉碎过的山茶籽，连内核都被粉碎得很细腻。接下来就该放到这个装有滚轮的投料口，这个滚轮是铁的，有五段，也叫滚压机。破碎后的山茶籽经过滚压机的碾压，最后得到的就是非常细小的粉状颗粒，十分细腻，而且颗粒大小也很均匀，比用石磨碾磨的更加匀滑。这也是一直沿用至今的机器。不光是榨山茶油，榨菜籽油、芝麻油也能用。战争时期，我还拿它榨过芝麻油和花生油，还用榨花生油剩下的油渣做过大酱。但芝麻和花生的气味太浓烈，会一直残留在机器上，久久不散，要彻底清除的话又十分麻烦。所以后来我再也没敢用它榨过山茶油以外的其他油。山茶油的气味是比较清淡的。

要想把植物的种子榨成油，首先是要让种子彻底干燥，用粉碎机粉碎，用蒸笼熏蒸，最后才是用榨油机来榨。熏蒸的时间一般需要五六分钟。过去是烧火用蒸笼来蒸，从点火烧柴到把水煮沸差不多需要一个小时。现在都是用锅炉了，是用煤油烧，五六分钟水就能烧开，简单又方便。最后的榨油环节用的也是机器。

这是用来熏蒸的锅炉，过去是在这个大锅里放上水，然后点火烧柴，把水煮沸，用沸水的蒸汽来熏蒸。但是现在就直接用锅炉烧水来蒸，蒸笼底部铺上一层棉花，这样油垢沉在底部会变得硬硬的。山茶油的油垢浸透到棉花里，棉花就像上了一层油浆一样硬邦邦的。这个桶装的蒸笼是用杉木做的。蒸的时候不能盖盖子，这是为了让蒸汽从上面透出去。之前好不容易晾晒好了的山茶籽，不能在熏蒸的过程中再让它吸收多余的水分，水分太多会影响出油。

如果把粉碎好的山茶籽直接放到榨油机里榨，是榨不出油的，一点儿都榨不出来。必须经过熏蒸，或者用其他的方法，比如热炒。总之如果不加热的话，是没法榨出油的，这个不可思议吧？蒸汽混入油里是没关系的，因为根据分析，水分只占 0.001%。但是，如果盖上盖子蒸，像蒸年糕一样的蒸上三十分钟或者一个小时，结果会完全相反。山茶籽吸饱了水分，再放到榨油机里榨，榨出来的就只有水，没有油。水会顺着榨油用的纱布哗哗往下流，油却一点都没有。

虽然我也说不出这里边有什么具体的科学原理，但事实就是这样。不加热的话就榨不出油。在大岛，会制作这种木头大蒸笼的工匠还有两个人，但也都是上了年纪的老人。过去一直帮我家做蒸笼的老工匠已经去世了。其中的一个工匠除了做蒸笼，还有一份别的工作，因为当桶匠根本吃不饱饭，养不了家，所以他不得已选择了转行，退休后，又回来继续做起了桶匠。而另一位师傅住在大岛的元町，离这里很近。这位师傅曾经做了很多年的职业驾驶员，二十岁的时候跟着他的父亲学习做桶，但是做桶匠没出路，就去当了专职司机。后来上了年纪退休回家后，又重操旧业，开始做桶。这些工匠师傅可是帮了我们大忙了。如果把这些木头蒸桶都换成塑料桶的话，蒸出来的山茶籽会是什么样？高温加热，塑料制品肯定没有天然的木制品那么让人放心吧。

熏蒸的时候蒸笼里冒出的蒸汽有一股香甜的味道。一次可以蒸二十四公斤。这个重量对于我来说已经习惯了，能很轻

将蒸笼中的野山茶籽转移到榨油容器中。

山茶油榨油师 高田八郎

松地就提起来。我们工厂几乎没有气味，对吧。

蒸笼里垫着两块木板，中间空出来，上边铺上竹帘，再铺上一层厚厚的棉纱布。这个是木头帘，竹帘比木头帘要好，因为竹子不会腐烂，木头用久了就会散开。这层布可有可无，也许没有会更好些。因为担心山茶籽的碎渣会掉下来，所以才铺上了这层棉布。就像蒸红豆饭时，最底下也会垫上一层纱布，是同一个道理。

榨山茶油的每一道工序都是体力活儿，所以干这个活儿的一般都是男人。现在做这一行的也都是一些上了年纪的老人了。我们这里另外两家榨油作坊，其中一家的掌柜是比我年纪还大的一对老夫妇。

榨油用的口袋，过去都是麻布的，现在也都换成了尼龙的。榨油用的口袋是不能水洗的，就一直这么用下去。如果洗了的话，反而容易沾碎渣。袋子用的时间越长越油润顺滑，根本不用洗。当然，用的时间越久上面的碎渣也积得越多，很难清理掉，需要用金属刷子来刷。

质量优于效率

这个机器叫"球榨机",也有手动的。这个是从过去一直沿用到现在的,已经用了六十多年了。这周围有好几层铁轮子,手动榨油的用法是一样的。之所以叫"球榨机",可能是因为从投料口投入的原料都是球状的,而且最后出来的油渣也是球形的,所以就叫球榨机了。这样的球榨机现在在日本只有二百多台了。这是生产这种球榨机的工厂说的,就只接受了这么多台的订单。榨油机所用的石板从来没有拆下来更换过,现在依然完好如初。这个垫子是京都的工厂生产的,也是一家老字号,从江户时期开始的百年老店。那家原本也是世世代代开榨油作坊的榨油老店。后来大概从第二代开始制作和销售这种垫子,如果没有人制作这些配件的话,我们这样的榨油作坊是开不下去的。

这个活塞的下面有一个厚厚的皮垫圈,起到缓冲压力的作用。这个皮垫圈如果磨损严重了需要更换。制作这种皮垫圈的工厂在九州,九州的博多。其实原来已经没有工厂能生产这种皮垫圈了,后来有一位曾经在制作这种皮垫圈的工厂工作过的老师傅，自己开了一家小作坊开始生产这种垫圈。遇到故障需要修理的时候，我们就给他打电话，然后他会坐飞机飞到大岛来进行修理。东京虽然有各式各样的工厂，却没有生产这种产品的，真让人头疼啊！维修成本越来越高了。现在全世界能修理这种老式机器的师傅，也就那么一两个了。机器本身是铸铁制造的，现在还能用。再过上个几百年估计也还能用。但是如果没有配件的话，就不好说了。但我觉得迟早会有那么一天的。

现在的新式机器是圆柱形的，大的有两米多高，里面有螺旋状的刀片来回转动，有点像飞机的螺旋桨。在圆筒和螺旋刀片之间只有纸片那么薄的空隙，从上面投入山茶籽，不需要粉碎就可以直接进去。山茶籽在进去的过程中，会被粉碎，同时会发热，油和皮自然分离，油就榨出来了。所有工序只需要进行一遍。然而，这种新式榨油机榨出的油，品质还真赶不上传统榨油法榨出的油。因为在传统的榨油方式中，作坊里的老机器只榨取最好的那一部分油，会有一些留在油渣里没榨干净的残油。给油压泵加上二百五十吨的压力，最先榨出来的油是很浓稠的，是喷溅着出来的，慢慢地出油量会变少，油丝变细，最后是滴滴答答的那么几滴。这样做效率的确不高，有些可惜。

可是，如果用新式机器来榨的话，榨出来的油色泽就会像乌冬面的面粉一样，浑浊不透亮。因为新式机器压榨的力量大，出油量多，油榨得干净，但另一方面也会把很多杂质也一块儿榨了出来。老式的榨油机虽然没法压榨得那么干净，但是榨出来的油是金黄色的，通过滤网过滤，显得晶莹剔透。从经济角度考虑的话，老式榨油法是赶不上新机器，而且油渣里还有至少百分之十的残油没有榨干净，很可惜。但是榨出的油绝对一流，对得起顾客。而且，对于顾客来说，老作坊里榨油的场景看起来更生动。(笑)

榨出的油顺着这根导管流向对面。你看这个油压泵从下面升上来了吧。这个压力有二百五十吨。现在的机器没有二次榨取了。手动榨油的话，还需要二次压榨。一开始出油量很大，榨出来的油像水流一样。

山茶油根据产地和山茶籽的不同有优劣之分，颜色也不一样。今天榨的就很好，金黄色是最佳的颜色，如果不是这种颜色的话就不好了。

上：过滤机
下：球榨机

另外还与那些加工山茶籽的农户的处理方法有关系。因为晾晒的环节非常重要，捡拾来的山茶籽如果没有充分地晒干就储藏起来的话，山茶籽会释放热量，迅速发酵，一个晚上就能捂熟了。这样过个一两天，热量不断聚集，山茶籽中所含的油分会很快氧化。所以，即使天气不好，采收回来的山茶籽也必须摊开好好晾晒才行，而且还必须放在通风好的地方。有的农户很细心，会很认真地反复晾晒、干燥，但有的可能嫌麻烦，随便晾晾就收起来，然后就交过来了。这样的山茶籽榨不出好油。你看，现在榨出来的油是很顺滑的，如果山茶籽没有晾晒、干燥好，榨出来的油是黏滞的、涩涩的。

油酸（一种单不饱和脂肪酸）营养成分很好，山茶油富含的油酸比橄榄油还要丰富。榨出来的油放置一个小时以后会慢慢沉淀，变得浓稠，之后需要用滤网过滤一遍。

一百微米的滤网过滤

刚榨好的山茶油还不能作为商品销售，需要过滤。这是专门的过滤室，榨好的山茶油经过一百微米（0.1毫米，1微米为万分之一厘米)的滤网流进滤筒,进入过滤装置。这个过程中,一些比较粗大的杂质会被挑拣出来。

这是用了很多年的滤网,这是滤纸,底下还有三层布。榨好的山茶原油流到这里,慢慢地往下流淌。首先是微压过滤,透过过滤器流出的山茶油变得格外清澈。再流经二分之一微米的滤网,这个圆筒就是二分之一微米的过滤装置。经过滤器过滤后的山茶油都储存到大储油罐里。

刚才我说过,如果山茶籽品质不好,榨出的油颜色也会很差。那样的油在经过过滤环节后,还需要做去氧化处理。每次榨出的油都会取样进行氧化实验,氧化率超标的油就会被送到去氧化处理室进行处理,处理室有点像实验室。一般来说,榨出的山茶原油百分之三十需要接受去氧化处理,百分之七十不需要再做任何处理。

当年父辈们榨油的时候,是没有这种纤维过滤网的,用的都是棉布。现在如果油品很差的话,也还是会用棉布来过滤。这是一斗容量的储油罐,是铝制的。在一斗容量的铝罐底部开上一些小孔,就做成了一个过滤罐。罐子的底部一共有十六个孔,每个孔都紧紧地塞满脱脂棉。把榨好的山茶原油倒进罐子，不需要单独加压自然就能过滤杂质，油也会变得清澈干净。脱脂棉是最洁净的。现在用机器榨的头遍油，用滤纸和过滤器过滤后，偶尔还会有些浑浊。但是如果按照父亲当年的方法，使用脱脂棉来过滤的话，就能滤得非常澄澈。具体原理我也说不清楚，杂质会被脱脂棉吸附掉。满满一罐油，傍晚倒进去，第二天早上就能全部滤完。发白发污的油，经过过滤后会变得晶莹剔透。

山茶油通常是装在玻璃瓶里出售的，如果未经过滤，瓶底很快就能看到一层沉淀，这种是不能作为正品出售的。所以遇到油品不好的油，都要用父辈们的老法子过滤一遍，第二天早上就能滤出干净澄澈的油了。

这可是七十年前父亲用过的"老哥们儿"了！（笑）现在还坚守在第一线发挥余热呢，真了不起！如果不是着急的活儿，用它就足够了。正所谓慢工出细活，细活出精品。

油渣的用途

榨完油剩下的残渣也叫山茶油渣，有很多用途。我小的时候，可没少拿油渣来玩儿。现在的孩子们经常会去海里游泳，可是在我小的时候，下海不能光游泳，一定要捉点儿什么带回来给家里当菜。所以每次下海游泳时都要带上捕鱼的刺叉、潜水镜和捞鱼的网兜。

过去，海面下一米的礁石上就能看到许许多多的贝壳。海水很深，踩不到底，需要潜水下去捕捞。然后，把捕捞到的猎物装进袋子里背回家。这个时候，油渣就派上大用场了。退潮的时候，礁石区的鱼笼就从水下露出来了，在那里布上渔网，拿一些碎油渣，轻轻撒在海面上。不一会儿，潜伏在水里的鱼群就像喝醉了酒一样，纷纷浮到海面上来了。（笑）之前我也说过用油渣整治田螺灾害的例子。鱼也一样，只要吃了油渣立刻就像喝醉了酒一样，晕乎乎地浮到水面上来，用手都可以抓住。只是捉到的鱼很少有能吃的，孩子们只是觉得好玩，所以总是乐此不疲地拿它来逗乐。过去的孩子没法跟现在的小孩儿比，现在的孩子有那么多玩具，从前的孩子们想玩儿，都得自己去找乐子，所以才会有这样玩鱼的游戏吧。

经过二百五十吨压力的压榨以后，油渣已经变得十分散碎。一些种植果园、橘园的人家经常会过来拿走一些回去做肥料。把它直接堆放在树根周围，一下雨就溶化了，渗进泥土里。过不了一年，用脚轻轻一踢，就松松软软地混进泥里，绝对是上好的肥料。

我曾经养过五头奶牛，抱着试试看的心理，还用油渣喂过它们，我看牛吃得还挺高兴的。东京都的农事实验所还曾经让我送一些油渣给他们作为家畜饲料进行研究，送去后一直也没有回信，看来是不能做饲料吧。（笑）

二次压榨指的是把一次压榨用过的油渣重新干燥后，再榨一次。（笑）我家的作坊，无论是厂房、机器、工人、操作方法都是古老的。（笑）这个厂房，最初其实是养牛的牛棚。大岛这里几乎家家户户都养牛，奶牛。为了增加收入，每家一般都养两头，所以谁家都有牛棚。我家之前也养了两头，这里原先就是牛棚。后来不养了，就把牛棚改造成了榨油作坊。

从大家手里收购来山茶籽，再用过去传统、古老的方法榨成山茶油。这样的日子，我觉得挺好的。毕竟还有一些老顾客一直等着用我家的油呢！

（1998年10月28日、29日访谈）

（刘睿琳译）

拾肆 过去的日常用品都是竹子做的

篾匠 广岛一夫 (1915年1月11日生)

导语

九州山地素有"*九州屋脊*"之称，流淌在山脚下的五濑川就发源于这里。人们在山的险要处沿河开辟了一条道路，道路两边散落着一些村庄，日之影町就坐落在这里。广岛一夫的作坊就在这条临河的街道上。

作坊临街而建，形状狭长。面向道路的有四间（约7.3米），进深一间半（约2.727米）。右边是他妻子经营的小店铺，左边是农田。因为广岛使用的竹材通常都有十米长，作坊里放不下，于是就在靠农田的一侧挖了一条通道，又在靠店铺的一侧掏了个暗门，这样竹材才得以很好地安置。

广岛的右腿有残疾，是三岁的时候因为脱臼落下的。作坊中央的地炉边有个小小的、凹陷下去的坑，广岛通常都是坐在坑边工作。作坊的地面铺的是木地板，五金件掉在地上也不会受损，而且冬天也不会冷。

广岛自己说，选择做篾匠主要还是因为腿有残疾，即使行动不便，也可以凭着手艺养活自己，生存下去。他的师父也是腿有残疾。在战争年代，为那些在战争中受伤的，和身体有残疾的人进行过职业培训。

宫崎县当时把篾匠的手艺列入了职业培训的项目之一。理由不仅是因为这里竹材资源丰富、工具简单、日常生活中对竹篾制品的需求大，还因为这个工作用手就能完成。

刚开始的时候广岛并没有店铺和作坊，都是借宿于雇主家的屋檐下，挨家挨户地接活儿。其实在从前这种工作形式不局限于篾匠。现在已经离开本行务农的老指物师（制作家用工艺品的工匠）过去也是在乡间走家串户，住到人家家里去帮忙打制婚嫁用品及新居的家具的。板材都是人家准备好而且经过长期干燥过的。那些人家在等着师傅们的到来。

像这样走家串户的工匠很多。酿酒师行走于各个酒坊之间，锔锅、锔碗的工匠也是穿行于各家各户。

同样是篾匠，广岛这样的篾匠是不编簸箕的。有关簸箕的制作，在《留住手艺》中，鹿儿岛的时吉也曾经提到过，编簸箕的篾匠是不编其他的竹制品的。

同样是篾匠，他们当中也是有分工的，守住自己的领域，也就等于守住了生活。

广岛编的竹制品包括笸箩、篮筐和捕鱼用的工具等。都是生活中常用的、坏了就得换的东西，所以价格必须都不能高。靠廉价的东西维持生计，那么就必须手快。"手快"也就成了工匠的手艺之一。

曾经日常生活中不可或缺的这些竹编用品，现在已经被当成了工艺品。广岛看着自己做的捉兔子的竹筒被当成花器挂在墙上，不禁感叹："这是为了用、为了好用才做的呀。"

失去了用途的工具，也就只有消失的命运了。广岛已经是制作这类日用竹制品的最后一个人了。

广岛一夫口述

因为腿疾

我今年已经八十四岁了,属虎的。我们这一代人正赶上战争和当兵的时代,好多人都死了。我从三岁开始腿就不好,也正是托这条腿的福我才活了下来。要是腿好,估计我也去当兵了,那就不知道还有没有现在的我了。我家是农民,八个子女,我排行第四。三个男孩子都去当过兵,不过还算幸运,都活着回来了。

拜师学篾匠活儿,我记得是十七岁的时候。可是后来提交职业履历时,乡公所的人说时间不对,就改成十五岁了。他们说十七的话时间对不上。

我几乎没上过学。只去过几天,因为腿不好后来就不去了。

拜师学艺,可以说是父母的想法,也可以说是全家的意见。之所以选择篾匠,是因为那个时代大酱竹漏子(做酱汤时往开水里调大酱用的竹漏子)很好卖,所以篾匠在人们眼中是个不错的工作。

另外，我的身体做不了站着的工作。而篾匠不用站着，做出来的东西又受大家的喜欢，我自己也觉得做篾匠挺好的，于是家里的全体成员就这么决定了。

决定拜师学艺以后，去之前我还是做了一些准备练习的。作为练手，编了一些片口笸箩、小簸箕什么的，这些在当时谁都会做。我在家试着做了做，当作是练习。做了那些以后就去拜师了。

师父家离我家还是有点儿距离的。原来我们这里五濑川的一边是七折村，一边是岩井村。我家在岩井村，师父家在七折村。现在这一带都合并成日之影町了。

学徒在那个时代一般是五年，我学了四年多。御礼奉公大概有小一年的时间吧。在当时是没有薪酬的。虽然我自己觉得应该有点儿收入，但是因为不景气，师父也拿不出钱来，所以我有六个月完全没收入，就当是对师父的回报吧。

做学徒的时候说苦也苦。但是我没挨过打，也没受过欺负。要说苦，还是石匠、木匠的学徒可能更苦一些。

有些手艺不是靠嘴皮子说的，所以有时候师父一急可能就会动手打徒弟。说起来，教的比学的还要难。语言上说不明白的只能靠动手才能记住，在做的过程中学习，反复地做。

我师父叫工藤政则。工藤师父是个和蔼可亲的人。他的手很巧，只要是竹编的，他什么都会。他说如果不这样的话就没法生存。但是他唯一不做的是簸箕，因为那是有专门编簸箕的工匠做的。他们的生活也非常艰苦，要走家串户，连自己的户籍都没有。我们这里人管他们叫"山窝"，他们是没有自己的户籍的。具体为什么没有我也不太了解。他们专门做簸箕，所以我们不去涉足他们的领域。

工藤师父的腿脚也不好。虽然看不太出来，但是他也做不了其他的工作。

师父虽然是专门做竹编的，但是他并没有拜师学艺过。我也继承了他的特点，干活的时候在尺寸上也不太讲究精准。编的时候不是说随心所欲，只能是说凭感觉吧。毕竟是要为别人干活。比如做一个盛饭的篮子，我没学过用精确的数字来计算直径，所以教别人的时候也说不清具体的尺寸。来找我订货的人也都是用手围成个圆口比画着大小，"给我做个这么大的筐箩吧"。只要用手比画一下就大概明白了，但是教别人的时候真说不清楚具体的尺寸。

农村的篾匠觉得这是理所当然的。我们编的时候不是根据尺寸，而是根据竹材的特性，让用它的人觉得顺手。什么两升装的、一升装的，这谁都知道，但是一升装的到底是什么尺寸，师父从没教过我。这并不是师父不好，只是我们做活儿比较粗杂，没那么细致。人家一比画说："做这么大的笸箩行吗？"就按照人家的要求做。到了另外一家，又要按照那一家人比画的做。

笸箩这种工具，只要用的人觉得好就好。因为用途正确就是最好的。制作者也是本着好用、结实的原则，跟外观来比，品质更实在。

我跟着师父一起做过笸箩、酱漏，也做过背篓。还有筛米的笸箩、提篮，什么都做过。鳗鱼篓是按照客人要求，照着别人背的那个做的。鳗鱼篓是一种竹编的捕捉鳗鱼的工具。

四处拜师学艺

工藤是我的师父。但是我还有很多其他的师父。只要他们有一技是比他人强的，我就会去学。说是学，其实就是去看的，因为一看就懂。所以无论是做酱漏的，还是做笸箩的、做饭筐的，其实基本的做法都差不多。我就是看这些高手们干活一个个学会的，所以这些人都是我的师父。

鳗鱼篓是跟捕鳗鱼的人学的。他们告诉我怎样才能捕到鳗鱼，我就按照他们的要求编出来了。

学徒期间，我一直是和师父在一起生活的。打扫卫生和看孩子这类的活儿我没干过，因为师父是单身，没成家。饭倒是做了。两个男人一起生活的时候基本上都是我做饭。不过，我们基本上都是到处走，去干活，所以也很少自己做。两个人一起走家串户地干活，手艺也是这样一边干活一边学会的。我从一开始学徒就跟着师父到处走。跟着师父走家串户的时候，到谁家就用谁家的竹材做，从他们的竹林里随便挑些竹材就做了。

有的雇主自己会准备好竹子，但也有的雇主会说，"不知道该选哪种，还是你们自己看着选吧"。我们就在当地砍竹子，再看适合做什么，就这样，一边砍竹子一边想做什么。这附近到处都是桂竹。

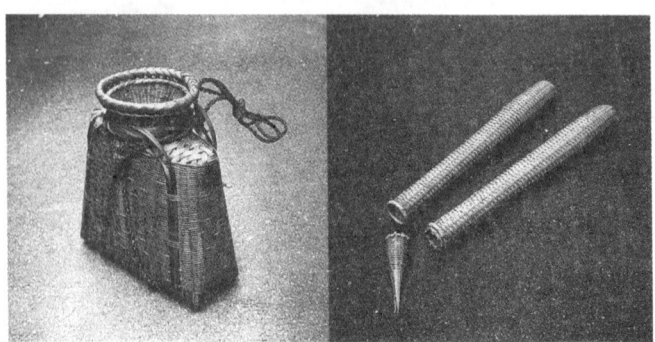

背篓

鱼篓　　　　　　　鳗鱼篓

片口笸箩　　　　　　　　　盐篓

饭筐

篾匠　广岛一夫

师父当时每天的工钱是一元（日元）到一元二十钱左右。我们这门手艺的工钱不高，可以说挺低的，跟木工没法比。我们是挣日工资的。

我们出去干活的时候，碰上比较大的农户，笸箩的话，一做就是十个左右。竹材就到这家人的竹林里砍，然后劈出竹篾来编。我们按天收费，雇主包酒包饭。

我们那里，不只是我们干篾匠的，木匠、桶匠也是这样走家串户地干活。所有的工匠都是这么干活的。

比如做柜子的，过去做柜子用的"前板"都是用桑木或榉木来做的。这些板子放置十年才能用，因为不放置这么长时间，不让木头彻底干燥的话就会变形。这么准备着，等要嫁女儿的时候，雇个好的工匠来做柜子。一般嫁女儿的时候很少有不做柜子的，柜子什么的是婚嫁必备的物品。

我们因为做的东西都是日常用的，跟柜子不一样，所以每家都不止去一次。到了一个村子，有十家就转十家，给他们做各种各样的东西。有些人看到我们在给别人家做，也会让我们给他家做。有些家都是进出了不止一两次的，熟客一般都是固定的，所以不用去太远的地方，方圆五里都转不过来。

冬天是砍竹的季节

在自己家干活的时候，就自己去砍竹子。这是必须自己干的活儿，有时候会请人帮着运回来。竹子还是要自己去山里砍，然后看时间再运过来。

砍竹子最好的时间是秋天，差不多快到冬天的时候吧，十一月份最好。从前人们都认为小寒以后的竹子就不好了，所以要在一月份小寒到来之前砍完。

所有的东西都是在秋天结果的。不结果的，到了季节也要休眠。休眠之前的状态是最好的。油脂饱满，竹子的性质也稳定。

我们用的是"黑竹"。黑竹其实是方言，本名应该叫桂竹。砍伐竹子之前脑子里要想好做什么，做竹编的要会选竹材。做东西之前要了解竹子的性质，因为要做的是能体现其性质的东西。

竹编必备的辅材是边圈、竹篾和包边条。虽说材料都是竹子，但有些硬一点的竹子用来做边圈正好，既结实又不招虫。包边就要用软一点的竹子，用竹皮的部分。竹篾本身还是要硬一点的、有光泽的。

在选择竹子上,人的想法各种各样,我自己觉得三四年的竹子最好。竹子老了会生斑点。当然了,根据需要,斑点也不是不好,但我尽可能不选那样的竹子。

看竹子的时候,两岁以前的竹子是可以很清楚地看出来的。第二年的时候皮还和根连着,看上去还很嫩呢。三四年的竹子砍下来以后还有青涩味,说明还很年轻,这个时候的竹子最好。两年的还太嫩,可以用来包边儿。在山里砍竹子的时候我一般不让它太干燥。如果带着竹枝,很快就会变干了,所以砍下来以后马上把竹枝砍掉,放在庇荫的地方。

我们用的竹子,一般当年秋天砍回来,一直用到第二年的六月份。一入梅,竹子就开始烂。听说别府那边的工匠采一回竹子要用两年,那就不像我这样用一整根竹子。我是砍整根竹子回来。我的秘诀就在于用生竹来编,因为这样编的时候比较省力。竹子砍下来过两三个月,水分就差不多没了,剥的时候特别吃力。

还是要在竹子还有些水分的时候编。要是干了,还得一边浇水一边收紧,因为不这样的话,笸箩会留孔。收紧的时候需要一边编一边喷着水。即使是正在脱水时候，像孔隙小的饭筐、米筛什么的，再小心不留孔也做不到，所以就干脆先放一放，让它干燥几天再收紧。

那里是神社的森林，我就把砍回来的竹子放在那里。说是半年的量，其实没有那么多，很少的，因为我现在也没有那么多活儿可干了。

挑选竹节平滑、竹节间距长的竹子

砍竹子时用的工具就是砍柴刀。也有斧子，但是，砍竹子用不着斧子。竹子砍回来，一般我们是把它劈成四瓣。也有人劈成两瓣。砍回来的竹子怎么都能全部用完的。砍的时候要挑选粗细适中的，太粗的话不好用。尺寸嘛，大概是直径八寸左右。我老了，厘米什么的不太懂。这个差不多八寸五吧。比这个再粗一点的也行，大概就是以这个为标准了。

竹节越长的越好。但是只是竹节长也不一定就好，还要看它的硬度和竹节的情况。

判断竹子的优劣首先要看竹节，越平滑越好，竹节不能过于突出。竹节平滑的竹子就是最好的竹子。你看，这个竹节的间距很长吧？又粗，品质又好。所以说竹节是越平滑越好。

但是，并不是说这根竹子哪儿都好。把竹子分成四节，也就有四分之一是好的。竹节平滑笔直的部分，有人说是一半，我觉得最好的部分也就四分之一。这个部分在哪儿呢？竹子上不是有抽枝的地方吗？抽枝的地方最直，从那个位置到根部。抽枝的部位看上去凸起得挺高，其实不是。有枝的地方才是竹子最好的部分。分成段劈开以后，先拿掉竹子里边的肉。然后再像这样劈成细条。我一般都要剥两次，剥两次以后只取竹皮的部分使用。

根据要编的东西不同，竹子劈出来的厚度也不一样。要看是做什么。

内侧的部分就是竹肉了。竹肉就像身上的肉一样吧？这个也是可以用的，只是我不用。从前，住在镇上的篾匠因为离竹林远，所以竹肉他们也用，因为不想浪费。但是，竹肉的部分不太结实。

没有竹皮是不太结实的，而且容易进水。但是呢，没有了竹皮编起来容易收紧，紧致度也好。竹肉的部分不够光滑，所以，做饭篮的盖子还是可以用上的。

把竹肉削去以后，就像这样劈竹篾了。宽窄根据要编的东西而定。这个宽窄就可以。但是，要做酱漏的话，就得再劈一半。竹篾的宽窄全都要一致。

看到竹子的时候就要想好打算劈出多少竹篾。至于具体的尺寸什么的，我是一个农村的手艺人，实在搞不懂，全凭感觉吧。并不是什么都能用尺寸来计算的，我们是用手头有的材料在编。所以，编的时候，如果多出来了就把它切掉。我就是这样想的。这可能算不上是个好的手艺人吧。（笑）

我喜欢用长竹子，就是砍下来的原长度。所以这间工作室开了个洞通向那边，就是为了能放长竹子。木墙的那边挖了个通道，这边也是通道。

竹篾越长接头越少。但是因为长，所以编的时候啪嗒啪嗒地一阵忙。好的手艺人要想编好东西，一般都是用十米左右长的竹子。

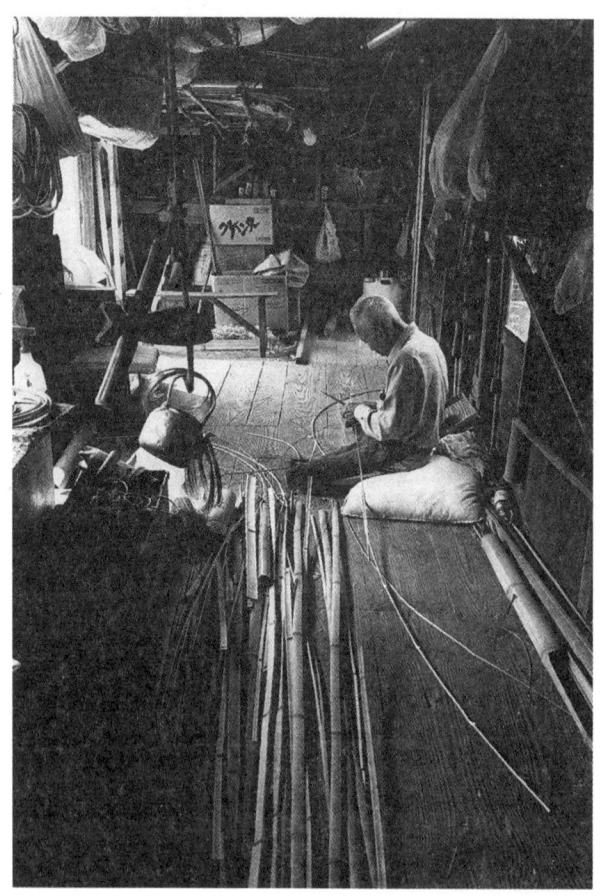

广岛的作坊。因为需要用很长的竹子,就在板墙一侧的邻家土地上挖了一条通道。

从做酱漏开始

最早做的是酱漏。是照着师父做的样品做,但是好多都废了。(笑)刚开始做的东西很多都没法用,任何事情都是这样,但是竹子一旦劈开了,就回不去了,既不成型,也成不了好的竹篾。从什么都做不成到能做出可以换钱的东西,倒是没用太长的时间,因为很快就学会了。这是个很单纯的手艺,没什么难的。问题是做的东西能值多少钱。即便说"这是徒弟做的不要钱",对方也不会白拿的。

最初跟着师父去雇主家做竹编是在昭和五年(1930年),过了三四年我就开始挣钱了。最初的工钱是六十钱,吃饭什么的都是雇主提供,可以说是净挣六十钱,已经是很不错的生活了。就这样,边干边学这门手艺。

出师的时候,师父对我说了些什么已经忘了,好像是说"差不多了吧"。(笑)

御礼奉公师父虽然没提出来过,但我还是帮他做了半年。其实师父说和不说,作为徒弟都要做,毕竟这也算是出徒的标志。之后,只要师父有需要,我就去帮忙。在我之后师父又收了个徒弟，那个徒弟和师父同岁，所以有些事师父不好亲口说，就让我在中间传话。师父说，"我不好说，你来替我说吧"。

所以有很短的一段时间是我和师父还有那个徒弟三个人在一起干活。但是遗憾的是，那个人很早就去世了。

在那之后，我就出师了。也开始和师父一样走家串户地去干活。活儿多得干不完，怎么干都干不完。做的都是日常的工具，竹篓、腰上背的、头顶的、厨房的笸箩……从前简直是没有竹子就不能生活，所以总有活儿干。

这是一个活儿多得干不完，但又挣不了大钱的营生。（笑）因为没办法跟人家收很多钱，所以到底也成不了有钱人。

学徒的时候每天挣六十钱，出师以后每天就挣一元了。最多的时候，好像还挣过三元五十钱。那应该是战后。战后我仍在走家串户，那时候我已经过了三十岁了，还在边走边干呢。

当时，物质匮乏，可篮子什么的，只要有竹子，要多少就能编多少。所以，无论走到哪里，做多少都能卖出去。

和其他手艺人一起

又走家串户地转了五年之后,我到了宫崎县的延冈,在一户叫佐藤的人家里开始干活。和其他的篾匠一起。那里有十多个人一起干活。

在佐藤那里和我一起编竹篮的人不知道还在不在世,也可能换了别的工作。他们特别能挣钱。那些从父辈那里学手艺的"山窝"系的人,特别有活力,手艺也不错,但他们主要是手快。当然了,编出的篮子也不错。手快,做的量就多,否则生意没法干。

那个时候,我又学会了编新的东西,是看着别人做学会的。

我最高兴的是在那儿学会了编四边形的竹笼,形状像集装箱一样的竹筐。但不知道具体的尺寸。其实,按理说那样的东西没有尺寸是不行的。我们篾匠也是有分工的:做圆形的和做方形的。延冈那里有擅长做方形"角笼"的篾匠。

擅长做方形角笼的工匠使用一种叫作"石锉"的工具。角笼折角的关键是削角。如果不把转角的部分削薄,那么内侧是弯不好的。这就要用上这个工具了。延冈一带的工匠们是把旧的镰刀弄弯了来削的,也可以削薄转角的内部。

手艺人们集中在一起干活时,竞争是免不了的。干活要快,手快的人挣钱就多,因为我们的工钱是按件数计算的。

但是,我是从农村来的,干活慢。(笑)只要手快,量多,适当的粗糙一点也无妨,可是我不这么看。数量做得多,一定会在哪儿偷工减料了,因为不那样的话不可能快呀!但是那样一来顾客就要吃亏了。

没有人能靠做篾匠买上车,也没有人能靠做篾匠盖上房。(笑)我虽然在这里干着活儿,但是我真正想要的,这种地方是没有的。

走家串户的时候,农户家的房檐下就是我的工作场所。竹子长,要放在两头通行方便的地方。在农户家的屋檐下干活,日照强的时候就那么晒着,下雨的时候就那么淋着。工作场地确实让我们头疼。那时候我最大的希望就是能在有门的房间干活,那是我最大的愿望。这个愿望实现了,我也就没什么更希望的了。

原本想在延冈的佐藤家多攒点儿钱的,但其实也没存下什么钱。

结婚并建立自己的工作室

离开佐藤那里,我又去了宫崎县北乡村一个叫宇纳间的地方。因为我姐姐在那儿,让我教她儿子篾匠的活儿,我就去了,教了一阵子。那孩子是个四肢健全的孩子,耐不住寂寞,干不了这个。

那个时候,战争刚结束,物质匮乏,有的吃就很不错了。但是,竹编这门手艺太平凡也太寂寞了,不适合年轻人做。后来他也就不跟着我干了。(笑)教年轻人学篾匠本身就是错的。那时候他中学刚毕业。现在还在呢,但是什么都没干。

除了这个外甥,我还带过另外几个徒弟。也是因为各种各样的原因,都中途不干了。有嫌这工作辛苦的,也有嫌挣钱少的。尤其是现在这个时代,竹编的东西越来越没有用武之地了,而且也有不少适合残疾人做的工作。要是在过去,这本来就是残疾人容易上手的工作。在我们乡下就是这样的。因为我们邻村也有个篾匠,也是腿有残疾。我师父也是腿脚不好。

我三十五岁的时候才终于回到了这里,之后又娶上了媳妇。刚结婚的时候并不是住在这里。我们是昭和三十四年（1959年）搬到这儿的。那时我四十四岁，也可能不是，我不太会算。（笑）

结婚的时候肯定是三十五岁。在那之后就做了这间作坊。

这样窄的地方作竹编的作坊是不够的。这面墙壁的外面是别人家的田，我在田里挖了个通道，把竹子插进去。然后再把土填回去，在上面种蔬菜。交了一些土地使用费。这边是伸进自己家里，对面是我老婆开的店。我就这样开始在这里干活了。

竹子的长度两头加起来的话有十多米吧。从那扇墙过去还长着呢，我们年轻的时候就是要用这么长的竹子的。

要做酱漏的话，有三到四组这样的就够做一个了，而且接头少。我不喜欢有接头的东西。重合着接起来编也不是不可以，但是用长竹子的话就不需要接了。

笸箩的接头不能在里边，一般都是在边缘的地方接。真正的手艺人是不会那样做的。

但是现在有些人做的笸箩里边都有接头。我们为了不让接头出现在里边，都是在边儿上把竹篾剪断。要是等编到中间的时候再接新竹篾的话,那接头就肯定要留在笸箩里边了。那是绝对不行的。在我这儿是绝对不行的。但是,这么讲究的结果就是买不起汽车啊。(笑)但是有人会这么干。

遇见天才篾匠

有个名字念作"Hiraoka Usimatsu"的人,他虽说不是我的师父,但却曾经是我的目标。这个人太棒了,简直可以说是篾匠之神。他户籍不明,听说是宫崎县岩户的人,但是跟岩户的人打听也没人知道。他比我年长一代。大概是明治时期出生的人吧?听说他参加过日俄战争。

我跟这个人只见过一面,是我还在师父那儿做学徒的时候。听说他是能做出很多精巧作品的名匠,只是不做像背篓那样的大东西。

光是看他的竹篾的宽度就跟别人的不一样。真是技巧高超,手法细腻,太不同寻常了,一般人做不出那样的东西来。他做出来的篮子形状特别漂亮。

他也是走家串户地接活儿干。虽然我们没有碰到过。

他去干活总是说没有竹子。说没有竹子，其实是说没有他能用的竹子，因为他只用自己看中的好的部分。早就听说他只用砍来的竹子的一半，甚至一半以下。他只用竹节平滑又好的部分。所以，现在留下来的他的作品，圆的就是圆的，绝不会变形。笸箩的边缘也收得特别结实。他做的东西，即使下边坏了，但是边儿还是圆的。这才是真的名匠。

看到这样的好作品时会情不自禁地惊叹。因为做的并不是工艺品和艺术品，却做成这样，真让人佩服。Ushimatsu做的就是普通农户家的日常用具而已，但却做得这么认真，像这样干活的人已经没有了。在我那个年代就没见过。我觉得这就是国宝。（笑）日常用品能做成这样，这一点真的很了不起。所以我一直都是以Ushimatsu为目标工作的。

向用户学习

你知道手笼吧？就是挂在腰上的那个，我们管那个叫手笼。想到了就说一下。以玩儿的心态做活儿的时候，我们就说"正在做手笼"。有的人没学过但愿意自己做着玩，那算是个人爱好，有时也能换点儿钱，但都不是专门学过的。"手笼"说的就是这样的人做的竹编。

这些人是没有拜过师的。算是业余的吧，但是这些人当中也有手艺特别棒的。早先，这附近河边捕鱼的工具，像鳗鱼篓呀，还有挂在腰上的"下网"，等等，有不少工具都是捕鱼人自己做的。

有一次，一个四国的人来让我做鳗鱼篓。他看了我做的鱼篓以后说，"这样鳗鱼可进不去。我们四国的做法不是这样的"，于是就教我按照四国的做法做了。他们的跟我们这里的做法不一样。不过，按照他说的方法做的鱼篓，鱼确实更容易进去。后来我就管这种编法叫"四万十法"（四万十川是四国的一条著名大河——编者注）。（笑）

入口的地方是个三角形漏斗，跟我们这里的是不一样的。

而且口子的地方我们这里是用一片编，四国用两片。先做外侧，内侧只用两片竹篾，就在封口处编几圈就行了。据说这样鳗鱼更容易进去。像这样只编上部的话，据说鱼进去的时候挣扎会少些。非常有道理，这种人就是业余中的名人。于是我在这里也做了一些，这种编法比我的编法要容易些，不需要什么技巧。关键还是做实物，工匠做东西有工匠的眼光。要容易进入，又不能轻易出来。捕捉用的工具是最难做的。

鳗鱼篓

做这个只用到竹皮就行了。竹子最大的弱点就是竹节，太老了容易断，在竹节的地方容易折。但是，是竹子都有竹节。所以，编到竹节的时候，就在这里切断，一边除去竹节一边编，浸过水以后形状就容易规整了。但是手会很疼，而且一天做不了几个。

捕捉工具的入口如果太松，猎物容易跑掉。如果开口太大，就不能用蚯蚓当鱼饵了，得用香鱼那么大的鱼才行。而且奇怪的是，开口太大的话，鳗鱼也不会进来。所以口的大小必须合适才行。

所有的活计中要数鳗鱼篓最费神了，其他活计都不像它。我这儿有两个。你看，编上去的竹篾数量都差不多。这个全都用的竹皮，而这个中间用了一根竹肉，为了更紧致。因为用竹肉编比较快。一根竹篾劈成两根，两根可以一起编。如果用六根的话，劈三根就够了。这是用竹肉的情况。

总之有两种方法吧，一种是为了省事的，一种是不用竹肉的。省事的做法有很多。顾客只要想要，就不会说什么。本来这也是用完了就扔的东西。

鳗鱼篓是在这里干活以后才开始做的，因为眼前就是河。到了这里以后，延冈的人也来订，高千穗的也来订。真是做了不少。

从这个时节开始到孟兰盆节（8月15日），每天都在做鳗鱼篓。夏天不是砍竹子的时节。而上个秋天砍的竹子已经干了，所以把做不了笸箩的竹子剥下竹皮，加上削出来的竹肉，就拿来做鳗鱼篓。这个倒是便宜。但是劈篾不容易，因为只用很薄的皮的部分。年轻的时候不觉得辛苦，现在老了，劈不动了。的确挺累的。

最近都没怎么做，这个快做好了，是给镇政府当展示品用的。我老婆生病以后我就不做了。估计也做不下去了。

修理我也做的。拿着笸箩来修理的比较多。鱼篓什么的，坏了就扔掉了。因为成天浸泡在水里，时间长了就烂了。

材料烂了,修也没用。我编的鳗鱼篓、捕蟹笼从来没修理过,笸箩呀背篓倒是修过。笸箩的蔓折了、饭筐下面横着嵌上去的竹片裂了什么的,都是部分换新的情况。还有饭筐的盖子比较容易坏,只有盖子。所以,来的人说:"下边还好好的就是盖子坏了,能做个盖子吗?"

饭筐的盖子因为要求很薄,所以不太结实,容易裂。当然,这也因用的人而异。竹制品就是这样,总是会坏的,不可能永久不坏,所以才会有那么多的手艺人。工匠们心里都明白,反正用用就坏了。客人们也会说:"不用做太好,不快点儿坏,你就没工作了。"当然,这只是客气话。

用完就扔的、现在比较常见的有酱漏,那时候每家至少有一个。口沿的收法很讲究的,我们是合着缝来收的。有的匠人一天能做十个到十五个。他们的做法是在这里折断,向后弯了以后再插进去。下边做得虽然好,但是边儿都突出来了。

最关键的部分还是边圈。

收口是最难的。而且即使做得再好,酱漏的寿命就在那儿呢。如果口沿坏了,就得尽快换新的。不过十钱到十五钱的东西。

独特的背篓

现在,人们都喜欢我们的这款叫"卡噜侬"的背篓,因为别的地方没有,但在我们这儿一点不新鲜,只是形状跟其他地方不一样而已。我们这里的编法比较特殊,别的地方没有竖着编的。一般的篓都是从底部一圈一圈地往上编,一圈一圈地编成圆形或者方形。而我们的这款"卡噜侬"背篓是竖着编的。这种编法全国只有我们这里是。

过去据说只有臼杵郡有这门手艺,但是现在很多人都会做了。

这个上面开口很大,往下会有些窄。理由很简单,开口大了,往背篓里放的东西会下面少上面多,背起来比较稳定。如果上下一样宽的话,东西都跑到下边,容易向后倾倒。因为重量全在下面。还因为承重的是肩膀,这个背篓的话重心上移,背起来会轻松一些,而且背篓也更贴近背部。但是如果是圆形背篓的话,背部很不稳定。

这个就做得非常好。这是别的师傅做的,他只做这个。

什么竹子都能做这个。但是,如果用不好的竹子做,边缘的地方很容易断。所以，用不用好竹子是成败的关键。

这个钓鱼人用来放鱼的篓叫作"喜榻米"。我一直觉得不可思议。听说冲绳那边儿也管这个叫"喜榻米"，应该算是腰包、腰绳一类的吧。这个叫"厚喜榻"，也就是装鱼的鱼篓。其他地方的人叫鱼篓，我们这儿叫"喜榻米"。为了不让鱼跑掉，这个开口也做得很窄。对于去河边的人来说，这可是重要的工具。

这个大一点儿的是钓马苏大马哈鱼的时候用的。

"鱼干笼"也是常用工具，把鱼干放在笼子里面吊着。把鱼干放进笼子里，当然不会挂在地炉上面，通常挂在三合土地面的"土间"的上部。被煤炭燃烧的烟熏着，笼子挂在那儿就熏成烟熏竹了。只要不着水，笼子就不会坏。竹子最怕水了，所以用后首先要晾干。

有人说为了更好地控去水分，是不是把竹皮的一面编在笆箩的内部比较好呢？那样虽好，但对于编制的人来说比较困难。另外，外部经常会碰到很多东西，竹皮在外部会结实一些。还有，如果把竹皮反过来编，容易折断。在中间没问题，到了边上就很容易折断。如果断碴在外部，容易划伤人手,所以竹篾皮的部分朝外,肉的部分朝里。过去的做法是有一定的道理的。

有些人喜欢让我编一些变形的东西,作为匠人,我做不到。总是觉得那不是个事儿。在什么地方偷懒呀、做一些奇奇怪怪的东西什么的,自己这关就过不去。不管别人怎么夸奖,自己不能得到满足。

我发明的螺丝式修幅器

篾匠活儿需要的工具很少,有一个箱子就能装下。工匠们就背着这个箱子走家串户。

这个箱子已经去了很多地方了。(笑)这个箱子是昭和十六年(1941年)做的,多少年了?啊,有五十五六年了,是吧?我没上学,字也不太会写,但是还是勉强在这里写上了"购于昭和十六年五月"。这是木匠给我做的。这可是指物师中有名的木匠做的,到现在还是一样好用。已经五十七年了,不是吗?

我当时也没想过。那时候,给我做箱子的木匠也给我做了这些工具。

这是修整竹篾宽窄的工具。可以叫"修幅器",也可叫"整幅器"。把竹篾放在这个槽里,向自己这边拉。两侧有刃,可以改变竹篾的宽窄,就是把竹篾削窄。这是篾匠最重要的工具,是只有匠人才有的。竹篾的厚度在剥竹肉的时候已经修整过了,所以只要修整幅宽就行了。通过调整两侧刀刃之间的宽度,多宽、多细的竹篾都能做。但是,竹篾太细就不好编了。

这个也用了很长时间了,昭和十年的东西。当时去中国打仗回来的伤残军人,在这附近有很多。教这些人干点儿什么呢?村里的人们想出了教他们学竹编。从鹿儿岛请了师傅来教,在日之影办了个学习班。当时那位师傅用的就是这个工具。当时,大分县、鹿儿岛县的竹编要比宫城县盛行得多。在那之前,我还没有现在用的这个"修幅器",但是也要修整每条竹篾的幅宽。当时我是怎么做的呢?用两把单刃的菜刀立在木面上,把竹篾夹在两个刀刃之间拉。那样修整幅宽。所以这个"修幅器",简直就是一个大发明。

伤残军人在这里开学习班的时候,我也参加了。学习会

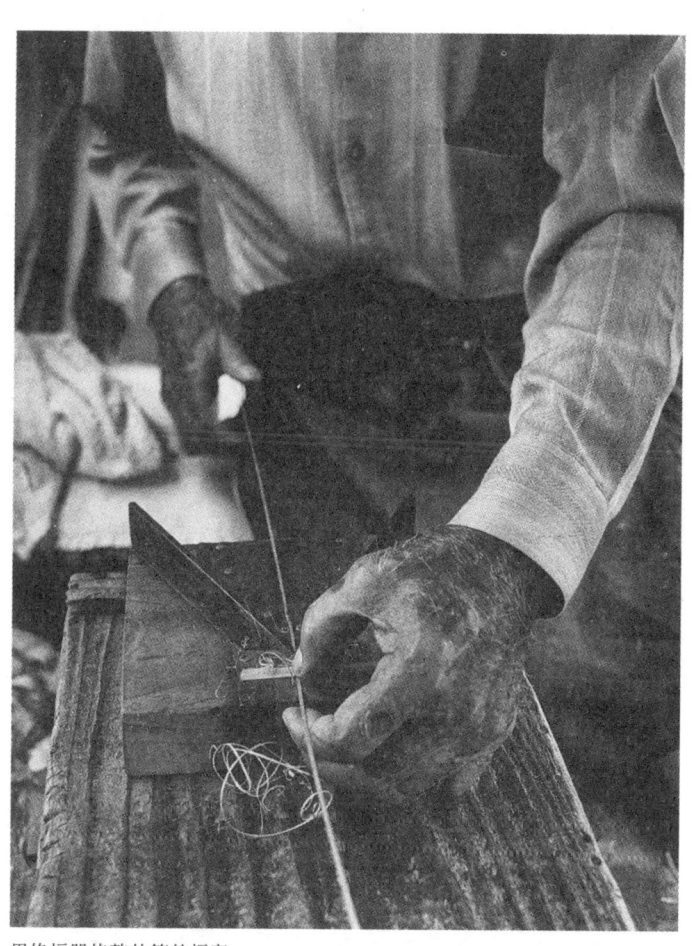
用修幅器修整竹篾的幅宽。

开办了一个星期左右吧。听了那个学习会的人后来没有一个成为职业篾匠。讲师是倾囊相授，但是学的人一两个星期是学不会的。就像是玩儿似的。但是，我发现鹿儿岛的工具确实比这里先进。那时的"修幅器"不是这种用螺丝调节的，是用楔子固定的。用螺丝调节宽窄是我自己想出来的。扭动这个螺丝，就能调节宽窄。听了那个学习会，我就一直想要这个。没给那个师傅钱就问能不能把这个送给我。他没有给我。还不如一开始就拿钱买呢！他没送给我，我就自己找木工做了一个。大概是在昭和十七八年做的吧。这种用螺丝调节的，要是在现在说不定就能申请专利了。（笑）

篾匠的工具

篾匠不需要很多工具，过去只要有锯和刀就够了。我学徒的时候师父就是这样教的，那是刚开始学竹编时候的事。熊本县的宫地有个叫笹原长平的专门做竹编工具的铁匠。这个笹原长平是做刀出身的，我就请他给我做了工具。他做的刀都非常适合我，这就是出自他的手。

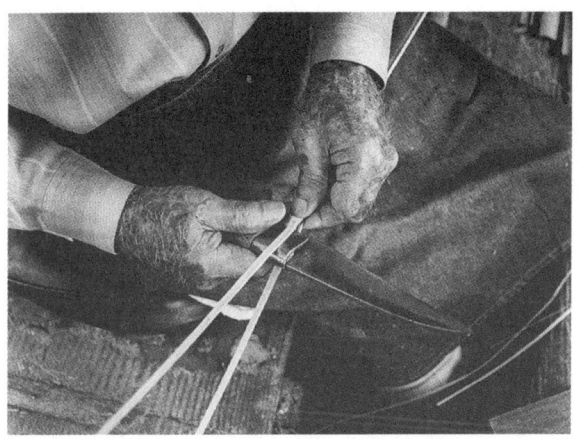

用篾刀的铜箍做竹篾。

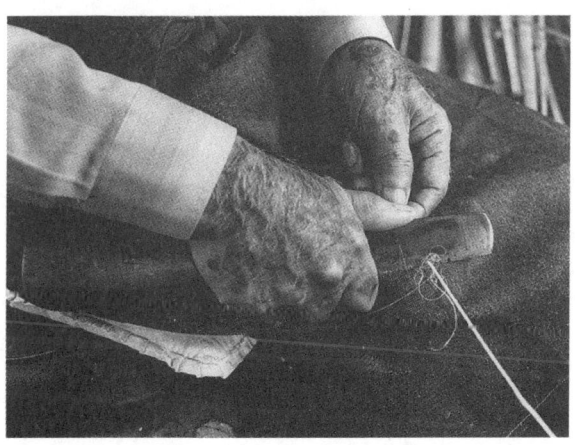

用倒棱刀使竹篾光滑。

这个是最关键的。这叫"篾刀"。这把是双刃的。山窝用的道具"umegai"道理和这是一样的，都是双刃。有些人向我们要用旧的刀，可能觉得用得差不多了就该扔了吧？但是我们都是用到最后。磨损了也没关系，其实那样更好用，已经成为自己身体的一部分了。这把已经磨损得很厉害了，像这样外观不太好的时候最好用。

做竹篾最关键的就是刀的铜箍的用法。这个铜箍不只是用来控制刀刃。劈篾的时候，先用刀刃劈，然后用这里分。分的时候，两边的幅宽要保持一致。就像楔子一样。分条的时候最关键的是拇指，凭拇指和感觉就知道它的厚度。竹节的地方最难，不专业的人干的话，在这里就会分歪了。我会说："啊！坏了！我做的话为什么不会呢？"这是一种技巧。不专业的人做的话，这里会比较薄。我要是也这么做的话也不行。要把刀夹在两指之间，这里的手感用语言说不清楚。

Ushimatsu先生教的就是这刀的用法，也叫"枪刀"。这样的工具是经过每一代的工匠用心做出来的，这才是真正的刀。

过去有人说"篾刀"能切断就行。但是，太快不行，太

平边度篦齿　弯边度篦齿

篦刀　石锉　倒棱刀　弓锯　修幅器

篦匠　广岛一夫

钝也不行。即使这样，也有些弯曲的地方，用着用着就凹进去了。

篾匠一般不用砍刀。普通的砍刀不用于竹编，只是在砍竹子的时候才用。这个还能用。

工具没有重要不重要的，但是最关键的是这个，包边儿时用的"平边度篾齿"和"弯边度篾齿"。这是一套的。没有这个的话就麻烦了。笸箩、背篓都一样，要用这个包边儿。包边儿时竹篾穿过的孔全靠这个。也有人不用这样的工具，代之以做草席时用的粗针。这个在做边儿的时候用，还有插力竹（起支撑作用的粗竹篾——编者注）的时候用。包边儿的时候，也可以不弯。但是竹篾从反面穿过来的时候会直插过来，翻过来的话，竹篾朝上，不碍事。

这叫"石锉"，编有角的篮子的时候需要，是顶角的工具。在延冈的佐藤先生那儿干活的时候做过有角的篮子。这就是在那样的篮子的角上插竹篾的时候用的。先把竹篾的角度做出来，然后用火烤，用这个削，再用火的热度使竹篾变弯，把合适的角度做出来。这是我刚开始工作的时候买的，还是那样儿。这个一代人用不完。

这个叫"倒棱刀"。刀的凹槽边上有刃，有各种各样的宽度。这是做米筛时用的倒棱刀。倒棱，就是把竹篾的棱角磨平，要从里部而不是从竹皮磨。这个可至少用了六十年了，还能用，下一代也还能用。师父也是用的这些工具，一直没变过。

还有像这把修整剪就是普通的工具了。

这些工具的木柄都是用的这里生长的叫作"海金子"的树。过去唐伞的伞轴就是用这种木材做的。据说这种木材不开裂，发芽不开裂，时间长了，就像黄杨一样变硬，好用。

现在做工具的铁匠好像都没有了。现在请别人做工具的时候，因为以前给我做工具的店铺没有了，所以我要先用马口铁做个模具，用木头做一个和这个一样的刀，然后拿去铁匠那里，让他按照我做的模具做。这附近现在已经没有铁匠能做工具了，所以都是去日向的铁匠那里做。

工作中顺序很重要

没有比竹子更听人话的材料了。

竹子的特征是有个部位每根竹子只有一处。竹节的周长和两竹节间距相等的地方，每根竹子只有一处。什么竹子都是，一定有。

听过去的人说，以前有一种叫作"尤脊里"的水壶，是用竹子做的。做那种水壶的时候，选什么样的竹子呢？就选竹节间距和竹节周长相等的部分。上面没有和它一样的，根部也没有。这样就可以做出容量相同的水壶了。无论砍来多少竹子，只要量一个直径，按照这个直径找竹子就可以了。竹子就是有这么一个特性。

箴匠最关键的技巧就是要快。当然，东西也不能差。做得再好，如果做得慢的话，城里生意就没法做下去。佐藤先生那里有很多工匠，在那里没有什么技巧的竞争，没有什么好与不好，谁都没在意这些。只有快和慢。

像饭篮，做一个一般需要两天。但是，那样不行。到延冈以后，我每天都做一个。那是个复杂的东西，有盖子的那种。在没有冰箱的时候，剩饭要放在那里面挂在阴凉通风的地方。一天做一个饭篮。但是，前一天要做些准备工作，像做边圈什么的。如果不稍微做些准备工作，一天是完不了工的。

广岛家作坊的外景。

工作中的顺序很重要。做笸箩的顺序是先边圈,接着骨架,然后竹篾。做背篓、做什么都是这样。现在有些讲座教竹编,让先做竹篾。要问他边圈怎么办,他会说现在开始做。(笑)应该是按照边圈的大小做竹篾才对。边圈大的背篓就要用粗的竹篾。用竹篾编完后再做边圈是外行人的做法,外行人的做法怎么看都是没道理的。

所有的东西都一样。稍微学了一点儿就做的人,做不出像样的东西,那只是爱好。有的人觉得有趣,非常喜欢,单这一点就说明他只是业余爱好,不能说是专业的。我们做的是日常用具。正因为是用具,所以没什么难的,只要有用就行。最难的是使用者对它的大小是否满意。不能让客人说,"我们家的笸箩就是这么大,这个不行"。真正的匠人是看一眼就知道技术好不好。比起东西的好坏,是否用心做更重要。外观不好看的、外行人作为业余爱好做的东西,一眼就能看出来不够紧实。

要说哪儿不好,编出的东西和编的方法都不好。像这个笸箩,包边儿的地方是不是随随便便编的,一看就明白。就因为是边儿才要仔细编,因为边儿非常重要。这就能看出一个人的活儿，谁都能看出来，外行照样行。

鳗鱼篓现在被当作花瓶来插花，这对它来说是一种嘲笑。人们应该知道它是捕捉鳗鱼用的，它是用于这个的一种工具。现在的篾匠编出来的东西已经没有了它作为工具的属性，所有的都是。像鱼篓，被插上了花，成了装饰品，让人觉得难过。

过去的人很伟大。现在我们做的都是模仿先人。是模仿，还是过去的人手艺好。

时代进步了，这些却没有，倒是越来越省事了。喜欢的人在这上面花些工夫，做出来的只是一些不同的东西，但是技艺却一点儿也没有进步。手艺活儿就是这样。

竹子很伟大

我们管桂竹叫黑竹，最常用。桂竹一大特点是延展性好，不硬。毛金竹也用，稍微有点儿软。毛竹的纤维过于粗了。

竹子是很珍贵的东西，很珍贵的植物。它从根部生长，不见异思迁。这是最近我看着它们想到的。

植物，拿农作物水稻来说，是可以杂交的。竹子不是。黑竹一定是和黑竹，毛金竹在哪儿都是和毛金竹，即使是在桂竹林生长的毛金竹也一定是和毛金竹交配，绝不杂交。在我看来，它们是在为自己是桂竹感到自豪。（笑）

为什么这里把桂竹叫作黑竹呢？可能是有点儿黑吧。我不知道说过没有，这种颜色算不算是黑色。竹节有黑色的地方。有黑竹林的山确实看上去是黑色的。

据说是有雄竹和雌竹之分，到底是怎么回事，我也不太懂。一种说法是顶部的竹枝分两杈的是雌竹，还有一种说法是顶部有一枝出杈的是雄竹。两种都有，到底哪个是对的，我也不太清楚。但是，有的竹子非常细腻，看见这竹子我就想，这应该就是雌竹吧。那是一棵桂竹。

说是一类的，每根竹子其实都不一样。即使有一百根竹子，真正的好竹子也不多见。有几根、十根都算好的，有时觉得能看见两三根甚至一根就不错了。

不管砍来多少竹子，也只选好的地方用。所以，像这样不太好的，削完之后就扔了，比较浪费竹子。要是做成粗使的杂物就没什么可扔的了。不好的竹子，一眼就能看出来。

与其说是外观，不如说是竹品不好。首先，竹节间距短、歪的竹子没法用。还有被虫蛀过的竹子，内部可能已经断了，也不行。无论如何竹节间距短是最不好的。

我们在工作中使用的材料，除了竹子以外就是蔓了，还有麦秸。这些材料比较适合做背篓的绳子什么的。

用蔓的地方不多，就是在做漏斗的时候，用在豆子、水的出口处。我们这里管漏斗叫作"稻荷口"或者"三角漏斗"。现在，蔓可是珍贵的东西了，我都已经很久没用了。好的蔓越来越少了。现在山上都人工种植了杉树林，以前有很多的，湿气重、石头和山崖多的地方蔓都多。现在少了。

在农村，人们认为这个工作不是健全人干的，我是这么觉得的。我是这样，我出生的邻村的竹编师腿脚也不好，我师父也腿脚不好。那是因为对于不能长时间站立的人来说，这个工作可以坐着干。而且，只要有竹子就有工作。竹子不像木材，要在木材加工厂才能加工，地方小也能加工。从这里劈四瓣，就能用了。要非常快，需要用竹子做的工具很多。

因为和土地有关，各种农具、河里用的工具、还有去山上采蘑菇的工具，都是用竹子做的。竹子的用途很多。没有它，人们没法生活。首先，没有水就不能生活。要引水就要做导水管。把竹子劈两半就可以了。我们小的时候，也用圆竹筒装过饮用水。不用劈开也能去掉竹节，把细小的竹子插进去可以去掉竹节，再做成导水管引水。还有长把勺，这也是很常用的东西。

喝茶也经常用竹筒。还有茅草房的屋顶，没有竹子的话也做不好。屋顶穿绳的针也是竹子做的，那个东西有很多叫法。

还有茶道的用具，像茶匙啦、圆筒竹刷什么的。我觉得这个应该算最高档的了吧？最难得的是扇子。那也是没有竹子不行的。卷寿司的竹帘子也是。多半是用桂竹，或许也有用其他竹子的。毛竹也行，毛金竹也可以。

我其实也不太了解使用的竹子的种类。我只了解自己常用的，像黑竹（桂竹）、毛金竹、毛竹，沉竹是这里南方的竹子，其实应该叫凤尾竹（凤尾竹多竹肉，放在水里会沉，因而在日本的一些地方也称沉竹——编者注）。凤尾竹太软，但是竹节长。所以，很适合编鳗鱼篓的边缘。桂竹是包不了边儿的，桂竹会折，因为有竹节。我是这样通过用途了解竹子的。

我现在总算是入了竹编的门。在这一行干了六十年，今后要是不懈地做下去，一定能做出令人满意的东西。但是，一辈子一边生活一边做就不可能了。不过，现在自己不满意的东西我是不会拿出去的。还有最重要的是竹子的选择。材料是最重要的，因竹材的好坏而定，做什么都是这样。

Ushimatsu 先生的心情也是这样吧？很少能有他看得上的竹子，他认为在做竹编之前了解竹子至关重要，那种又细又不好的竹子是会裂的，像那些竹节高的。而他包边儿用的竹子又细又高雅，再也没有他那样的人了。

制作的都是日常用品。但是有一点非常棒。我做竹编用过胶水，也用过铁丝。但是 Ushimatsu 先生完全没有过这些，他的材料只有竹子和麻线。边圈使用麻线捆扎。

没头没脑地说了这些。我越来越觉得，竹编和竹子对日本人来说是非常重要的。这里到处都是竹子，它是应当被珍惜的。所以，作为报恩，我自己也种了些竹子。今年也种了，从老家的山里砍下来好竹子的根栽种。不过，这些竹子成材也要十年、二十年，所以我没想自己用，只当是报恩。不管在哪儿，一定会对人有用的。能做竹竿，做笸箩……做什么都行。

能在竹编这行干六十年，完全是因为我妻子。我做什么她都不反对。从我三十五岁结婚到现在，她一直支持我。她在隔壁开了间店铺，现在得了很严重的胆囊病，虽然不怎么疼，但很难治。妻子比我小七岁，大正十年（1921年）生的，七十七岁了，还没跟我去过什么地方。我去过三四次东京，她一次都没跟我去过，说不想去。已经住院一年多了，觉得她很可怜。

（1998年6月29日访谈）

（谢东译）

拾伍　不同的季节采不同的花

养蜂人　藤原诚太

（1957年4月20日生）

导语

去拜访藤原所住的盛冈市(岩手县首府)的那天是个雪天。他家是三代传承的养蜂之家。当初,听到盛冈也有养蜂业的时候我感到有些不可思议。当然,不否认北部地区也是有养蜂人家的,而且我也知道来自全国各地的养蜂人都会聚集在洋槐或枥树的树林中。但养蜂总给人一种只是南方的事的感觉。藤原家除了养蜂以外,还经营着一家用采集来的蜂蜜制作冰激凌的店。兼营甜点和冰淇淋的店铺隔壁就是蜂蜜商店,商店位于盛冈的老街中。藤原同时还是"原有品种日本蜜蜂协会"的中心人物,是一位热心的研究专家。他寻找女王蜂交配(能亲眼目睹这个是件非常不易的事)的场所,为了摄影的需要还坐过气球。

因为是冬天,我原以为看不到蜂,但是在他的养蜂场却看到了过冬的蜜蜂。从贴满越冬防寒用报纸的蜂箱望进去,忍受着严寒的蜜蜂们正在慢慢地蠕动。为了以防万一,蜂箱上还是罩上了网子,我往里张望了一下,居然有飞出来的蜜蜂。日本蜂非常耐寒,据说即便是在冬季,暖和的日子它们也会活跃起来。

藤原一边给我讲解他的工作,一边告诉我在北部地区养蜂是多么有趣。养蜂分两种方式,一种是一路北上,边旅行边追逐着花开养蜂;而另一种则是藤原自己所采用的"瑞士式养蜂法",不进行大范围的移动,而是利用海拔高度的差异,最大限度地利用好不同季节的不同花种。这些养蜂的故事很有意思。

蜜蜂的天敌是马蜂。他告诉我说,把捉到的马蜂泡到蜂蜜中,利用马蜂的毒素,能把蜂蜜变成一种很不可思议的饮品。它能让身体变暖,助眠,而且非常滋养。除此之外,他还给我讲解了关于蜂胶的事情,就是蜜蜂在排卵前涂抹在蜂巢上用来防病的一种物质,据说还有抗癌的功效。他说要做含有蜂胶的糖及饮品用来销售,这也是新型养蜂人在探寻的方向。

他带着蜂箱，身穿养蜂时的工作服来到我们的访谈现场，给我们讲述蜜蜂的生态及养蜂业的事。

藤原诚太口述

我是从岩手县盛冈来的养蜂人藤原。请多关照。我这身打扮就是我养蜂时的样子。

我手里拿着的这个东西叫喷雾器，跟风箱的原理一样，可以喷出烟雾。就是把普通的报纸撕碎放到里面熏着，然后就可以喷出烟雾来了。对着蜜蜂熏几下以后它们大多就会变得很老实了。因为烟雾一出来，蜜蜂们会以为是山里着火了，会赶紧开始做逃跑的准备。逃跑前，它们会去吸蜜，甘甜的蜜会让蜜蜂安静下来。所以熏烟时不会一直熏到让它们逃跑。穿白色工作服，是因为蜜蜂们讨厌黑色，对白色则没有抵触。因为一般的兽类都是黑色的，而它们都是蜜蜂的敌人。戴帽子也不只是为了用网子保护头部，而是为了遮住黑头发。蜂们会习惯性地扑向蓬松的、闪着黑光的东西，因为黑熊和獾都是蜜蜂的敌人，如果露着头发它们就会以为我们也是敌人。

蜜蜂在春季相对来说比较老实，几乎都不用罩网子，但是为了以防万一还是需要把网子放在蜂箱的旁边。因为遇到天气不好的时候，它们同样也会心情不好，那时候偶尔就会被它们蜇一下。天气不好的时候，不知道是不是因为蜜不够而导致本能的骚动。这时候如果打开蜂箱，蜜蜂们会感到自己的生命受到了威胁。相反，如果身上的蜜非常多的话，无论多么粗暴地对待它们也不会被蜇到。

一说到养蜂人家，大家的脑海里就会浮现出追随花开而旅行的人吧，其实那仅仅是很少的一部分人。养蜂人的数量最近的统计数据不是太清楚，但是根据平成三年（1991年）农林水产省的调查，全国约有八千人，而十多年以前可是高出一位数呢，现在减少了很多。其中特别是在各处移动的养蜂人减少了。蜂农都固定在一个地方养蜂了，最多也就是在同县内移动，这样的蜂农很多，我也算其中之一吧。但是在北部地区，一般不在平原地区横向移动，而是利用海拔高度的差异移动。我们尤其重视枥树，因为枥树的花一旦挂上了蜜会立刻谢掉，所以采蜜的时间很少。但是，枥树沿着山麓自下而上依次开花，只要依次追逐着花开采蜜，就会有很长的采蜜时间。

我经常会被问到为什么能在北部地区的盛冈靠养蜂为生。的确，随着大自然被破坏，专业养蜂最近几乎快做不下去了。但是，我家是从祖父那辈就开始养蜂了，所以还是背负着使命感。我们还做蜂蜜冰激凌作为副业，算是以此支撑这个家业。

通常说到养蜂，一定会被认为那是在南方做的事情。现在在南方，因为一些问题，采蜜也变得很困难了。原因之一就是很多外来植物的引进，已经很难采到纯粹的紫云英蜜了，从前那种纯粹的味道没有了。比如采蜜的时候如果混杂了十字花科植物的蜜，蜂蜜就容易凝固。还有，外来植物上附着的病虫害也是一个很大的问题。但是这些情况在北部地区就不太会发生。另外，在南方，花都是一点儿一点儿地慢慢开。所以不仅是日本，包括其他国家，相对温暖的地区是很难一下子采到很多蜂蜜的。但是在北海道、岩手县和秋田县等地区，有洋槐及枥树的地方，一周就能采到蜂箱里两层的蜂蜜，一层蜜的重量靠一个人都抬不起来。南方有像紫云英那样人气很高的花，北方也有洋槐和枥树，所以不能一概而论，说就是南方的好，或就是北方的好。要说成品率，北方地区还是非常高的。

春季最早的细柱柳

在盛冈周边，蜜蜂在春季最早到访的就是细柱柳了。但蜜蜂们主要不是去采蜜，而是去采集花粉。因为一直到冬天结束，蜜蜂们都会存一些残留的蜜，但是花粉会不足，而花粉是蜜蜂不可或缺的蛋白质来源，对于蜂蜜来说，有时花粉对于它们甚至更重要。所以，它们会在春天飞向细柱柳。

现在一般的养蜂人饲养的都是西洋蜂。我是日本蜂和西洋蜂两种都养。日本蜂什么都采。而西洋蜂，不知是适合它们的东西少，还是有集中只去一处的习性，它们在固定的时期，几乎只采固定的东西。

这里有一个蜂箱，我来介绍一下内部的构造吧。这里面是巢框。如果有蜂卵的话，蜂箱的温度是三十四摄氏度左右，几乎不会变化。

这个是移动用的蜂箱，里边大概有七八个巢框。

巢框是人做好了放进蜂箱的，巢框里面的巢础是用铸模做的蜡板，这个不能用人工蜡制作，要把蜂巢煮融后进行冷却提纯，再用铸型进行冲压，这样就能做出平整的巢础了。要观察蜂群的状态，看是不是再加一块巢础蜜蜂们也不会冷。这样一边进行估算，一边循序渐进地添加。这样，蜂们会把我们放进去的东西按照它们自己的需求做出来。它们会让蜡鼓起来，形成一个非常结实的立体结构。当蜜流进去以后就会变得很重。巢框在空的状态下大概是五百克，装满蜜以后会变成两三公斤。蜂巢内满满地装着这样的巢框，有十到二十个。

经过这样的过程制造出来的蜂蜜称作"熟蜜"，这种蜜上百年也不会腐坏。埃及时代出土的东西里边就有，现在尝一尝还是很好吃的。这个巢框的下面悬挂的是没用的巢，有这个表示蜜蜂想要更多的巢。秋天蜜不够的时候，也需要人给它们提供一些食物。过冬期间会给些糖液，一般就是普通的白糖水。这样冬天就能坚持下来了。等到雪化了，准备开始工作的时候，跟秋天相比，一个蜂箱怎么也要剩下七八成

养蜂人的服装和道具都经过设计,以抑制蜜蜂的警戒心。

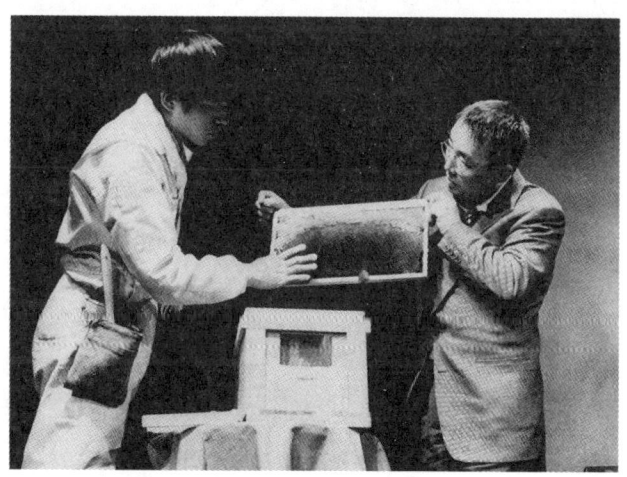

以展示用的蜂箱说明蜜蜂的生态。

养蜂人　藤原诚太

的蜂才行。而到了盛夏，一箱里可能会繁殖出五万只，就两层、三层地重叠起来。在越冬的季节，就将两层的蜂勉强地汇集到一层里，这样加起来大概有两万只吧。

冬天过去，蜜蜂们刚一开始活动，就会飞到细柱柳那里去采花粉。但是它们自己几乎是不吃的，因为要把花粉作为女王蜂的食物，将花粉转化成蜂王浆供给女王蜂，同时还因为幼蜂在长成成蜂的过程中需要花粉的营养。

早春的时候蜂巢中就已经有卵了。秋天蜂会储备一些花粉，它们会吃掉这些花粉并将其转化为蜂王浆。工蜂吃的则是蜂乳，吃了之后很快就会有几只最先变为成年蜂。

当细柱柳发芽的时候，即使没开花，只要气温高了，蜜蜂们就会忍不住地飞来飞去了，这时候我们就会将豆粉放在太阳光照得到的地方制造声势，蜜蜂就会将豆粉沾到脚上，代替花粉带回巢中储备。在蜂巢里，放花粉的地方和放蜂蜜的地方基本上是分开的。它们会在塞满花粉的地方附近产卵，因为那样效率更高，便于从近处取食投喂。

马蜂的话，到了十月、十一月，工蜂开始减少，同时会有几百只女王蜂诞生，它们会分别飞向不同的地方——柴火堆、树叶下等,在夹缝中过冬,而且一只只单独地开始做巢,工蜂则会死去。

蜜蜂则不是这样,它们需要有一定的数量一起过冬,通常是一两万只。女王蜂也会一起,没有女王蜂,是过不了冬的。女王蜂通常是被自己产的工蜂们保护着过冬。岩手县的冬天很冷,所以这期间工蜂要一直活着,要坚持五个月以上。可是,从春天到夏天这段最繁忙的季节里,它们从幼蜂变成成蜂之后最多只有两个星期的生命。就这么长,所以一只蜂采的蜜是不到半茶匙的量。女王蜂和工蜂一样,在冬天的季节里什么都不做,只相互依附着等待春天的到来。一开春,就开始做繁殖下一代的准备。一旦开始活动、采蜜,差不多两周的时间,工蜂就会死去。所以它们要不断地产卵,否则蜂巢就保不住了。

当女王蜂产下工蜂的卵后,经过二十一天左右就变为成蜂了。如果女干蜂身体状况好,会产下超过自己体重的蜂卵,它会在腹中不断地将蜂王浆进行转化,然后产出蜂卵,简直就像产卵机一样。工蜂指挥着女王蜂将卵产在蜂巢内,通常会产下两千到三千枚卵。而在这期间,会有一千到一千五百只的成蜂死去。也就是说，死掉的蜂是新孵化的蜂的一半，所以他们的数量会成倍地增长。到夏天为止，它们会不停地进行着繁殖。

但是，无论一个蜂箱中繁殖了多少只蜜蜂，一般蜂箱落到了两层、三层的时候，就会需要一个新的女王蜂了。此时蜂箱中的温度已经很高了，这是个很好的状态，以此判断出即使再有一只女王蜂，蜂群也不会有任何问题。这时候就要开始把本来应该是工蜂的蜂卵变成女王蜂了。

在最初的三天里喂它吃类似于蜂王浆的叫作"蜂乳"的东西，之后再连续不断地更大量地喂食蜂王浆。这些幼虫也不像一般的幼虫那样住在通常的六边形巢房里，而是被保护在大号的花生壳一样的蜂房之中。幼虫原本要用十二天才能变成工蜂，而这样一来，只用七天就变成了女王蜂。女王蜂的大小大概是工蜂的1倍到1.5倍，身体是橙色的。在新的女王蜂破蛹成蜂前后，旧的女王蜂就跟随比自己小一半的工蜂去寻找新的家园了，这就是蜂的分家，也叫"分蜂"。

一般情况下，秋季和冬季是没有雄蜂的，它们的出现是在五月到七月。雄蜂并不是从别处飞来，而是从蜂巢里的无精卵中诞生。通常，受精卵会成为工蜂或女王蜂，而无精卵在产下之后会变成雄蜂。如果是鸡蛋的话也就到此为止了，但是蜂的无精卵会变成雄蜂。在交尾期结束的八九月份，岩手县这边就开始冷了。等到了蟋蟀叫的季节，工蜂们就不再让雄蜂进入蜂巢里了，会把它们驱赶出去。

所以，女王蜂在暖和又有很多蜜的时候进行交尾，把从雄蜂那里获得的精子储备起来，之后再慢慢地、连续不断地生产工蜂。你也许会觉得，要是这样的话，有一只雄蜂不就可以了吗？这么想就错了。据目前掌握的资料看，西洋蜂通常是要跟七八只雄蜂进行交尾。而且，不是在蜂巢里，是在离蜂巢几公里的地方，在高空中进行交尾。它们似乎是在避开近亲交配，有记录显示它们还会与二十多公里以外的蜂群进行交尾。

看上去，蜜蜂们的工作像是到处采蜜，实际上，如果有几只蜂到了有栃树的地方，那么同一个蜂箱的蜂们会一齐飞向那里。特别是西洋蜂，这种倾向非常强烈。首先有一两只就像侦查蜂一样先飞过去，尝一下那里的蜜，之后就开始舞动。接下来，越来越多的蜂就会一波一波地飞向那里了。它们会在那里持续采蜜直到这个季节结束。即使其他地方也有蜜，它们还是会一直停留在最初到访的地方，直到那里失去利用价值。从很久以前开始，蜜源丰富的地方在养蜂人的圈子中就有了世袭制，比如藤原家的地盘、渡边家的地盘，等等，基本上是定好了的。

采蜜地点是否发生了变化，只要看看蜜就知道了。不光是蜜，花粉也能看出来。比如采的花粉来自枥树，蜜蜂就会带回像鲜血一样红的花粉，一看就知道了，再有，打开蜂巢盖子的瞬间会有香气飘出来，靠这个也能知道。

比如说枥树的话，我们会在盛冈市内进行采集，同时也会去五十公里以外的早池峰山国家公园里采。可以采集到相当多的蜜，只是采蜜的时间比较短。

枥树花将要开完的时候，接下来的花就要开了，比如洋槐等。要观察蜜近来的状况，适时、迅速地将蜜全部压出。用离心机把它们全部分离出来。这一带的花期基本结束以后，接下来就由海拔五十米高度的地方向海拔一百米的地方移动，这样在一定的时间内，又能采集一周或十天左右了。养蜂人所做的工作就是挑选采蜜的场地，决定移动的海拔高度，这些都是为了能让蜂们采集到更纯粹的蜜。蜂采回来的蜜开始的时候和糖水很相近，这叫作"花蜜"，甜度呢，就像苹果汁那样，含糖量是百分之二十左右。蜜是从花里出来的，含糖量是花蜜本来的浓度。蜂把蜜吸出来之后，如果刚采好中午就去收集，蜜还会滴滴答答地往下落。这个时候的蜜还太稀，会发酵变成酒。但是蜂们会把这些蜜接连不断地在口中传进传出，蜜就会被蜜蜂口中的酵素转化。同时，蜜蜂还会震动翅膀降低蜂蜜的湿度，让它变得干燥。这样一来，糖分就能达到百分之七十六七，更浓了。一般两三天就可以达到。等经过三四天，蜂巢里的蜜都加工好了，这时无论你再怎样去摇晃蜂巢，蜜都不会落下来了。

　　长久的蜜源、长期出蜜的花也是有的。这样的情况下，随时都会有新的蜜积攒在蜂巢的某个地方。这样的蜜如果留存在里边，万一发酵了就麻烦了。所以一定要在黎明时分，也就是日出前后，去把蜜分离出来，否则到了十点来钟，蜂一活跃起来，就只能停止工作了。那种很稀的蜜，总是咕嘟咕嘟地流动，所以我们叫它"咕嘟蜜"。在我们的圈子里，采那样的蜜会被笑话的。雨水多的年份，或者缺乏技术，就会采到那样的蜜。那种蜜是没什么用的。

蜂的一生是两周

在蜂群里，有专门负责去除水分的，有防止外敌侵入而守门的，也有负责收集采回来的花粉的，等等。总之，各种各样的工种都有。但它们并不是一生都干同样的工作，它们的年龄是按日计算的，所以称作日龄。它们是根据生理因素来进行分工的，随着日期的推移会变换不同的工作。

蜂一出生马上就有工作，就是负责温暖蜂巢。它们只要待在里边，蜂巢就会暖和，因为幼蜂的体温非常高。而那些更小的蛹和幼蜂是不能受凉的，否则容易生病，所以蜂巢要保持在一定的温度上，大概是三十四摄氏度，上下不超出半摄氏度。所以刚出生不久的幼蜂担任保持合适温度的工作。上了年纪的蜂会外出觅食，把觅来的食饵喂给幼蜂。而将蜂王浆进行转换的是年轻的工蜂，因为年轻的蜂更适合产出蜂王浆。蜂王浆这种东西呢，就好比是在人的唾液腺那里，把吃进去的花粉进行转换之后再吐出来，这也是一项工作。在两周的时间里，做完这一系列的工作之后，这些蜜蜂就死去了。

蜂箱周围偶尔也会看到几只掉落的蜂的尸体，但是蜂很喜欢干净，它们一般是不会死在蜂箱里的，也不会死在附近。在活动期，它们会把死掉的蜂放到十米或二十米以外，甚至更远的地方。不光是尸体，蜂也会把衰老了的、没有生还希望了的同类放到别处去。虽然这个看上去很残酷，但就有负责这方面工作的蜂。我们经常说蜜蜂的世界具有社会性或者家族性，但其实不太合适。一个蜂箱就像是一个生命，老化了的细胞被遗弃，新的取而代之，它更像是这样一个系统。

冬季，它们也不仅仅是在巢里睡觉，他们会去外边大小便，这就是健全的蜂群。

到了早春时节，气温一上升，蜂们开始活跃起来，就会先去采集花粉。在我们岩手县，有一个行当叫作"花粉媒介"，几乎能成为一个单独的行业了。"花粉媒介"就是把蜜蜂出租给苹果园帮助授粉，作为报酬，我们也能够采集到蜜。就在这么租来租去之间，就能收获到像山梨、樱桃、山樱还有枥树的蜜了。

即使是在盛冈附近，也需要随着季节的变换慢慢爬高，在一定范围内边移动边进行采蜜。枥树的花期结束之后，在同一片地区还有悬钩子，之后是菩提树，接下来是有些臭味的栗子花，再接下来是更臭的刺楸。但是，这种树很特别，每五年才会开一次花。它们的"小年"很长。植物都是有"大年"和"小年"的。如果没记住的话，去年去了那棵树，今年又去，以为还能采集到，结果却会完全没有收获。

等到刺楸也结束了之后，还能在荞麦花的地方再努把力。但是，如果把蜂箱放在什么花也没有的地方，反倒会招来熊。而且因为没有蜜源，蜜也会全部消耗掉，有时候会出现这种进退两难的状况。之前有一次我从山上下来，带着蜂箱去了山脚下，那里胡枝子花开得正好。胡枝子花蜜跟洋槐花蜜一样有着很好的透明度。但即使是在开花的季节，它们的出蜜量也很少。它们大多生长在大的河流附近或者湿度较高的地方。如果是在南方的话会有枇杷，但是在岩手是没有的。秋天的时候最后可能会混入一些七草等杂花的蜜，还需要补充一些糖水来帮助它们过冬。蜜蜂一年的采蜜工作结束之后，反而需要我们来做一些蜜糖水来养育它们了。要在从前的话，一年的最后会采集比较多的蜜，有些蜂群根本不用管也不会有问题，但是现在不稍微喂食的话怕挺不过冬天。一年中如果能从蜜蜂那里收获二十成，那还给蜜蜂的大概就是一成左右吧。

我有差不多五十箱的蜂，另外还养殖了日本蜜蜂。但这些远远不够，所以也会从别人那里购买一些蜂蜜。有一些养蜂人从我祖父那一辈就有交情，并且是我祖父教会他们怎么养蜂的，这些人自己没有商店，但能采到很好的蜜，我会收购他们的。岩手县有两百多位养蜂人，真正经营店铺自己销售的也就十个人左右。也有一些人是凭自己的兴趣在养蜂，采的蜜也是为了自家用。

熊和蜜蜂

养蜂人最烦的就是熊。熊是最可怕的，两三年前就有好几个蜂群都被它们吃掉了。熊会把蜂箱弄得粉碎，搞得七零八落，然后将里面的东西吃掉。熊也是有性格的，比如有的熊就在原地吃，而有的要到稍远一点的地方，把小竹子铺平整，把它作为餐桌吃。熊比从前增多了不少。我在两年前给蜂箱周围加装了电栅栏，只要熊一碰到围栏就会被电到，好像还挺管用。熊只能在蜂箱的周围走来走去，进不到里边了。大马蜂也很可怕，一只大马蜂就能杀掉几千只蜜蜂。如果是十几只一起来的话，那么几小时以内，一群蜜蜂，一万只甚至五万只，都会被杀死。如果是西洋蜂的话，马蜂会先落在蜂箱上，然后一只一只地，像骑士一样，将西洋蜂杀死。尸体都能堆成小山。

但是，如果是日本原种蜜蜂，它们会抱团，把马蜂包围起来进行战斗。虽然日本原种蜜蜂在明治（1868—1912年，日本明治天皇时代的年号）以后就几乎没人养殖了，但是它们的生存能力很强。西洋蜂很难在野外或者日本的山里生存下去，而日本蜂，只要人们不去破坏环境，它们是一直可以生存下去的。日本蜂的颜色比西洋蜂稍黑。无论如何，日本蜂毕竟还是最适应日本的水土，有时候遭到马蜂的偷袭之后还会还击，采蜜量也还是不错的。

西洋蜂的抗病能力比较差。有一种叫"腐蛆病"的法定传染病，这是一种可以让幼虫全部死掉的疾病。如果得了这个病，要把蜂全部烧掉才行。就算只有一只得了，或者只有一箱得了，那也要把养蜂场所有的蜂都烧死。就是这么可怕的病。但不可思议的是，日本蜂就不会被传染上这种病。我现在正跟同行们研究日本蜂的生态。

对于养蜂人来说，最大的问题其实还不是别的动物带来的伤害，而是树木的乱砍滥伐。最近营林署终于以千棵、两千棵为单位进行枥树的种植了。可是被砍伐掉的树何止一两万棵呢。而且，枥树长到能出蜜的年龄，大概需要百年。

一棵百年左右的枥树，一季出的蜜是大约一斗罐，也就是二十五公斤左右。但是山里的枥树已经被砍伐得差不多了。能在溪流附近生长的树种是固定的，因为湿度很大，所以几乎都是枥树和枫杨。这些树还可以防止土壤流失，从这个意义上讲也很重要。这样的地方环境一旦被破坏，即便是种上枥树也很难成活。现在开始种植，要等到百年之后才能成材，所以我们只能从现有的树上采集。

从今以后，我们养蜂人不应该局限于蜂蜜的采集，同时也要做一些花粉媒介的工作，以及蜂胶、蜂王浆的生产等，让自己的工作更具附加值。我们还应该成为大自然生态的观测员，更好地发挥自己的作用。

如果来盛冈的话，可以近距离地看到我们实际工作的场景，欢迎大家前来。谢谢。

（1994年2月27日谈）

（谢东译）

拾陆 学徒五年才能磨锯

锯木工 关谷文雄

(1938年1月22日生)

导语

我家附近住着一位用大锯锯木头的老爷爷。他家的墙上挂着好几把大锯,那些锯又长又粗又大,但是锯齿少并且间隙很大。老爷爷的工作是用这些锯去锯山上的树。做他们这种工作的人,我在很久以后才知道是叫伐木工(日文为"杣師")。

当我听说关谷的工作也是锯木头的时候,首先就想起了那位老爷爷。一问才了解到,关谷这种锯木工是不需要去山上伐树的。同样是用大锯,伐树的人叫伐木工,把砍伐下来的大树运到平地、锯成木板的叫"锯木工"(日文为"木挽")。

现在,加工柱子和木板的工作已经几乎都被机器所替代了。靠人工来锯的已经越来越少了。机器的出现,加上锯木工作的高强度,让很多人都放弃了这个职业,所以锯木工越来越少了。据说,现在全日本也只剩下几个人,关谷文雄是其中最年轻的一个。

第一次和关谷见面是在名古屋的名贵木材店。锯木工的活儿多来自名贵木材店。木材店需要将买到的高档木材锯成光滑的木板,这就要委托匠人们了。用机器瞬间就可以完成的工作,人工需要花几天的时间一点一点地锯。

技艺精湛、经验丰富的锯木工匠通常会先从外到里端详木材,找到木节的位置、空洞和腐朽的部分,并以此来判断最完美纹路的所在位置,然后画上墨线,尽可能地锯出更多的木板。

当然,人工锯出来的不仅比机器锯出来的漂亮很多,还能多锯出两三张板材呢。

我去拜访关谷的时候,他正坐在那里锯着一根木材。名贵木材店看中锯木工匠们对木材的鉴赏力以及他们的技艺,所以会把贵重的木材交给他们手工锯。关谷每锯一下,他坐着的凳子就会随之晃动一下。就这么按照一定的节奏,不快也不慢。锯一点一点地深入到木头里,锯末随着锯一下下的拉动不断被带出来。在这个过程中,他要做的更多是根据木材的状态对锯进行调整——磨锯、调整锯齿以适应木材,这些都是非常重要的工作。

对于锯木工来说,锯的是价值数百万元乃至上亿元的木材,磨锯,以及每一个拉锯的动作,都是非常关键的。

我们把巨大的木材带到了脱口秀的现场,关谷带来了他常用的几把锯,一边让我们看他干活,一边跟我们聊聊他的工作。

关谷文雄口述

我叫关谷,请多关照。我是锯木工,不是伐木工。伐木和锯木还不是一回事。

去山里锯树的是伐木工。伐木是非常危险的工作。在伐木工把树伐倒后,锯木工在山里把树锯成一定的尺寸,用马车运到木材厂——过去都是用马车,一定得有马车才能运——然后再由锯木工来锯成木板。

从前我们锯得比较多的是二分三厘(约合7毫米)的实木天花板薄板,要把木头锯成薄板,用来贴在房屋的顶棚上。

以前这类活儿比较多，但是现在干这种活儿的锯木工已经很少了，日本全国也就剩下四五个人了吧。名贵木材店也难以继续做这种高档的天花板了，现在多数都是在木材加工厂用机器加工那二分三厘板了。

我今年五十八岁了。在日本全国，干我们这行的应该数我最年轻了。我没有继承人，没有继承人是一件很悲凉的事。

我们的工作实在是太累。我学徒的时候，就没有过所谓的休息时间，早上八点到十二点一直干活。手上磨出了血泡，就把它挤破了接着干，也不上药，不用创可贴。晚上睡觉的时候一攥拳头，手指就粘在一起了，因为血泡都溃烂了。到第二天早上，必须一根一根地把手指头扳开。我就是这样学技的。

我父亲的工作和锯木头毫无关系。

干锯木工之前我换过三次工作。最初是做纸箱，干了两年不干了。后来又干了两年半木匠。我兄弟姐妹多，八口之家，父亲在四十四岁时就去世了。我是长子，上面有三个姐姐。生活维持不下去，我就把木匠的工作辞了。正好我叔叔在名古屋做名贵木材的生意，知道我辞了木匠，就问我干不干锯木工。可是在那之前,我根本就不了解锯木工这个职业。叔叔说:"我只管介绍,干得了干不了就看你的了。"就这样,我开始跟着师父学锯木。那年我二十岁。

第一次去师父那里,被告知工作内容的时候,我觉得自己不能胜任这个工作,因为我虽然个子不算矮,但是当时很瘦。师父说,你这样的体格是没问题的,不是干不了,但是要吃点儿苦,能坚持一个星期就没问题了。一个星期后我没有打退堂鼓,师父就说:"看来你是真想干呀!"于是我就留下来了。要说什么最难熬,那还要数肚子饿。我饿得特别快,因为刚开始不懂干活的技巧,只会用蛮劲。八点钟开始工作,到十点我就饿了,想吃饭。估计师父们也会感到饿,但师父们到十点钟会有茶歇。我是学徒的,没有休息时间,要一直干到中午十二点。

锯的时候,师父会先用墨盒帮我在木料上画线,并给我锯好开头,也就是定下开始锯的位置,然后我就可以自己锯了。

刚开始的时候有时候会锯歪。师父告诉我,要尽量沿着画好的线锯,锯歪的时候,要告诉他歪了。我就这样被师父说着学会了技艺。

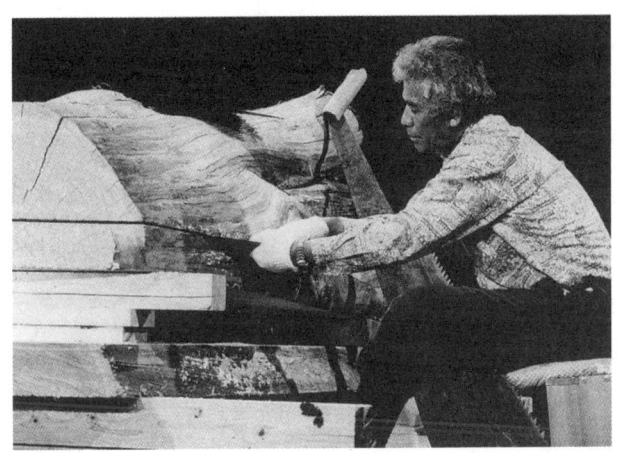

缓缓地按照一定的节奏拉锯。

现场准备的木材和大锯。

锯木工 关谷文雄

因为我干过木匠，画墨线这些我能做得很好。师父还在磨锯的时候我就已经开始锯了。师父就说："你太快点儿，要慢慢儿来。"又说："我看你行，跟着我好好干吧。"

这个工作的收入一直都不错。一般工匠的收入，比如我当木匠学徒的时候，最开始一个月挣九千日元，但是进入锯木工这一行以后，一个月的收入是三万。而且名贵木材店对我们锯木工都很重视。十点的茶歇时间，要是肚子饿了，还有拉面吃呢。

学徒五年才能磨锯

我跟着师父干了一年半就离开了。因为没学过磨锯，所以到了外边总是锯不好。我觉得自己是按照师父的做法磨的，但就是锯不好。光用力气去锯的话，自己的身体又吃不消。于是我就趁着师父不在工坊的时候偷偷跑去看别的匠人怎么磨锯，虽然我已经不在师父那儿干了。

其实师父也并不是故意不愿意教我，他只是希望我能坚持五年，他说如果我能坚持下来就教我。但是我当时想早点另立门户，等不了五年。所以跟着师父干了一年半我就离开了，另立了门户，独立接活儿了，但是手艺并不是特别得好。那之后又花了差不多半年的时间才锯出像样的东西了。有时候碰到师父，他会说："呦，你在这儿干呢！锯得怎么样了？让我看看。"有一次师父看了我锯的木板，抻了抻说："哦，不错，已经超过我了。"又说："有时间也过来帮我干点活儿吧。"就这样，我也开始帮师父干活。我师父是在十年前去世的。

所以，磨锯的方法完全是自学的。锯不同的木材时，磨锯的方法也不同，这些是在实际操作中不断摸索出来的。我就这样一干就是三十五年，当了三十五年的锯木工了。

我锯的木料主要就是名贵木材店买进的木材。它们也不是什么木材都收，主要是杉木和榉木。榉木比较难锯，因为比较硬。一天最多也就能锯一片——这是说手工锯的情况下，但一般都是用电锯来锯的。手锯和电锯相比，电锯的锯路（刃宽）一般要占六分（18毫米）左右，而手锯只占一分五厘（4.5毫米）。因此，用电锯的时候，每锯几块板子就要损失一块板子的木料，有时还不止一块，一般来说会损失一块到两块板子的木料。

手工锯出来的板材看上去很漂亮。用电锯的话，因为锯路宽，所以还是不够美观。而且用电锯锯会让木材发热，光泽就变暗了。手工锯出来的板材没有这种情况，让人感觉树好像还在生长着一样。

但是现在，做手锯的地方已经不好找了，就算是特别定制也很难。我今年五十八岁了，想想自己还能干几年呢？就紧着手头有的锯用，没得用了就不干了。没有了工具，就彻底不干了。到了那个时候，我的职业生涯也就该结束了。反正日本的树也在减少。

锯木工的锯

这个大锯叫"前挽锯"。现在，这个锯已经是最小的了。最大的有这个两把那么长，长度有两米多。

这个锯的刃也厚，是一个人拉的锯。如果是两个人一起的话，就用两把锯对着拉。两个人锯同一根木材的时候，要分别从两头儿锯。用两把锯，那头儿和这头儿，前面的人拉完，后面的人推，就像这样。过去，锯两米的大木材都是要两个人互相配合着来完成的。

到目前为止,我锯过的最大的木材,直径有三米。

锯这种大木材的时候是看不到对方的。要在各自的背上插一根棍子,互相看着棍子拉。棍子就是对方动着的标志。这要求两个人得默契配合,否则的话是干不好的。

一天的工作是从早上八点开始的,因为要磨锯,所以通常要到九点才能正式开始干活。磨锯大概要用掉一个小时。上午干到十点的时候休息三十分钟,接着干到十二点吃午饭。一般是下午四点结束一天的工作。这可是个体力活儿。

锯要磨得非常锋利。如果锯不锋利的话,自己的身体负担会很重。所以,磨锯是每天必做的功课。十点休息,十二点吃午饭,下午一点又要磨锯,一直干到四点结束。

一把锯长年累月地用下来,都会磨损的。这把大锯现在是这么宽,大家一看就知道,这里有敲上去的标记——这把锯是纯手工打造的,和刀一样——锻造的时候就考虑到要用到这个位置。当然,一般都用不到这里就换了。

锯不止有一片,都是三四片交替着用的。有从左边拉的锯,也有从右边拉的。锯都是一样的。

像这个长度的锯，齿数一般是三十四个到四十个。再长的话，齿数还会增加。锯齿不能太细，如果太细的话，会被锯末塞住。

我之前锯过一根直径一米、长三米的杉木木材，从这头锯到那头花了一天的时间。锯木头的时候，我现在已经没有喘不上气或呼吸急促的情况了，因为已经习惯了。最初的时候真是喘不上气来。只有能气息平稳地从头锯到尾，才能算是出师了。

作为一个匠人，如果接了活儿，但赶上身体状态不好，是不能勉强着干的。我也是。比如早上来了忽然觉得头晕，感觉自己的身体状态不好，就跟木材店的老板请假回家了。也有的时候自己觉得一上午就能干完的活儿，却花了一整天的时间。

每一根木材都是完全不一样的。

我曾经在静冈县锯过一根直径三米的杉木，据说价值一亿日元。是九州神社的杉树，一位养鸡场的老板买的。

如何拉锯

开始锯之前，首先要确定从这根木材上取什么材，如何取。这需要跟顾客，还有熟知名贵木材的人一起商量来决定。即便是木材专家，看木材也不是一件容易的事。这需要我们边看边商量，最先要明确的是，用这个木材的目的是什么。不问清楚这些的话是不能在上边画墨线的。

曾经有一位客人，要求除了天花板，一间房间其他的装修木材也用一根杉木来做。通常壁龛的板材都是用榉木来做，是另外买的。在市场上购买的时候，木材店要事先问好，比如房间大小是十二叠（计数榻榻米的量词，一叠约为 1.66 平方米），装饰门框用的横木要几块，这些都是要事先问清楚的，然后再去找木材，要不然不可能用一根木材全都解决。先看一根木头上最多能出多少天花板木料，做上记号，然后再做减法，计算其他的木料。

锯那根价值一亿日元的木材的时候是特别慎重的。那可是一亿日元呀！容不得半点儿马虎。虽然顾客也说，"锯坏了也没关系，我再买一根"，但价值一亿日元的木材哪里那么好买啊，那是非常珍贵的木材。一亿日元嘴上说说是很轻松，可换成现金可就不得了了。

我年轻的时候还真有过失败的经历。就是因为太紧张了，结果把尺寸锯短了。有的时候说一句"实在对不起"也就过去了，可是有的时候是真要赔偿的。

锯木头最困难的还是木节。如果看不出木节是从哪里出来的，就没办法往上画墨线。有很多木节从外部是很难看出来的。关键还是要看正面，从那儿获得提示，再以那里为基准去锯用于天花板的板材。

有时候看一棵树立着的时候感觉特别棒，可是倒下再一看又不怎么样。买立着的树的时候，通常是没有定价的。因为是竞拍，买主们各自出价，出价最高的拿走。

比方说花一亿日元买一棵直径三米的树吧。生意人一般是从五千万左右加价，做成产品后，再卖出一亿五千万左右的价格。

要说好锯的还要数杉木。尤其是屋久杉（产于日本南方的屋久岛的杉树）最好锯，因为有油脂。现在屋久杉已经成了贵重的树种了，很难收得到。

秋田杉相对来说没什么油脂，不太好锯。通常看一眼就知道是什么杉。秋田杉有它独特的色泽，很容易分辨。树的木色和树皮都是不一样的。

现在，也有很多从中国进口的杉树。中国杉和日本杉的树皮就完全不同。去掉树皮锯几下，就发现中国杉没劲儿。

要问我喜欢什么木材，那还是要看纹理，纹理不规则的木材，树长得再好也没用。纹理就是图案。如果纹理很普通，就没必要花那么多钱了。立着的树也能看出它成为木材后的样子。树皮很厚，表面长得不好看的树，通常纹理会比较好。相比于笔直的树来说，那些略显强势的树更能卖出高价。

根据山的坡面不同，生长出的树的性格也不同。长在光照好的地方的树，就会比光照不好的地方的树在色泽上要好很多；土壤排水性好的地方的树色泽会很好。

内部扭曲或是有癖性的树，从外观上是看不出来的。要用一种叫作"拨头"（指树木生长锥，用于对树木取样的工具——编者注）的工具给树开个洞看一下，看看有没有缺陷，还可以数数年轮。就是这个工具，有点像钻头或者锥子。用它可以观察树的里面。钻的中间有孔，把这个楔进树里，树木的样本就被装进孔里了。

锯木材要从根部开始

锯木材还是要从根部开始。从根部开始锯，开始是有点儿累，但越到后边越轻松。反过来，如果从树冠开始锯的话，会越来越累，后边比较吃力。这是因为根部的扭曲更大一些。还有就是，从根部锯不会裂口，反而是锯的时候一般都会收口，要一边打楔子一边锯，否则锯不动。所以要从根部开始锯。

木材运来以后，为了干活方便，要自己摆放好，什么都要自己来。第一步是画墨线，然后是根据木材的情况磨锯，接下来才开始慢慢地拉锯。画线的墨盒跟木匠的是一样的。现在墨壶都是塑料的了。要搞清楚木材的特性然后画墨线。

木材当中会有轮裂，轮裂还挺多的，有时要铆足了劲儿一口气锯下去，那是比较困难的。画好的墨线，根据情况有时候还要更改。

锯的时候，锯齿不是放在线的两边，而是线的中央。锯下去的时候，线就消失了。也就是说，要压着墨线锯。

我们用的墨线跟木匠不同，比他们的粗一些。

磨锯时最难的部分应该是"颚"，就是锯的颚部。我们一般是用菱形锉来磨。菱形锉与锯齿打磨的状态决定了锯能不能变得锋利。

要想好好磨的话差不多需要一个小时。所以我们每天磨锯都要花上两三个小时的时间。早上和中午，一共两次。花时间好好磨锯的话，锯就会锋利，活儿也干得快，自己的身体也会轻松一些。锯齿是三角形的，用锉打磨的时候要从根部向上锉。我们用的就是这种普通的锉，商店都有卖的。这的确不容易。必须要靠手调整角度来锉。

现在，我是在用菱形锉磨锯的颚。"颚"就是从上面数第一个凹陷的部分，这里就是颚，有点刮手的感觉。

锯头的部分并不是尖的，像錾子一样是有角度的。錾子也是，如果角度没调好就不快了。

还有就是"拨料"，把锯齿向左右拨开叫作"拨料"。锯比较干的木料时，锯齿要向左右分开多一些，宽一些。这个像钳子一样的工具叫"拨料器"。

每天并不是只用一根锯片，通常要用几根。今天早上用了这根，接下来就该换别的了。

磨得怎么样，一般都能用手摸出来。电锯也是用手摸摸看。要看看磨得快不快。

开头给锯定位置是比较难的。开始是很关键的,如果开始就歪了,再加上经验不足,会一直歪着锯下去。

在锯的过程中,锯施加给木材的力量也会有所变化。因为木头有一定宽度,所以要紧盯着锯进去的锯,时刻想着该往哪边多少度,时刻调整锯齿的角度。在拉锯的时候,凭借手感就知道是不是锯歪了,因为如果锯歪了,锯齿的阻力会变大,如果不早一点看出来,就会歪得很厉害。

我干活的时候一整天既不唱歌也不听收音机,就默不作声地拉锯。当然我也不会唱歌。也有的匠人会一边喝酒,一边开心地唱着歌工作。

锯要慢慢地拉,着急的话就会歪。自己的身体和呼吸必须要协调一致,否则就锯不好。

我会在这里锯一会儿,如果有问题可以问,想来试试身手也可以。

(1993年5月30日访谈)

(谢东译)

后 记

从1999年第一版《留住手艺》到2012年的《留住手艺·增订版》,再到今年的《留住手艺2》,在近二十年的时间里,我切身地感觉到中国对于传统手艺的关注,真可以用"与日俱增"来形容。每年都有无数关于手艺、工艺、传统文化的书籍问世。各类媒体发布最多的信息、各个文化空间举办最多的沙龙、各种赴日旅行的行程,都涵盖着很多传统手艺的内容。"匠人精神"已经是自上而下贯穿一致的要弘扬和学习的精神。

这些年里,我也走访了几位《留住手艺》书里的人物。为角馆的武士宅邸修复木板屋顶的云雀佐太郎,已于几年前离世。我去看望他的时候,有一个年轻人正在跟他做学徒,后来这个徒弟被当地的古建修复机构录用,成了半公务人员,解决了温饱问题。云雀一生贫寒,但是直到去世也没有离开过自己的手艺。今年七十一岁的宫殿大木匠小川三夫,仍坚守着传统的师徒传承的做法,每年招收一两个徒弟,培养十年,然后让他们独立。他创立的鹈工舍已经风雨兼程地走过了四十五个春秋,承接的寺庙和神社的建筑遍及日本的全国各地。四十五年里培养出来的能独当一面的宫殿木匠超过了一百人,他们已经在日本的全国各地,或继续从事宫殿建筑的工作,或做起普通木匠的工作,当然也有转行做别的工作的人。跟了他十年的女徒弟鹈饲圣今年跟同门师兄喜结良缘,他们在新家盖了一个自己的木工工作室。在日本,女性是不能独自从事宫殿木匠这一工作的,这个她从一开始入门就知道,但是她也明白,手艺是滋养自己一生的本领,所以今后的生活中,她要靠着自己的手艺做些对别人有用的东西。《留住手艺》中的刮漆匠人岩馆正二,几十年如一日坚守着净法寺的漆树,作为当地刮漆协会的领头人培养了众多的后继者。他的儿子岩馆隆在继承了父亲刮漆技艺的同时,还把自己练就成了漆器工艺大师。他制作的漆器大气精美,这使他早已成为代表净法寺漆器的作家。我在冲绳的西表岛见到了一生都在追求完美芭蕉布的纺织工匠石垣昭子，她曾经有相当长的一段时间兼任东京武藏野美术大学教授的职务，定期去东京给学生们上课，同时她在西表岛的工作室还是大学的人才育成基地，学生们利用寒暑假住在工作室，自给自足，种芭蕉、纺线、染织，有不少同学因此开始了作为纺织作家的人生。秋田的椴树条手编工匠菅原昭二几乎每个季度都会在日本全国各地的大型百货公司举办供人现场观摩的展卖会，他的女儿则从牙科修复医半路出家，先成了他的徒弟，后来又在角馆镇传统手工艺传承馆担任讲师和工艺师，她在那里一边演示椴树条手编工艺，一边创作着自己的作品。全国各地售卖日用品杂货的时尚店铺都会找她订货，她也是这个领域代表性的人物之一了。岩手县北部二户地区的筱竹编，在没有夏林千野的今天依然有不少人在坚持着，我遇到的八十五岁的老匠人，几乎不用看，跟我聊着天就把一个竹筐编好了。他们这里的竹编盘是盛凉荞麦面最好的器皿，沥水好、不容易发霉，编法精美，日本各地稍微讲究一点的荞麦面馆都能见到他们的竹编盘。今年的夏天，我在盛冈见到了《留住手艺2》中的养蜂人藤原诚太。

盐野米松在1994年采写他的时候,他年仅三十七岁,英俊高冷。今年已经是六十一岁的他,是日本原生蜜蜂协会的负责人,他给我看了他正在尝试的一种自己研发的小型家用采蜜设备,说要让孩子们从小了解蜜蜂和蜂蜜。他的一双儿女也都以不同的形式继承了他的事业。女儿在大学里教授蜜蜂的生态,他们期待着有一天来中国,看看这里的原生蜜蜂和养蜂业。

今年七十一岁的盐野米松仍然在他的采写之路上。这些年,他又采写了各个不同领域的人,有电视台的创始人,有著名的冒险家,也有生产宇宙飞船上所用零件的街道工厂的工匠。由他主持的每年一度的"高中生传统手艺采写夏令营"已经坚持了近二十年。他一直说,其实他自己就是一个手艺人。

前年在出版《树之生命木之心》的时候,马未都先生在序文中写下了一段我特别喜欢的话:"手艺都是通过人一代又一代传承的,这其中不能偷懒,也无捷径能走,还必须耐住性子,不被诱惑,这需要有理想,并且是几乎达不到的理想。换言之,理想越远或不可实现,现实就越接近理想。"

但是，当理想有一天成为现实的时候，那种喜悦也是可想而知的。而那个现实就是你可以赖以生存一生的本领。这一点，我在众多匠人身上都看到了。

这些年往来于日本，经常会去看各种"传统手艺展""人间国宝展""某某陶艺家展""某某生活用品展"。日本著名的"好设计大奖"（Good Design Award）在东京车站旁开了一个很大的商店，里边的产品都是围绕着生活的实用品，其中不乏传统工艺。每年春秋两季在日本各地会有众多的手工市集，松本、益子、京都、东京的手工市集我都去看过。各种杂货铺也去了不少，它们都有一个共同的特点，那就是，所有这些市集也好，生活美学杂货铺也好，无一不是围绕着"实用"。陶艺家、竹编师、染织工匠，被冠以"匠人"之名的新一代手艺人都在思考着如何让自己的产品更好地与生活相关联。传承上百年、上千年，甚至上万年的老店要思考的，以及第一代新手艺人要思考的，都是同样的问题，那就是生存的问题。记得盐野米松在无数次的演讲中都说过同样的话："手艺的传承需要以下几个条件：第一是匠人本身的技艺，第二是维持匠人的工作所需要的原材料，第三是认识到工匠价值的社会环境。"

真心希望我们对于匠人精神的弘扬不是停留在表面上。真心希望将要立志成为匠人的年轻人能保持一颗踏实安稳的心，不急不躁，耐住寂寞，精练手艺。

拥有了一个好的手艺，就是拥有了一个美好的人生。

最后要在这里特别感谢为这本书的翻译尽力的中国国际广播电台日语部的王颖颖、刘睿琳、周莉、任春生和谢东。这本书的初译由他们完成，我做了最后的统稿。感谢我的责编王京徽，这位曾经留日的民俗学出身的才女在这本书的编辑中给出了很多良好的建议。感谢关注和喜读《留住手艺》的所有读者。

英珂

2018年冬

图书在版编目(CIP)数据

留住手艺. 2 / (日) 盐野米松著；英珂编译.
—桂林：广西师范大学出版社, 2019.9
ISBN 978-7-5598-1785-3

Ⅰ.①留… Ⅱ.①盐…②英… Ⅲ.①手工业者-访问记-日本-现代 Ⅳ.①K833.138.1

中国版本图书馆CIP数据核字(2019)第095508号

广西师范大学出版社出版发行

　广西桂林市五里店路9号　邮政编码：541004
　网址：www.bbtpress.com

出　版　人：张艺兵
责任编辑：马步匀
特约编辑：王京徽　苏　本
装帧设计：里　巷
内文制作：李丹华
全国新华书店经销
发行热线：010-64284815
山东鸿君杰文化发展有限公司　印刷

开本：787mm×1092mm　1/32
印张：17.75　字数：191千字　图片：83幅
2019年9月第1版　2019年9月第1次印刷
定价：69.00元

如发现印装质量问题，影响阅读，请与出版社发行部门联系调换。